KB126503

FINAL
HSK
실전 모의고사
6급

FINAL HSK 실전 모의고사 6급

초판인쇄	2023년 4월 10일
초판발행	2023년 4월 20일

편저	倪明亮
감수	박현정
편집	엄수연, 최미진, 연윤영, 가석빈, 高霞
펴낸이	엄태상
디자인	진지화
조판	이서영
콘텐츠 제작	김선웅, 장형진
마케팅본부	이승욱, 왕성석, 노원준, 조성민, 이선민
경영기획	조성근, 최성훈, 정다운, 김다미, 최수진, 오희연
물류	정종진, 윤덕현, 신승진, 구윤주

펴낸곳	시사중국어사(시사북스)
주소	서울시 종로구 자하문로 300 시사빌딩
주문 및 문의	1588-1582
팩스	0502-989-9592
홈페이지	http://www.sisabooks.com
이메일	book_chinese@sisadream.com
등록일자	1988년 2월 12일
등록번호	제300 - 2014 - 89호

ISBN 979-11-5720-245-4 (14720)
979-11-5720-241-6 (SET)

新中国汉语水平考试HSK应试指南（六级）
Copyright © 2019 by Beijing Language and Culture University Press All rights reserved
Korea copyright © 2023 by SISA Chinese Publishing
Korean edition arranged with Beijing Language and Culture University Press

* 이 책의 내용을 사전 허가 없이 전재하거나 복제할 경우 법적인 제재를 받게 됨을 알려 드립니다.
* 잘못된 책은 구입하신 서점에서 교환해 드립니다.
* 정가는 표지에 표시되어 있습니다.

HSK 6급 따기 Final 비법 4!

1

영역별 문제풀이 핵심을 알자!

영역별 문제풀이 핵심을 정확히 파악하면 문제를 대하는 시선이 달라진다. 문제를 푸는 데 필요한 것만 확실하게 짚어내 익히고 문제풀이 훈련을 하자!

2

양질의 문제를 많이 풀어 보자!

북경어언대 HSK 전문 집필진이 공들여 선별한, 최신 경향에 맞춘 양질의 문제를 꼼꼼히 풀어 보자. 문제 양도 풍부하여 반복 훈련이 가능하다.

3

듣기를 잡으면 HSK가 잡힌다!

북경어언대 원서에서만 만날 수 있는 특혜! 중국 현지에서 직접 녹음한 파일로 학습하여 실전 감각을 익히자!

4

실전 모의고사 3세트로 6급 마무리하자!

출제자의 의도를 정확히 반영한 고퀄리티의 실전 모의고사 3세트로 6급 시험 준비를 마무리할 수 있다!

차례

본책

PART 1 영역별 훈련

1. 듣기

2. 독해

3. 쓰기

PART 2 실전 모의고사

해설집

▶ 해설집 다운로드

※ 해설집 PDF 파일은 로그인 후 무료 다운로드 가능합니다.

Final HSK 실전 모의고사 - 100% 활용법

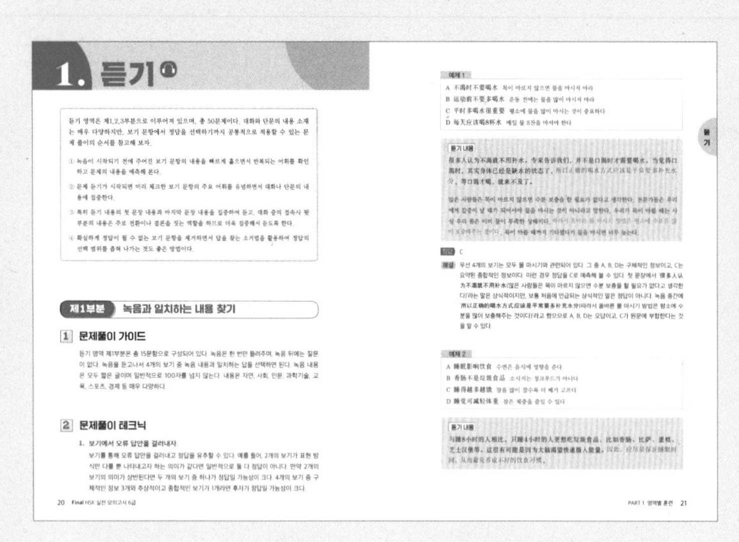
1. 듣기

제1부분 녹음과 일치하는 내용 찾기

1 문제풀이 가이드

2 문제풀이 테크닉

영역별 문제풀이 핵심 체크

장황한 설명은 No!
영역별로 핵심만 체크하고
문제풀이로 바로 넘어가세요!

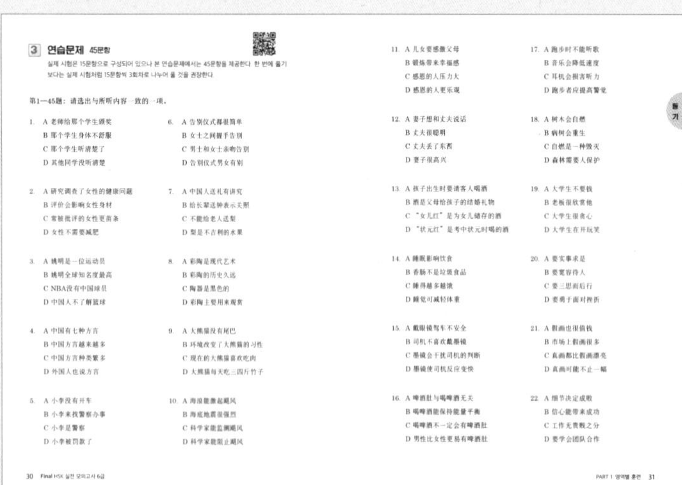
3 연습문제 45문항

대량의 문제 무한 반복 풀기

영역별로 모의고사 3세트 분량의 문제가 실려 있어 영역별 핵심을 학습한 후 바로 문제에 적용하여 풀어 보세요!

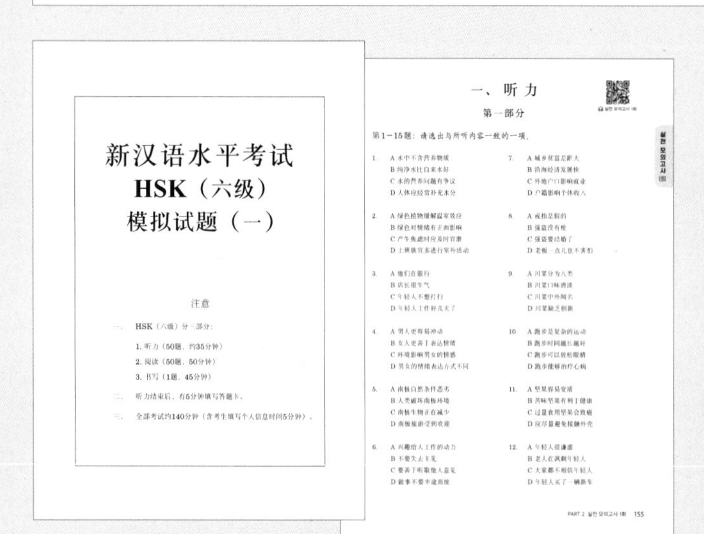
新汉语水平考试
HSK（六级）
模拟试题（一）

注意

一、听力
第一部分

실전 모의고사 3세트로 실력 점검

실제 시험에서는 실전 감각이 중요하므로 실전처럼 마음을 잡고 문제를 풀어 보세요.

3 연습문제 45문항

실제 시험은 15문항으로 구성되어 있으나 본 연습문제에서는 45문
보다는 실제 시험처럼 15문항씩 3회차로 나누어 풀 것을 권장한다.

第1—45题：请选出与所听内容一致的一项。

1. A 老师给那个学生颁奖
   B 那个学生身体不舒服
   C 那个学生听清楚了
   D 其他同学没听清楚

2. A 研究调查了女性的健康问题
   B 评价会影响女性身材
   C 常被批评的女性更苗条
   D 女性不需要减肥

3. A 姚明是一位运动员
   B 姚明全球知名度最高
   C NBA没有中国球员
   D 中国人不了解篮球

4. A 中国有七种方言
   B 中国方言越来越多
   C 中国方言种类繁多
   D 外国人也说方言

5. A 小李没有开车
   B 小李来找警察办事
   C 小李是警察
   D 小李被罚款了

6. A 告别仪式
   B 女士之间
   C 男士和女士亲吻告别
   D 告别仪式男女有别

7. A 中国人送礼有讲究
   B 给长辈送钟表示关照
   C 不能给老人送梨
   D 梨是不吉利的水果

8. A 彩陶是现代艺术
   B 彩陶的历史久远
   C 陶器是黑色的
   D 彩陶主要用来观赏

9. A 大熊猫没有尾巴
   B 环境改变了大熊猫的习性
   C 现在的大熊猫喜欢吃肉
   D 大熊猫每天吃三四斤竹子

10. A 海浪能激起飓风
    B 海底地震很强烈
    C 科学家能监测飓风
    D 科学家能阻止飓风

30 Final HSK 실전 모의고사 6급

QR로 언제 어디서든 간편하게
음원을 들으며 문제를 풀 수 있어요!

정답

듣기

듣기 제1부분 연습문제 P.30

1. C	2. B	3. A	4. C	5. D	6. D	7. A	8. B	9. B	10. C
11. D	12. B	13. C	14. A	15. C	16. C	17. D	18. A	19. C	20. B
21. D	22. B	23. A	24. D	25. A	26. B	27. A	28. C	29. B	30. C
31. C	32. C	33. D	34. A	35. A	36. B	37. C	38. C	39. B	40. C
41. B	42. D	43. D	44. C	45. D					

듣기 제2부분 연습문제 P.42

1. B	2. A	3. C	4. D	5. B	6. D	7. C	8. D	9. A	10. D
11. C	12. A	13. B	14. D	15. D	16. B	17. B	18. C	19. D	20. D
21. C	22. D	23. A	24. B	25. A	26. B	27. C	28. C	29. B	30. A
31. A	32. D	33. C	34. C	35. B	36. B	37. C	38. D	39. D	40. B
41. B	42. A	43. D	44. B	45. C					

듣기 제3부분 연습문제 P.53

1. C	2. C	3. A	4 C	5. B	6. D	7. B	8. B	9. C	10. C
11. C	12. A	13. B	14. D	15. B	16. A	17. C	18. C	19. D	20. D
21. D	22. C	23. C	24. B	25. A	26. A	27. B	28. D	29. D	30. C
31. C	32. C	33. B	34. A	35. C	36. C	37. A	38. D	39. B	40. C
41. D	42. D	43. C	44. A	45. D	46. B	47. A	48. B	49. A	50. B
51. B	52. D	53. D	54. C	55. A	56. B	57. D	58. D	59. C	60. B

독해

독해 제1부분 연습문제 P.69

1. A	2. C	3. D	4. C	5. B	6. A	7. D	8. C	9. D	10. D
11. B	12. B	13. A	14. B	15. C	16. D	17. C	18. D	19. C	20. A
21. C	22. C	23. A	24. B	25. C	26. D	27. A	28. B	29. D	30. C

독해 제2부분 연습문제 P.81

1. C	2. D	3. A	4. B	5. D	6. D	7. B	8. B	9. A	10. C
11. B	12. C	13. A	14. B	15. D	16. C	17. B	18. A	19. D	20. B
21. A	22. C	23. D	24. B	25. C	26. B	27. D	28. A	29. C	30. C

독해 제3부분 연습문제 P.95

1. D	2. C	3. E	4. A	5. B	6. A	7. D	8. B	9. C	10. E
11. D	12. B	13. E	14. C	15. A	16. D	17. A	18. E	19. C	20. B
21. D	22. E	23. A	24. C	25. B	26. D	27. C	28. B	29. A	30. E

독해 제4부분 연습문제 P.110

1. B	2. A	3. B	4. D	5. C	6. A	7. B	8. D	9. C	10. C
11. B	12. C	13. D	14. D	15. B	16. B	17. C	18. A	19. C	20. D
21. B	22. C	23. D	24. D	25. A	26. C	27. C	28. D	29. B	30. D
31. C	32. C	33. B	34. C	35. D	36. B	37. B	38. D	39. C	40. A
41. D	42. B	43. A	44. D	45. B	46. C	47. D	48. D	49. B	50. C
51. B	52. C	53. C	54. A	55. B	56. B	57. C	58. A	59. D	60. C

교재 속 QR만 찍으면 정답은 물론 해설을 바로 볼 수 있어요.
해설집 PDF 파일은 간편하게 무료로 다운받아 언제나 볼 수 있어요.

• HSK 소개

HSK는 제1언어가 중국어가 아닌 사람의 중국어 능력을 평가하기 위해 만들어진 중국 정부 유일의 국제중국어능력 표준화 시험으로, 생활, 학습, 업무 등 실생활에서의 중국어 운용능력을 중점적으로 평가하는 시험입니다.

1 시험 구성

HSK는 국제 중국어능력 표준화 시험으로, 중국어가 모국어가 아닌 학생들이 생활, 학습, 업무 면에서 중국어로 교류하는 능력을 중점적으로 테스트합니다. HSK는 필기시험과 구술시험의 두 가지 부분으로 나누어지고, 필기시험과 구술시험은 서로 독립적입니다. 필기시험은 1급, 2급, 3급, 4급, 5급과 6급 시험으로 나누어지고, 구술시험은 초급, 중급, 고급으로 나누어지며 구술시험은 녹음의 형식으로 이루어집니다.

<table>
<tr><th>필기 시험</th><th>구술 시험</th></tr>
<tr><td>HSK(1급)</td><td rowspan="2">HSKK(초급)</td></tr>
<tr><td>HSK(2급)</td></tr>
<tr><td>HSK(3급)</td><td rowspan="2">HSKK(중급)</td></tr>
<tr><td>HSK(4급)</td></tr>
<tr><td>HSK(5급)</td><td rowspan="2">HSKK(고급)</td></tr>
<tr><td>HSK(6급)</td></tr>
</table>

2 시험 등급

HSK의 각 등급에 따른 단어 수와 중국어 학습 능력 수준은 아래의 표와 같습니다.

HSK	단어 수	중국어 학습 능력 수준
1급	150	매우 간단한 중국어 단어와 구문을 이해하고 사용할 수 있으며, 구체적인 의사소통 요구를 만족시키며, 한 걸음 더 나아간 중국어 능력을 구비합니다.
2급	300	익숙한 일상생활을 주제로 하여 중국어로 간단하게 바로 의사소통 할 수 있으며, 초급 중국어의 우수한 수준에 준합니다.
3급	600	중국어로 생활, 학습, 비즈니스 등 방면에서 기본적인 의사소통 임무를 수행할 수 있으며, 중국에서 여행할 때도 대부분의 의사소통을 할 수 있습니다.
4급	1,200	중국어로 비교적 넓은 영역의 주제로 토론을 할 수 있고, 비교적 유창하게 원어민과 대화할 수 있습니다.
5급	2,500	중국어로 신문과 잡지를 읽고, 영화와 텔레비전을 감상할 수 있으며, 중국어로 비교적 높은 수준의 강연을 할 수 있습니다.
6급	5,000 이상	중국어로 된 소식을 가볍게 듣고 이해할 수 있고, 구어체나 문어체의 형식으로 자신의 견해를 자유롭게 표현할 수 있습니다.

3 접수 방법

❶ 인터넷 접수: HSK 한국사무국 홈페이지(http://www.hsk.or.kr)에서 접수

❷ 우편 접수: 구비서류를 동봉하여 등기우편으로 접수
※ 구비서류 : 응시원서(사진 1장 부착) + 사진 1장 + 응시비 입금 영수증

❸ 방문 접수: HSK 한국사무국에서 접수
※ HSK PBT만 가능

4 접수 확인 및 수험표 발급 안내

❶ 접수 확인: 모든 응시자는 접수를 마친 후 HSK 홈페이지에서 접수 확인을 합니다.

❷ 수험표 발급: 수험표는 홈페이지 나의 시험정보 <접수내역> 창에서 접수 확인 후 출력 가능합니다. 우편접수자의 수험표는 홈페이지를 통해 출력 가능하며, 방문접수자의 수험표는 접수 시 방문접수 장소에서 발급해 드립니다.

5 성적 결과 안내

인터넷 성적 조회는 시험일로부터 HSK IBT는 2주 후, HSK PBT는 1개월 후이며, HSK 개인 성적표는 '시험일로부터 45일 후' 수령 가능합니다.
※ IBT와 PBT 시험 성적은 시험일로부터 2년간 유효합니다.

6 주의사항

- 접수 후에는 응시등급, 시험일자, 시험장소, 시험방법의 변경이 불가능합니다.
- 고사장은 학교 사정과 정원에 따라 변동 및 조기 마감될 수 있습니다.
  (변경 시 홈페이지 공지)
- 천재지변·특수상황 등 이에 준하는 상황 발생 시 시험일자의 변경이 가능합니다.
  (변경 시 홈페이지 공지)
- HSK 정기시험은 관련 규정에 근거하여 응시 취소 신청이 가능합니다.

Q. HSK 6급 구성과 시험 시간 배점은 어떻게 되나요?

A. HSK 6급은 총 101문제로 듣기/독해/쓰기 세 영역으로 나뉩니다. 101문항을 약 135분 동안 풀어야 합니다. 각 영역별로 배점은 100점으로 총 300점 만점입니다. 듣기 영역이 끝난 후에는 5분의 답안 작성 시간이 따로 주어집니다.

<table>
<tr><th colspan="2">시험 내용</th><th colspan="2">문항 수 / 배점</th><th>시험 시간</th></tr>
<tr><td rowspan="3">1 듣기</td><td>제1부분</td><td>15</td><td rowspan="3">50문항 / 100점</td><td rowspan="3">약 35분</td></tr>
<tr><td>제2부분</td><td>15</td></tr>
<tr><td>제3부분</td><td>20</td></tr>
<tr><td colspan="4">듣기 영역에 대한 답안 작성시간</td><td>5분</td></tr>
<tr><td rowspan="4">2 독해</td><td>제1부분</td><td>10</td><td rowspan="4">50문항 / 100점</td><td rowspan="4">50분</td></tr>
<tr><td>제2부분</td><td>10</td></tr>
<tr><td>제3부분</td><td>10</td></tr>
<tr><td>제4부분</td><td>20</td></tr>
<tr><td>3 쓰기</td><td></td><td>1</td><td>1문항 / 100점</td><td>읽기 10분
쓰기 35분</td></tr>
<tr><td colspan="2">총계</td><td colspan="2">101 문항 / 300점</td><td>약 135분</td></tr>
</table>

Q. 몇 점이면 합격인가요?

A. HSK 6급은 듣기/독해/쓰기 세 영역으로 총 101문항, 300점 만점입니다. 2017년부터 4급을 제외한 5급과 6급은 증서에 합격의 여부는 표시되지 않고 점수만 표시됩니다. 하지만 통상적으로 총점 180점 이상을 합격으로 보고 있으며 성적표에 각 영역별로 성적이 모두 표시되기 때문에 영역별 점수차가 크지 않도록 하는 것이 좋습니다. 또한 요즘에는 180점을 통상적인 합격의 점수로 보아도 200점 이상의 성적을 요구하는 곳이 많으므로 200점 이상은 넘길 수 있도록 공부하는 것이 좋습니다.

Q. 얼마나 공부하면 HSK 6급을 취득할 수 있나요?

A. 최근에는 중국어 시험도 호흡이 빨라짐에 따라 단기간 합격보장을 내세운 강의와 교재들이 많아졌습니다. 덕분에 4, 5급은 학원의 도움을 받거나 마음만 먹으면 보통 '딱 한 달'만으로 합격하는 경우가 적지 않습니다. 하지만 6급의 경우 어휘량이 4, 5급을 합친 것의 두 배이고, 영역별 난이도가 높으며 쓰기의 경우 기본적인 글을 읽고 쓰는 실력이 되지 않으면 점수를 얻기 힘들기 때문에 4, 5급을 쉽게 취득한 사람도 6급의 문턱에서 좌절하는 경우가 많습니다. 6급은 5급을 취득한 실력이라는 전제 하에, 일반적인 오프라인 학원의 주 5일, 하루 2시간 이상의 수업, 3시간 이상의 개인학습(복습, 어휘 암기, 숙제)을 진행한다면 두 달(총 학습시간:

200시간 내외) 정도가 걸리는 것이 일반적입니다. 다만 이론적으로만 계산하여 공부하지 말고 6급이 HSK의 난이도가 높은 최고 급수인 만큼 6급을 공부하는 동안은 HSK에만 전념하며 꾸준히 복습하고 연구하는 태도가 꼭 필요합니다.

Q. HSK 6급 시험의 난이도는 어떻게 되나요?

A. HSK의 출제경향과 시험의 난이도는 해마다 또, 달마다 달라지고 있습니다. 다양한 표현과 새로운 유형들이 출제되고 있지만 중요한 것은 HSK는 급수마다 출제되는 필수어휘가 정해져 있기 때문에 이 필수어휘를 기본으로 문제접근 방식을 이해하고 충실히 문제를 파악했다면 난이도가 높고 낮고를 떠나 합격은 크게 문제되지 않습니다.

Q. HSK IBT는 무엇인가요?

A. 기존에는 대부분 HSK 시험 방식이 지류시험 방식(PBT)이었습니다. 하지만 최근에는 컴퓨터를 사용하여 문제를 푸는 방식인 IBT 역시 많은 응시생들이 선택하여 시험을 치르고 있습니다. PBT 방식이든, IBT 방식이든 모두 같은 공인급수입니다. IBT의 장점은 듣기는 개개인이 헤드셋을 착용하고 듣기 때문에 좀 더 집중할 수 있고, 쓰기의 경우 워드(Word)를 작성하는 것과 같은 방식으로 진행되기 때문에 워드 정도만 다룰 줄 안다면 글자를 몰라 헤매거나 지우개로 지웠다 썼다 하는 수고를 덜 수 있습니다. 단점은 오로지 모니터로만 지문을 봐야 하기 때문에 독해의 경우 평소에 지류시험에 익숙한 응시생들은 집중력이 떨어지는 경우가 많기 때문에 충분한 연습을 하고 응시해야 합니다. 응시생 여러분에게 맞는 좀 더 편한 방식을 선택하여 시험에 응시하면 됩니다.

*본책 12쪽 <HSK IBT 시험 순서 및 요령>을 확인하세요!

1 시험 진행 순서 및 유의사항

※ 시험 진행 순서

소요시간	내용		참고
오전 9시까지	응시자 입실 완료 (수험표 번호로 고사장 확인 후, 입구에서 좌석 확인)		
약 20분	응시자 신분 확인 및 유의사항 안내, 답안지 작성 및 HSK IBT 설명		
약 10분	응시생 수험번호 입력과 HSK IBT System Login		
약 35분	듣기		각 항목별 중간 휴식시간 없음
5분	듣기 영역에 대한 답안 작성 시간		
50분	독해		
45분	쓰기	준비 10분	
		작문 35분	
총 시험 시간: 약 135분			

※ 유의사항

- 듣기 평가는 한 번씩 들려줍니다.
- 듣기 영역에 대한 답안은 각 문항의 듣기가 끝난 후, 다음 듣기 문항으로 넘어가기 전에 정답을 선택/클릭합니다.
- 모든 듣기 문제가 끝난 후 5분의 답안 체크 시간이 주어집니다.
- 답안 작성 시에는 왼쪽 화면의 답안 작성 상황을 살펴 누락시킨 문제가 없도록 확인합니다.
- 답안을 정정할 경우에는 새 답안을 다시 선택해야 합니다.
- 필기구를 책상 위에 놓는 행위, 사용하는 행위는 발각 시 부정행위 처리됩니다.

화면 메뉴 기능 설명

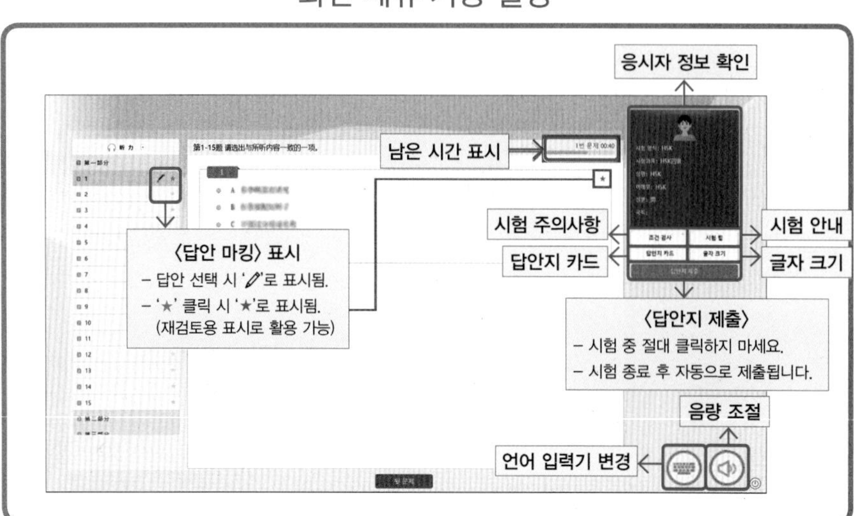

2 시험 응시 매뉴얼

① 언어 선택

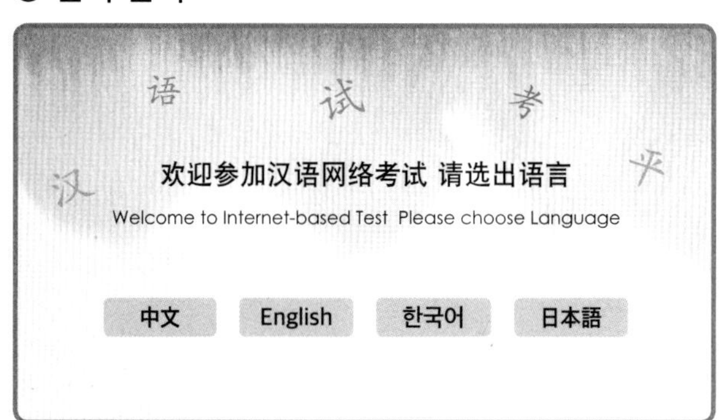

- 한국어, 중국어, 영어, 일본어 중 한 가지를 선택합니다.

② 로그인

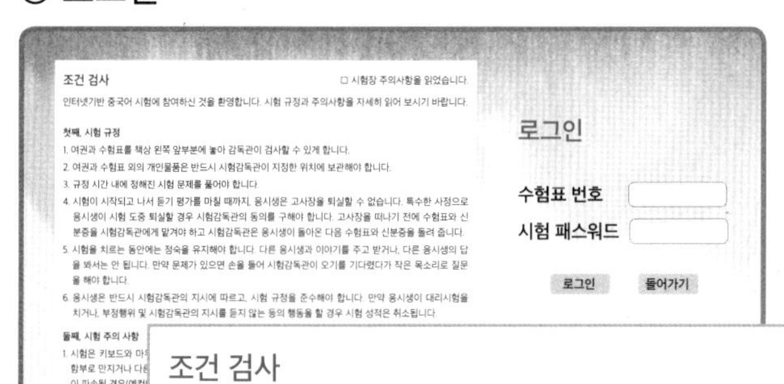

- 수험표 번호와 패스워드를 입력합니다. (수험표 번호와 패스워드는 시험 당일 모니터 하단 또는 칸막이에 부착되어 있음)
- 응시자 정보가 뜨면 정보를 확인합니다.

조건 검사 □ 시험장 주의사항을 읽었습니다.

인터넷 기반 중국어 시험에 참여하신 것을 환영합니다. 시험 규정과 주의사항을 자세히 읽어 보시기 바랍니다.

첫째, 시험 규정

1. 여권과 수험표를 책상 왼쪽 앞부분에 놓아 감독관이 검사할 수 있게 합니다.
2. 여권과 수험표 외의 개인 물품은 반드시 시험감독관이 지정한 위치에 보관해야 합니다.
3. 규정 시간 내에 정해진 시험 문제를 풀어야 합니다.
4. 시험이 시작되고 나서 듣기 평가를 마칠 때까지, 응시생은 고사장을 퇴실할 수 없습니다. 특수한 사정으로 응시생이 시험 도중 퇴실할 경우 시험감독관의 동의를 구해야 합니다. 고사장을 떠나기 전에 수험표와 신분증을 시험감독관에게 맡겨야 하고 시험감독관은 응시생이 돌아온 다음 수험표와 신분증을 돌려줍니다.
5. 시험을 치르는 동안에는 정숙을 유지해야 합니다. 다른 응시생과 이야기를 주고받거나, 다른 응시생의 답을 봐서는 안 됩니다. 만약 문제가 있으면 손을 들어 시험감독관이 오기를 기다렸다가 작은 목소리로 질문을 해야 합니다.
6. 응시생은 반드시 시험감독관의 지시에 따르고, 시험 규정을 준수해야 합니다. 만약 응시생이 대리시험을 치거나, 부정행위 및 시험감독관의 지시를 듣지 않는 등의 행동을 할 경우 시험 성적은 취소됩니다.

둘째, 시험 주의 사항

1. 시험은 키보드와 마우스, 이어폰을 사용해 치르며 연습 용지는 발급하지 않습니다. 컴퓨터 및 기타 장비를 함부로 만지거나 다른 장비를 컴퓨터에 탈부착해서는 안 됩니다. 만약 응시생의 부주의로 컴퓨터 및 이어폰이 파손될 경우(예컨대 이어폰 선이 끊어진 경우), 응시생이 보상해야 합니다.
2. 이어폰의 음량을 잘 조절하시기 바랍니다. 문제가 있을 경우 시험감독관에게 문의하시기 바랍니다.
3. 시험 총 시간은 인터넷 기반 시험 시스템이 통제하며 컴퓨터 모니터에 남은 시간이 표시됩니다.
4. 시험 시작 1분 전에 시스템이 자동적으로 시험 모드로 변하며 응시생은 듣기 평가 항목의 내용을 볼 수는 있지만 문제를 풀 수는 없습니다.
5. HSK 3급, 4급, 5급의 단어 배열 문제는 마우스를 드래그하는 방식으로 풉니다. 시스템에 과부하가 걸리지 않도록 응시생은 너무 빈번하게 드래그해서는 안 됩니다.

③ 헤드셋 음량 체크

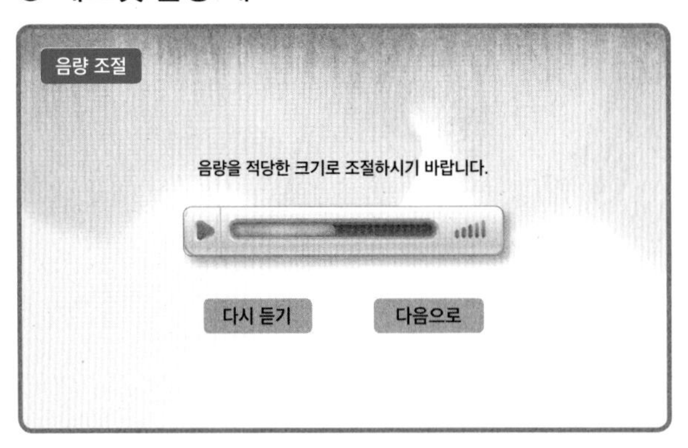

- 헤드셋 착용 후 출력여부 및 음량 크기를 체크합니다.
- 작동 오류가 있을 시 조용히 손을 들어 감독관에게 알립니다.

④ 시험 문제 다운로드

- 시험 문제는 자동으로 다운로드됩니다.
- [다음으로] 버튼을 클릭하면 '대기 화면'으로 전환됩니다.

⑤ 대기 화면

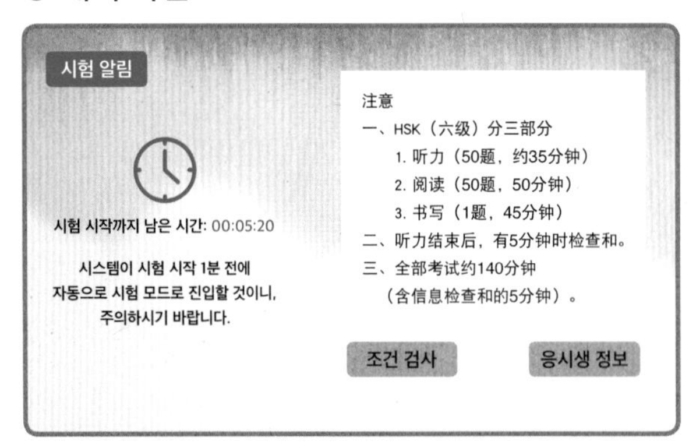

- 듣기 시험 시작 1분 전이 되면 [대기 화면]에서 [듣기 영역]으로 화면이 넘어가며, 1분간 '선택 문항'을 볼 수만 있습니다.

⑥ HSK 6급 듣기 영역

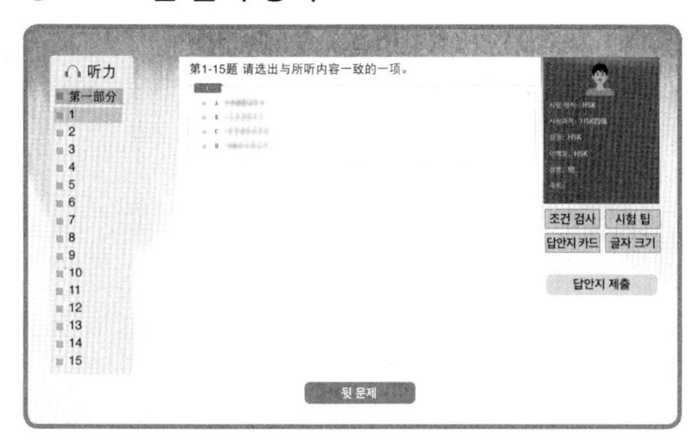

[듣기 영역]

시험 내용	문항 수 (총 50문항)	시험 시간
제1부분	1~15번	약 40분 (답안 작성 시간 5분 포함)
제2부분	16~30번	
제3부분	31~50번	

- 답안 확인 시간이 추가로 5분간 주어지며, 최종 체크하는 시간으로 활용합니다.

⑦ HSK 6급 독해 영역

[독해 영역]

시험 내용	문항 수 (총 50문항)	시험 시간
제1부분	51~60번	약 50분
제2부분	61~70번	
제3부분	71~80번	
제4부분	81~100번	

- 영역 내에서 자유롭게 이동이 가능합니다.

⑧ HSK 6급 쓰기 영역

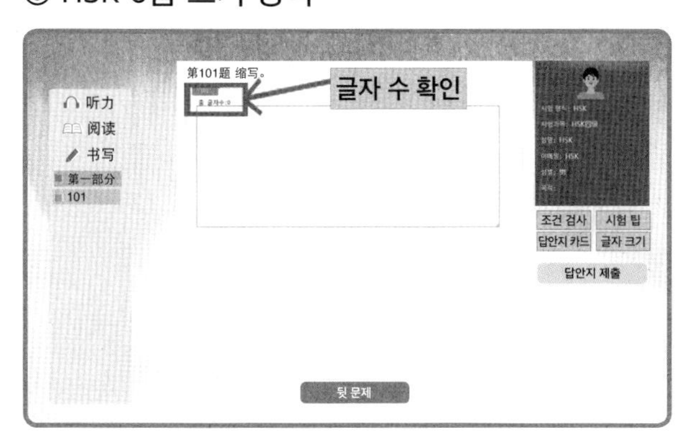

[쓰기 영역]

시험 내용	문항 수 (총 1문항)	시험 시간
지문 읽기	101번	약 10분
지문 요약 (400자로 요약)		약 35분

- 'SOGOU 병음 입력기(拼音输入法)'로 작성합니다.
- 문장 맞춤법과 문장 부호 등을 쓰기 사용법에 맞추어 작성하며, 마침표는 '.', '。' 모두 사용 가능합니다.

중국어 입력 꿀팁

- 보통 컴퓨터 자판에서 Alt + Shift 키를 누르면 중국어 자판으로 변경되며, 컴퓨터 화면 하단 작업 표시줄의 오른쪽에서 마우스로도 변경 가능
- [ü] 발음의 중국어를 입력할 때에는 알파벳 v를 입력해야 함
- 중국어의 문장부호 '、'는 컴퓨터 자판 오른쪽 부분의 ₩ 자판을 입력하면 됨
- 입력 시 자동으로 상용 중국어가 하단에 표시되므로, 내가 입력하려는 글자가 맞는지 확인해야 함

⑨ 시험 종료 및 제출

- 시험 시간이 종료되고 답안지 제출 버튼을 누르면 시험이 종료되고 자동으로 답안 제출이 됩니다. 반드시 시험을 모두 끝내고 클릭합니다.
- 시험이 모두 종료되면, 감독관의 지시에 따라 조용히 퇴실합니다.

Final HSK 실전 모의고사 - 100% 활용법

시험 보기 한달 전

MON	TUE	WED	THU	FRI	SAT	SUN
1 듣기 제1부분 핵심 파악	2 듣기 제1부분 문제 풀기	3 듣기 제2부분 핵심 파악	4 듣기 제2부분 문제 풀기	5 듣기 제3부분 핵심 파악	6 듣기 제3부분 문제 풀기	7
8 독해 제1부분 핵심 파악	9 독해 제1부분 문제 풀기	10 독해 제2부분 핵심 파악	11 독해 제2부분 문제 풀기	12 독해 제3부분 핵심 파악	13 독해 제3부분 문제 풀기	14
15 독해 제4부분 핵심 파악	16 독해 제4부분 문제 풀기	17 쓰기 핵심 파악	18 쓰기 문제 풀기	19 실전 모의고사 1회 풀기	20 실전 모의고사 1회 복습	21
22 실전 모의고사 2회 풀기	23 실전 모의고사 2회 복습	24 실전 모의고사 3회 풀기	25 실전 모의고사 3회 복습	26 전체 복습	27 전체 복습	fighting!! D-DAY

시험 보기 보름 전

MON	TUE	WED	THU	FRI	SAT	SUN
1 듣기 제1부분 핵심 파악 문제 풀기	2 듣기 제2부분 핵심 파악 문제 풀기	3 듣기 제3부분 핵심 파악 문제 풀기	4 독해 제1부분 핵심 파악 문제 풀기	5 독해 제2부분 핵심 파악 문제 풀기	6 독해 제3부분 핵심 파악 문제 풀기	7
8 독해 제4부분 핵심 파악 문제 풀기	9 쓰기 핵심 파악 문제 풀기	10 실전 모의고사 1회 풀기 복습	11 실전 모의고사 2회 풀기 복습	12 실전 모의고사 3회 풀기 복습	13 전체 복습	fighting!! D-DAY

PART 1

HSK 6급
영역별 훈련

해설 PDF 다운로드

1. 듣기

듣기 영역은 제1,2,3부분으로 이루어져 있으며, 총 50문제이다. 대화와 단문의 내용 소재는 매우 다양하지만, 보기 문항에서 정답을 선택하기까지 공통적으로 적용할 수 있는 문제 풀이의 순서를 참고해 보자.

① 녹음이 시작되기 전에 주어진 보기 문항의 내용을 빠르게 훑으면서 반복되는 어휘를 확인하고 문제의 내용을 예측해 본다.

② 문제 듣기가 시작되면 미리 체크한 보기 문항의 주요 어휘를 유념하면서 대화나 단문의 내용에 집중한다.

③ 특히 듣기 내용의 첫 문장 내용과 마지막 문장 내용을 집중하여 듣고, 대화 중의 접속사 뒷부분의 내용은 주로 전환이나 결론을 짓는 역할을 하므로 더욱 집중해서 듣도록 한다.

④ 확실하게 정답이 될 수 없는 보기 문항을 제거하면서 답을 찾는 소거법을 활용하여 정답의 선택 범위를 좁혀 나가는 것도 좋은 방법이다.

제1부분 녹음과 일치하는 내용 찾기

1 문제풀이 가이드

듣기 영역 제1부분은 총 15문항으로 구성되어 있다. 녹음은 한 번만 들려주며, 녹음 뒤에는 질문이 없다. 녹음을 듣고나서 4개의 보기 중 녹음 내용과 일치하는 답을 선택하면 된다. 녹음 내용은 모두 짧은 글이며 일반적으로 100자를 넘지 않는다. 내용은 자연, 사회, 인문, 과학기술, 교육, 스포츠, 경제 등 매우 다양하다.

2 문제풀이 테크닉

1. 보기에서 오류 답안을 걸러내자.

보기를 통해 오류 답안을 걸러내고 정답을 유추할 수 있다. 예를 들어, 2개의 보기가 표현 방식만 다를 뿐 나타내고자 하는 의미가 같다면 일반적으로 둘 다 정답이 아니다. 만약 2개의 보기의 의미가 상반된다면 두 개의 보기 중 하나가 정답일 가능성이 크다. 4개의 보기 중 구체적인 정보 3개와 추상적이고 종합적인 보기가 1개라면 후자가 정답일 가능성이 크다.

예제 1

A 不渴时不要喝水 목이 마르지 않으면 물을 마시지 마라

B 运动前不要多喝水 운동 전에는 물을 많이 마시지 마라

C 平时多喝水很重要 평소에 물을 많이 마시는 것이 중요하다

D 每天应该喝8杯水 매일 물 8잔을 마셔야 한다

듣기 내용

很多人认为不渴就不用补水。专家告诉我们，并不是口渴时才需要喝水。当觉得口渴时，其实身体已经是缺水的状态了，所以正确的喝水方式应该是平常要多补充水分，等口渴才喝，就来不及了。

많은 사람들은 목이 마르지 않으면 수분 보충을 할 필요가 없다고 생각한다. 전문가들은 우리에게 갈증이 날 때가 되어서야 물을 마시는 것이 아니라고 말한다. 우리가 목이 마를 때는 사실 우리 몸은 이미 물이 부족한 상태이다. 따라서 올바른 물 마시기 방법은 평소에 수분을 많이 보충해주는 것이다. 목이 마를 때까지 기다렸다가 물을 마시면 너무 늦는다.

정답 C

해설 우선 4개의 보기는 모두 물 마시기와 관련되어 있다. 그 중 A, B, D는 구체적인 정보이고, C는 요약된 종합적인 정보이다. 이런 경우 정답을 C로 예측해 볼 수 있다. 첫 문장에서 '很多人认为不渴就不用补水(많은 사람들은 목이 마르지 않으면 수분 보충을 할 필요가 없다고 생각한다)'라는 말은 상식적이지만, 보통 처음에 언급되는 상식적인 말은 정답이 아니다. 녹음 중간에 '所以正确的喝水方式应该是平常要多补充水分(따라서 올바른 물 마시기 방법은 평소에 수분을 많이 보충해주는 것이다)'라고 했으므로 A, B, D는 오답이고, C가 원문에 부합한다는 것을 알 수 있다.

예제 2

A 睡眠影响饮食 수면은 음식에 영향을 준다

B 香肠不是垃圾食品 소시지는 정크푸드가 아니다

C 睡得越多越饿 잠을 많이 잘수록 더 배가 고프다

D 睡觉可减轻体重 잠은 체중을 줄일 수 있다

듣기 내용

与睡8小时的人相比，只睡4小时的人更想吃垃圾食品，比如香肠、比萨、蛋糕、芝士汉堡等。这很有可能是因为大脑渴望快速摄入能量。因此，应尽量保证睡眠时间，从而避免养成不好的饮食习惯。

8시간 자는 사람에 비해 4시간만 자는 사람이 소시지, 피자, 케이크, 치즈버거와 같은 정크푸드를 더 먹고 싶어한다. 이는 뇌가 빠른 열량 섭취를 갈망하기 때문일 가능성이 높다. 따라서 가능한 한 수면의 질을 보장해 좋지 않은 식습관이 길러지는 것을 피해야 한다.

정답 A

해설 보기에서 3개의 문항 모두 '**睡眠**(수면)'을 언급하고 있으므로 녹음 내용은 분명 수면과 관련된 내용일 것이다. B, C, D는 모두 구체적인 정보이고, A는 비교적 추상적이고 종합적인 정보이다. 이때 A를 정답으로 가정해 둘 수 있다. 녹음의 첫 문장에서 '**睡眠**(수면)'과 '**食品**(식품)'을 듣고 이 녹음의 주제를 알 수 있다. 또한 마지막에 '**因此**(따라서)'를 듣고 종합적인 정보가 나타남에 주의해야 한다. '**应尽量保证睡眠时间，从而避免养成不好的饮食习惯**(가능한 한 수면의 질을 보장해 좋지 않은 식습관이 길러지는 것을 피해야 한다)'이라고 했으므로 정답은 A이다.

예제 3

A 少喝矿泉水好 광천수를 적게 마시는 것이 좋다
B 矿泉水有益健康 광천수는 건강에 도움이 된다
C 矿泉水不含矿物质 광천수에는 광물질이 함유되어 있지 않다
D 矿泉水对身体不好 광천수는 몸에 안 좋다

듣기 내용

矿泉水是指未经污染、从地下深处自然涌出或人工开采所得的地下水。矿泉水富含人体所需的多种矿物质和微量元素，这些矿物质很容易被人体吸收，对人体生理功能有积极作用。

광천수는 오염되지 않은 지하의 깊은 곳에서 자연스럽게 솟아오르거나 인공적으로 얻어낸 지하수를 가리킨다. 광천수는 인체가 필요로 하는 다양한 광물질과 미량 원소를 풍부하게 함유하고 있고, 이런 광물질은 인체에 쉽게 흡수되어 인체의 생리적 기능에 긍정적인 작용을 한다.

정답 B

해설 A, C, D는 모두 광천수가 좋지 않음을 말하고 있다. B는 이와 반대로 광천수가 좋다는 의미를 가지고 있으므로 정답은 B일 가능성이 크다. 녹음의 핵심은 마지막 문장 '**对人体生理功能有积极作用**(인체의 생리적 기능에 긍정적인 작용을 한다)'에 있다. '**积极作用**(긍정적인 작용)'이 바로 '**有益健康**(건강에 유익하다)'이므로 정답은 B이다.

2. 주요 정보와 세부 정보에 유의하자.

주요 정보는 한 단락의 주어, 술어, 목적어를 지칭하는 것으로 '~가 ~을 했다'로 요약될 수 있다. 세부 정보는 시간, 장소, 방법 등 수식적인 성분을 지칭한다. 특히 보기와 관련된 정보를 기록해두면 원문의 의미를 확대, 축소, 왜곡시키는 보기를 배제시키는데 도움이 된다.

예제 1

A 妻子正在找工作 아내는 구직 중이다
B 妻子准备买汽车 아내는 자동차를 살 계획이다
C 丈夫得到两本杂志 남편은 잡지 두 권을 얻었다
D 丈夫在杂志社工作 남편은 잡지사에서 일한다

듣기 내용

丈夫给一家杂志社写了三封信，提了些合理化建议。编辑部给他寄了两本样刊作为答谢。丈夫非常高兴。妻子问他下一步有什么打算，他一本正经地说："我准备给汽车公司提提意见。"

남편은 한 잡지사에 편지 3통을 써서 합리적인 건의사항을 제기했다. 편집부는 그에게 답례로 샘플 잡지 2권을 보내왔고 남편은 매우 기뻤다. 아내는 그에게 다음번에는 어떤 계획이 있냐고 묻자 그는 진지하게 답했다. "자동차 회사에 건의를 해보려고."

정답 C

해설 이 문제는 세부 정보에 유의해야 한다. 첫 문장에서 '丈夫给一家杂志社写了三封信(남편은 한 잡지사에 편지 3통을 썼다)'라는 말이 '丈夫在杂志社工作(남편은 잡지사에서 일한다)'를 뜻하는 것은 아니므로 D는 틀렸다. '编辑部给他寄了两本样刊作为答谢(편집부는 그에게 답례로 샘플 잡지 2권을 보냈다)'는 '丈夫得到两本杂志(남편은 잡지 두 권을 얻었다)'를 의미하며, 자동차 회사에 의견을 내는 것은 아내가 아니라 남편이기에 A, B도 배제하면 C가 정답이 된다.

예제 2

A 儿子哭了 아들이 울었다
B 妈妈口渴了 엄마는 목이 마르다
C 儿子不想睡觉 아들은 자고 싶지 않다
D 儿子给妈妈倒了一杯水 아들이 엄마에게 물 한 잔을 따라주었다

듣기 내용

我整晚都在哄儿子睡觉，哄了无数次，他还是不肯入睡。他又叫"妈妈"的时候，我忍不住了，说："你再叫一声妈妈，我就打你！"于是他安静下来。我刚躺下，便听到他低声说："林太太，可以给我一杯水吗？"

나는 밤새도록 아들을 달래 가며 재웠다. 수없이 달래 봐도 한사코 잠에 들려 하지 않았다. 그가 또 "엄마"라고 불렀을 때 나는 참을 수가 없었다. "너 한 번만 더 엄마라고 부르면 때릴 거야!" 그러자 그는 조용해졌다. 내가 막 누웠을 때 그가 낮은 목소리로 말하는 것을 들었다. "린 사모님, 물 한 잔만 주시겠어요?"

정답 C

해설 이 문제는 주요 정보인 '~가 ~을 했다'에 유의해야 한다. 첫 문장 '**我整晚都在哄儿子睡觉**(나는 밤새도록 아들을 달래 가며 재웠다)'에 대응되는 것은 C이다. 원문에서 아들이 울었다는 언급이 없으므로 A는 틀렸다. B는 목이 마른 대상을 혼동하면 고를 수 있는 오답이다. 목이 마른 것은 엄마가 아니라 아들이므로 B도 틀렸다. 원문에서 아들이 말한 '**林太太**(린 사모님)'는 '**妈妈**(엄마)'를 지칭한다. 원문에서는 엄마가 아들에게 물을 주는 상황이기에 대상이 뒤바뀐 D도 오답이 된다.

예제 3

A 东北虎毛色偏红 동북 호랑이의 털 색깔은 붉은 편이다
B 东北虎在冬季会换毛 동북 호랑이는 겨울에 털갈이를 한다
C 东北虎起源于非洲东北 동북 호랑이는 아프리카 동북부에서 기원했다
D 东北虎的栖息地较寒冷 동북 호랑이의 서식지는 비교적 한랭하다

듣기 내용

东北虎是世界上最大的猫科动物，起源于亚洲东北部。为了适应多雪的栖息地的环境，东北虎冬季的毛色较白，不像温暖地区的老虎那样有红色的条纹。它长着厚厚的皮毛，可以抵御零下45度的低温。

동북 호랑이는 세계에서 가장 큰 고양이과 동물로 아시아 동북부에서 기원했다. 눈이 많은 서식지의 환경에 적응하기 위해 동북 호랑이는 겨울에 털 색깔이 비교적 하얗고 따뜻한 지역의 호랑이처럼 붉은색 줄무늬가 없다. 동북 호랑이는 두꺼운 털가죽을 가지고 있어 영하 45도의 저온에도 견딜 수 있다.

정답 D

해설 첫 문장에서 동북 호랑이는 '**亚洲东北部**(아시아 동북부)'에서 기원했다고 했으므로 C는 틀렸다. 원문에서 '**东北虎冬季的毛色较白，不像温暖地区的老虎那样有红色的条纹**(동북 호랑이는 겨울에 털 색깔이 비교적 하얗고 따뜻한 지역의 호랑이처럼 붉은색 줄무늬가 없다)'라는 말과 A, B는 서로 부합하지 않는다. 여기서 색깔은 세부 정보이기 때문에 키워드로 체크해 두어야 한다. '**多雪的栖息地**(눈이 많은 서식지)'와 '**零下45度的低温**(영하 45도의 저온)'은 '**东北虎的栖息地较寒冷**(동북 호랑이의 서식지는 비교적 한랭하다)'이라는 뜻이므로 정답은 D이다.

3. 일반적인 경우 보기의 순서는 원문의 순서와 일치한다.

듣기 중 어떤 문장 혹은 단어가 명확하게 들리지 않아도 멈춰 있지 말고 녹음을 재빨리 따라서 들어야 한다. 만약 뒤에 나오는 정보가 올바르다면 바로 정답을 골라내고, 뒤에 나오는 정보가 틀리다면 소거법을 통해 정답의 범위를 줄여 나가야 한다.

예제 1

A 分工要合理 분업은 합리적이어야 한다
B 合作能推动社会进步 협력은 사회의 발전을 이끈다
C 铅笔的制作流程很简单 연필의 제작 공정은 간단하다
D 要珍惜别人的劳动成果 타인의 노동 성과를 소중히 여겨야 한다

듣기 내용

各个行业、各个岗位上的人通过分享与合作共同创造出一项成果，因此人类社会的进步离不开分工与合作。现代社会中，没有一个人能独立制造出一支铅笔，它是成千上万的伐木工人、设计师和工匠共同的智慧结晶。

각각의 산업과 직위의 사람들은 공유와 협력을 통해 함께 성과를 만들어 낸다. 그러므로 인류 사회의 발전은 분업과 협력을 떠날 수 없다. 현대 사회에서 혼자서 연필 한 자루를 만들어 낼 수 있는 사람은 없다. 그것은 수천 수만명의 벌목공, 디자이너, 장인들의 집단 지혜의 결정체이다.

정답 B

해설 4개의 보기는 각각 다른 주제를 말하고 있다. 먼저 키워드에 따라 보기의 주요 의미와 순서를 최대한 기억해야 한다. 만약 앞에서 세부 정보를 놓쳤다면 그 내용은 흘려버리고 계속해서 들어야 한다. 녹음의 첫 문장에서 '**分工与合作**(분업과 협력)'는 언급했지만 '**合理**(합리적이다)'는 언급하지 않았으므로 A는 틀렸다. '**因此人类社会的进步离不开分工与合作**(그러므로 인류 사회의 발전은 분업과 협력을 떠날 수 없다)'와 B의 의미가 같으므로 정답은 B이다. 바로 다음 문장인 '**没有一个人能独立制造出一支铅笔**(혼자서 연필 한 자루를 만들어 낼 수 있는 사람은 없다)'와 C는 의미가 상반된다. D는 원문과 무관한 내용이다.

예제 2

A 黄色容易造成消化不良 노란색은 소화불량을 초래하기 쉽다
B 卧室最好选用黄色 침실은 노란색을 선택하는 것이 가장 좋다
C 黄色使空间显得狭小 노란색은 공간을 협소해 보이게 한다
D 黄色让人轻松愉悦 노란색은 사람을 즐겁게 만든다

듣기 내용

黄色不仅能刺激人的消化系统，还有益于加强人的行动力。所以在家居设计中，厨房常用暖黄色，这样不仅让整个空间显得明朗开阔，还带来一种舒适松弛的氛围，让人充分享受烹饪美食的乐趣。

노란색은 사람의 소화계통을 자극할 뿐만 아니라 사람의 행동력을 강화하는 데에도 도움이 된다. 그래서 집 인테리어에서 주방은 따뜻한 노란색을 자주 사용한다. 이는 전체 공간을 환하고 넓어 보이게 할 뿐만 아니라 쾌적하고 편안한 분위기를 만들어 맛있는 음식을 조리하는 즐거움을 충분히 만끽하게 한다.

정답 D

해설 전체 글에서 '黄色(노란색)'를 중심으로 서술되고 있다. 첫 문장 '**黄色不仅能刺激人的消化系统**(노란색은 사람의 소화계통을 자극한다)'은 노란색은 소화를 돕는다는 뜻으로 A 내용과 상반된다. 원문에서 집 인테리어를 할 때 노란색을 사용하는 곳은 '**厨房**(주방)'이라고 했지만 B에서는 '卧室(침실)'라고 했으므로 B는 틀렸다. C는 원문에서 '**这样不仅让整个空间显得明朗开阔**(이는 전체 공간을 환하고 넓어 보이게 한다)'라는 내용과 상반되므로 C도 틀렸다. D는 원문에서 '**还带来一种舒适松弛的氛围**(쾌적하고 편안한 분위기를 만든다)'라는 내용과 의미가 유사하므로 정답은 D이다.

예제 3

A 老王会翻跟头 라오왕은 공중제비를 할 수 있다
B 老王想喝啤酒 라오왕은 맥주를 마시고 싶어 한다
C 酒杯里有蚂蚁 술잔에 개미가 있다
D 服务员搞错了 종업원이 잘못 알았다

듣기 내용

老王闲来无事训练蚂蚁，蚂蚁可在他的指令下倒立，翻跟头。于是老王迫不及待地去酒吧炫耀他的绝活。他点了一杯啤酒，然后掏出蚂蚁放在桌上对服务员说："看，这只蚂蚁……"没等老王说完，服务员一掌拍死了蚂蚁，抱歉地对他说："对不起先生，我马上给您换一杯。"

라오왕은 따분해서 개미를 훈련시켰다. 개미는 그의 명령에 물구나무를 서고 공중제비를 돌았다. 그리하여 라오왕은 얼른 술집에 가서 그의 필살기를 자랑하고 싶었다. 그는 맥주 한 잔을 주문한 뒤 개미를 꺼내 탁자 위에 올려 놓고 종업원에게 말했다. "보세요, 이 개미는……" 라오왕의 말이 끝나기도 전에 종업원은 손바닥으로 개미를 때려죽인 후 미안하다는 듯이 말했다. "선생님 죄송합니다. 제가 바로 바꿔 드릴게요."

정답 D

해설 이 문제는 보기와 듣기 내용의 순서도 중요하지만 글의 함축적인 의미를 파악하는 것이 더 중요하다. 종업원은 개미가 라오왕의 것인지 몰랐다. 마지막에 종업원이 개미를 때려 죽였는데, 이는 종업원이 개미를 라오왕이 자랑하려고 데려온 것인지 모르고 원래 술잔에 있던 것으로 오해했기 때문이다. 그래서 정답은 D가 된다. 첫 문장 '**老王闲来无事训练蚂蚁，蚂蚁可在他的指令下倒立，翻跟头**(라오왕은 따분해서 개미를 훈련시켰다. 개미는 그의 명령에 물구나무를 서고 공중제비를 돌았다)'에서 알 수 있듯이 공중제비를 돈 것은 개미이므로 A는 틀렸다. 라오왕이 술집에 간 목적은 자랑하기 위해서이지 맥주를 먹으러 간 것이 아니므로 B도 틀렸다. 또한 '**然后掏出蚂蚁放在桌上对服务员说**(개미를 꺼내 탁자 위에 올려 놓고 종업원에게 말했다)'에서 개미는 라오왕이 가져온 것이지 술잔에 있던 것이 아니었음을 알 수 있다. C도 정답이 아니다.

4. 접속사, 특수구문, 어투의 변화가 비교적 뚜렷한 문장에 유의하자.

예를 들어, '**因为**'는 문제의 원인, '**所以**'는 결과, '**但是**'는 전환을 나타내며, 뒤에 오는 문장이 더 중요하다.

예제 1

A 美丽是天生的 아름다움은 타고나는 것이다
B 美丽的女人最可爱 아름다운 여자가 가장 귀엽다
C 女人喜欢可爱的东西 여자는 귀여운 것을 좋아한다
D 女人因为可爱而美丽 여자는 귀엽기 때문에 아름답다

듣기 내용

都说女人不是因为美丽而可爱，而是因为可爱而美丽。不知道从什么时候起，大家都喜欢夸奖女性"可爱"了。但是，有些女性认为，夸她"可爱"就意味着你认为她不够漂亮，所以，赞美女性的时候可要注意了。

모두가 여성은 아름답기 때문에 귀여운 것이 아니라 귀엽기 때문에 아름다운 것이라고 말한다. 언제부터인가 사람들은 여성에게 '귀엽다'고 칭찬하는 것을 좋아하게 되었다. 그러나 어떤 여성들은 '귀엽다'라고 칭찬하는 것은 충분히 아름답지 못하다는 것을 의미한다고 생각하기에 여성을 칭찬할 때는 정말 주의해야 한다.

정답 D

해설 A, C는 원문에서 언급하지 않았으며, B는 원문의 내용과 상반된다. 핵심 문장인 '**不是因为美丽而可爱，而是因为可爱而美丽**(아름답기 때문에 귀여운 것이 아니라 귀엽기 때문에 아름다운 것이다)'는 D 내용에 부합한다. '**不是** A **而是** B(A가 아니라 B이다)'는 중요한 상용 구문이므로 기억해 두어야 한다.

예제 2

A 机会很重要 기회는 중요하다
B 性格不是天生的 성격은 타고나는 것이 아니다
C 做事情要精益求精 매사를 더 잘하려고 애써야 한다
D 努力可以弥补笨拙 노력은 서투른 것을 보완할 수 있다

듣기 내용

"笨鸟先飞"这个成语比喻笨拙的人应该早做准备，及早把想法付诸实践，这样就能比那些自认为聪明的人先到达目的地。即便先天条件有限，但是通过后天的努力，仍然可以实现预定的目的。

'笨鸟先飞(둔한 새가 먼저 날다)'라는 이 성어는 서투른 사람은 미리 준비하고 생각한 것을 빨리 실천에 옮겨야 한다는 것을 비유한다. 이렇게 해야만 스스로 똑똑하다고 생각하는 사람들보다 먼저 목적지에 도착할 수 있다. 설령 선천적인 조건에 제약이 있어도 후천적인 노력을 통해 예정된 목적을 달성할 수 있다.

정답 D

해설 이 문제는 마지막 문장을 잘 들어야 한다. 특히 문장의 논리적, 의미적 영향이 큰 '**即便** A, **但是** B, **仍然** C(설령 A일지라도, 그러나 B한다면, 그래도 C이다)'에 주의해야 한다. 이 문장에는 접속사와 핵심 구문이 모두 존재한다. '**先天条件有限**(선천적인 조건에 제약이 있다)'는 D의 '**笨拙**(서투르다)'와 상응한다. '**但是通过后天的努力，仍然可以实现预定的目的**(그러나 후천적인 노력을 통해 예정된 목적을 달성할 수 있다)'를 통해 '**努力可以弥补笨拙**(노력은 서투른 것을 보완할 수 있다)'라는 것을 알 수 있다. 정답은 D이다. A, B, C는 모두 원문과 관련이 없는 내용이다.

예제 3

A 要诚信待人 진실되게 사람을 대해야 한다
B 要保持平常心 평정심을 유지해야 한다
C 要积极面对苦难 적극적으로 고난에 직면해야 한다
D 要不断改变自己 끊임없이 자신을 변화시켜야 한다

듣기 내용

蚌无法改变沙子嵌入体内的遭遇，这些沙子就是蚌的苦难，但它通过自身的努力，把这些"苦难"变成了闪亮的珍珠。人生也无法免遭各种苦难和挫折，但只要积极努力，这些苦难和挫折就会变成人生成功的台阶。

말조개는 모래가 몸에 박히는 상황을 바꿀 수 없다. 이 모래는 말조개의 고난이지만, 말조개는 자신의 노력으로 이 '고난'을 반짝이는 진주로 바꿔 놓았다. 인생도 고난과 좌절을 피할 수 없지만 열심히 노력한다면 이런 고난과 좌절은 인생의 성공의 계단이 될 수 있다.

정답 C

해설 마지막 문장 '**但只要积极努力，这些苦难和挫折就会变成人生成功的台阶**(그러나 열심히 노력한다면 이런 고난과 좌절은 인생의 성공의 계단이 될 수 있다)'에서 알 수 있듯이 정답은 C이다. '**但**(그러나)' 뒷부분은 주로 전환이나 결론을 짓는 내용이 나오므로 특히 주의해서 들어야 한다. A, B, D는 원문에서 언급하지 않았다.

듣기

memo

3 연습문제 45문항

실제 시험은 15문항으로 구성되어 있으나 본 연습문제에서는 45문항을 제공한다. 한 번에 풀기보다는 실제 시험처럼 15문항씩 3회차로 나누어 풀 것을 권장한다.

第1—45题：请选出与所听内容一致的一项。

1. A 老师给那个学生颁奖
   B 那个学生身体不舒服
   C 那个学生听清楚了
   D 其他同学没听清楚

2. A 研究调查了女性的健康问题
   B 评价会影响女性身材
   C 常被批评的女性更苗条
   D 女性不需要减肥

3. A 姚明是一位运动员
   B 姚明全球知名度最高
   C NBA没有中国球员
   D 中国人不了解篮球

4. A 中国有七种方言
   B 中国方言越来越多
   C 中国方言种类繁多
   D 外国人也说方言

5. A 小李没有开车
   B 小李来找警察办事
   C 小李是警察
   D 小李被罚款了

6. A 告别仪式都很简单
   B 女士之间握手告别
   C 男士和女士亲吻告别
   D 告别仪式男女有别

7. A 中国人送礼有讲究
   B 给长辈送钟表示关照
   C 不能给老人送梨
   D 梨是不吉利的水果

8. A 彩陶是现代艺术
   B 彩陶的历史久远
   C 陶器是黑色的
   D 彩陶主要用来观赏

9. A 大熊猫没有尾巴
   B 环境改变了大熊猫的习性
   C 现在的大熊猫喜欢吃肉
   D 大熊猫每天吃三四斤竹子

10. A 海浪能激起飓风
    B 海底地震很强烈
    C 科学家能监测飓风
    D 科学家能阻止飓风

11. A 儿女要感激父母
B 锻炼带来幸福感
C 感恩的人压力大
D 感恩的人更乐观

12. A 妻子想和丈夫说话
B 丈夫很聪明
C 丈夫丢了东西
D 妻子很高兴

13. A 孩子出生时要请客人喝酒
B 酒是父母给孩子的结婚礼物
C “女儿红”是为女儿储存的酒
D “状元红”是考中状元时喝的酒

14. A 睡眠影响饮食
B 香肠不是垃圾食品
C 睡得越多越饿
D 睡觉可减轻体重

15. A 戴眼镜驾车不安全
B 司机不喜欢戴墨镜
C 墨镜会干扰司机的判断
D 墨镜使司机反应变快

16. A 啤酒肚与喝啤酒无关
B 喝啤酒能保持能量平衡
C 喝啤酒不一定会有啤酒肚
D 男性比女性更易有啤酒肚

17. A 跑步时不能听歌
B 音乐会降低速度
C 耳机会损害听力
D 跑步者应提高警觉

18. A 树木会自燃
B 病树会重生
C 自燃是一种毁灭
D 森林需要人保护

19. A 大学生不要钱
B 老板很欣赏他
C 大学生很贪心
D 大学生在开玩笑

20. A 要实事求是
B 要宽容待人
C 要三思而后行
D 要勇于面对挫折

21. A 假画也很值钱
B 市场上假画很多
C 真画都比假画漂亮
D 真画可能不止一幅

22. A 细节决定成败
B 信心能带来成功
C 工作无贵贱之分
D 要学会团队合作

23. A 丈夫没有钱
B 他们要去餐馆吃饭
C 饭菜味道很难闻
D 丈夫想请妻子吃饭

24. A 秋季气温变化频繁
B 锻炼可提高耐寒能力
C 秋季身体热量减少
D 秋季添衣不宜过急

25. A 圆是天坛的特征
B 天坛的历史悠久
C 天坛建筑结构复杂
D 天坛曾经遭到破坏

26. A 喝牛奶不宜过量
B 最好别空腹喝牛奶
C 牛奶比面包有营养
D 牛奶的浓度不宜过高

27. A 护士认识大夫
B 病人刚出院了
C 护士答应了他
D 护士爱上了病人

28. A 太极拳动作迅速
B 太极拳是古典哲学
C 练太极能强身健体
D 太极拳正被人遗忘

29. A 失败是成功之母
B 乱说话会产生误会
C 要勇于表达内心情感
D 尊重他人就是尊重自己

30. A 街道都很古老
B 城市被群山环绕
C 城市建筑很有特色
D 游客可欣赏自然风光

31. A 岳阳楼建在深山里
B 岳阳楼不是木制的
C 岳阳楼的屋顶有特色
D 岳阳楼结构不太稳固

32. A 男人是个光头
B 男人得了癌症
C 男人感到焦虑
D 男人怕去医院

33. A 东北虎毛色偏红
B 东北虎在冬季会换毛
C 东北虎起源于非洲东北
D 东北虎的栖息地较寒冷

34. A 微笑有助于沟通
B 人类不需要语言
C 表情可以代替语言
D 肢体语言能表达情绪

35. A 长白山常年积雪
B 天池位于火山脚下
C 长白山位于吉林西北部
D 天池是世界第一火山湖

36. A 快走是无氧运动
B 老年人不宜快走
C 老年人应练习慢跑
D 快走易造成肌肉拉伤

37. A 车辆无法承载巨石
B 巨石是用来祭天的
C 故宫使用的巨石很多
D 巨石都是利用冰道运输的

38. A 欧洲地区遭遇极寒
B 气候异常是自然现象
C 全球变暖造成极端天气
D 温室效应导致全球变暖

39. A 春节习俗丰富多彩
B 手机红包成为新时尚
C 人们更喜欢传统习俗
D 年轻人喜欢使用社交网络

40. A 要诚信待人
B 要保持平常心
C 要积极面对苦难
D 要不断改变自己

41. A 青花瓷通体洁白
B 青花瓷中外闻名
C 青花瓷属于釉上彩
D 青花瓷起源于景德镇

42. A 各色旗帜意义不同
B 在古代白旗表示胜利
C 战胜方可以不接受投降
D 现代军事中白旗表示投降

43. A 老王会翻跟头
B 老王想喝啤酒
C 酒杯里有蚂蚁
D 服务员搞错了

44. A 成功需要耐心等待
B 成功主要靠人的努力
C 成功的因素是多方面的
D 外在条件无法阻止成功

45. A 燕麦中不含铁元素
B 燕麦含有丰富蛋白质
C 早餐吃燕麦不易消化
D 燕麦有助于降低患感冒的几率

정답과 듣기 스크립트는 부록에서 확인할 수 있습니다.
해설은 해설집 PDF 2p에 있습니다.

제2부분 인터뷰 듣고 질문에 답하기

1 문제풀이 가이드

듣기 영역 제2부분은 총 15문항으로 구성되어 있다. 응시생은 3개의 인터뷰 녹음을 듣게 된다. 각각의 인터뷰 후에는 5개의 질문이 있고, 응시생은 들은 인터뷰 내용을 근거로 정확한 답을 선택하면 된다. 인터뷰 녹음과 질문은 모두 한 번만 들려준다. 내용은 정치, 경제, 문화, 예술, 사회, 과학 등 다양한 분야의 인사를 인터뷰한 것이다.

2 문제풀이 테크닉

1. 진행자의 질문에 유의하자.

문제의 질문과 인터뷰 내용의 순서가 보통 일치한다. 따라서 진행자의 질문에 유의해야 한다. 진행자의 질문에 대한 답이 보기와 관련된 정보이기 때문에 녹음을 들으면서 진행자의 질문에 대한 답으로 여겨지는 보기를 바로바로 선택하면서 내려가는 것이 좋다.

2. 인물에 관한 정보에 유의하자.

인물의 신분, 개인의 정보에 관한 문제는 진행자의 순서와 상관없이 나오는 경우가 많다. 그러므로 인물의 정보가 나올 때는 더 주의해서 들어야 한다.

3. 접속사, 특수구문, 상세한 정보에 유의하자.

예를 들어, '不但 A 而且 B(A뿐만 아니라 또한 B하다)'는 뒤에 오는 문장이 한층 더 심화된 의미를 나타내며, '即使 A 也 B(설사 A하더라도 B하겠다)'는 가설과 결과가 일치하지 않음을 나타낸다.

예제 1-5

1. A 利用低等生物制造天然气 하등 생물을 이용하여 천연가스를 만들었다
   B 发现了寻找气田的新方法 가스전을 찾는 새로운 방법을 발견했다
   C 开发了汉江油田 한강 유전을 개발했다
   D 制作了煤矿分布模型 석탄광 분포 모형을 만들었다

2. A 缺少专业人员 전문 인력이 부족하다
   B 只能在海外研究 해외에서만 연구할 수 있다
   C 国内研究成熟 국내 연구가 무르익다
   D 不需要数据支持 데이터 지원이 필요 없다

3. A 中学的兴趣 중학생 시절의 흥미
   B 父母的建议 부모의 제안
   C 老师的表扬 교사의 칭찬
   D 朋友的帮助 친구의 도움

4. A 就业困难 취업이 어렵다
   B 白手起家 자수성가하다
   C 就业率100% 취업률 100%이다
   D 比较容易 비교적 쉽다

5. A 发现了煤矿 석탄광을 발견했다
   B 研究天然气 천연가스를 연구하다
   C 大学没毕业 대학을 졸업하지 않았다
   D 后悔学了地质 지질학을 배운 것을 후회했다

듣기내용

女：[5]今天我们请到的嘉宾是被誉为"中国天然气之父"的戴金星先生。戴先生，您好！

男：您好。

女：您长期从事天然气地质和地球化学的研究，最大的成果是什么？

男：以往认为石油和天然气只是由低等的生物生成的，然而我在研究中发现，高等植物遗体也能生成工业性油和气，[1]产生煤的地方也是找气和发现气田的理想地区。我们是1979年提出在煤系中寻找天然气的，现在回想起来，其实是很简单的，只是在此之前没有想到而已。

女：真理往往就是这样，看似简单，而寻找、总结却不知要付出多少代价、心血。您当时是怎么会想到研究这个课题的？

男：1961年我从南京大学毕业后，来到江汉油田工作。在那里我发现，无论在中国，还是在世界其他国家，[2]几乎都没有系统研究天然气勘探的人。于是我决定选择天然气地质和地球化学专业作为自己的专业方向和目标。从1975年到1995年，我与同事以及学生们走遍了除西藏、台湾外的各地，积累了大量的数据。

女：您对"气"情有独钟，是否从小就喜欢呢？您的成长道路是如何走过来的？

男：记得小学有一次上地理课时，老师要求我们用石膏制作一个展示全国主要煤、铁、铜等矿产分布情况的模型。我认真地做了一个，现在想想那时做的是很粗糙的，[3]但却得到了老师的表扬，从此我的心中就萌发了为祖国找矿藏的想法。

女：如今报考地质专业的学生不多了，原因就是读地质专业毕业后工作很艰苦。您是如何看待这个问题的？

男：当年新中国第一代地质勘探科技人员和石油工人，白手起家，是很艰苦的。如今我们的石油工业是赢利大户。目前大学毕业生就业难，[4]而读地质专业的就业就很容易，如西北地区还可以达到百分之百。我希望年轻人能够前仆后继，继承我们的事业，为祖国打开地球奥秘，为人类寻找足够的能源。

1. 男的最大的研究成果是什么？
2. 关于男的从事的研究课题，当时的状况是怎样的？
3. 男的为什么喜欢上了地质专业？
4. 地质专业学生的就业情况如何？
5. 关于男的，下列哪项正确？

여: [5]오늘 저희가 모신 게스트는 '중국 천연가스의 아버지'로 불리는 따이진싱 선생님입니다. 따이 선생님, 안녕하세요!

남: 안녕하세요.

여: 천연가스 지질과 지구화학 연구를 오래 하셨는데 가장 큰 성과는 무엇입니까?

남: 이전에는 석유와 천연가스는 하등 생물에 의해서만 생성된다고 생각했습니다. 그러나 저는 연구를 통해 고등식물의 유해도 공업용 기름과 천연가스를 생성할 수 있고, [1]석탄이 만들어지는 곳 또한 가스와 가스전을 발견하기에 이상적인 장소라는 것을 발견했습니다. 저희는 1979년 협탄층에서 천연가스를 찾자고 제안했는데, 지금 생각해보면 사실은 참 간단한데, 그 전까지는 생각하지 못했을 뿐입니다.

여: 진리라는 것이 늘 이렇습니다. 간단해 보이지만 찾거나 종합해 내려면 얼마나 많은 대가와 심혈을 기울여야 하는지 모릅니다. 당신은 그때 어떻게 이러한 과제를 연구할 생각을 했습니까?

남: 1961년 저는 난징대학교를 졸업한 후 한강 유전에서 일했습니다. 그곳에서 저는 중국이든 세계의 다른 나라이든 [2]천연가스 탐사를 체계적으로 연구하는 사람이 거의 없다는 것을 알게 되었습니다. 그래서 저는 천연가스 지질과 지구화학 전공을 선택하는 것을 저의 전공 방향과 목표로 삼기로 결정했습니다. 1975년부터 1995년까지 저는 동료 및 학생들과 티베트, 대만을 제외한 모든 지역을 돌아다니며 많은 데이터를 쌓았습니다.

여: 당신은 '가스'에 대한 애정이 남다르신데요. 혹시 어릴 때부터 좋아하셨나요? 당신의 성장 과정은 어땠나요?

남: 초등학교때 지리 수업시간에 선생님이 저희에게 석고로 전국의 주요 석탄, 철, 구리 등 광산물의 분포 상황을 보여주는 모형을 만들라고 했던 기억이 납니다. 저는 열심히 하나를 만들었는데, 지금 생각하면 그때 만든 모형은 매우 엉성했지만 [3]의외로 선생님의 칭찬을 받았습니다. 그때부터 저의 마음속에 조국을 위해 지하자원을 찾아야겠다는 생각이 싹텄습니다.

여: 현재 지질학과에 지원하는 학생이 많지 않은데, 그 이유는 지질학과를 졸업한 후에 일이 힘들기 때문입니다. 당신은 이 문제에 대해 어떻게 생각하십니까?

남: 그 당시 신중국 제1세대 지질 탐사 과학 기술자와 석유 노동자들은 자수성가하느라 매우 힘들었습니다. 현재 저희 석유 산업은 이윤이 높은 기업입니다. 현재 대학 졸업생들의 취업이 어려운 반면 [4]지질학 전공생들의 취업은 쉽습니다. 예를 들어 서북 지역은 100%에 달하기도 합니다. 저는 젊은이들이 저희의 뒤를 이어 사업을 계승하고 조국을 위해 지구의 오묘한 비밀을 파헤쳐 인류에게 충분한 에너지원을 찾아 주기를 바랍니다.

1. 남자의 가장 큰 연구 성과는 무엇입니까?
2. 남자가 하는 연구과제와 관련하여, 당시의 상황은 어땠습니까?
3. 남자는 왜 지질학과를 좋아하게 되었습니까?
4. 지질학 전공생의 취업 상황은 어떻습니까?
5. 남자와 관련하여, 다음 중 올바른 것은 무엇입니까?

정답 1. B 2. A 3. C 4. D 5. B

해설 1. 여자의 2번째 말에서 1번 질문이 등장한다. 남자는 '以往(이전)', '然而(그러나)' 등의 단어를 사용했는데, '然而'의 뒤에 오는 내용이 핵심이다. '**产生煤的地方也是找气和发现气田的理想地区**(석탄이 만들어지는 곳 또한 가스와 가스전을 발견하기에 이상적인 장소이다)'라는 문장을 통해 남자가 천연가스를 찾는 새로운 방법을 발견했다는 것을 알 수 있다. 정답은 B이다.

2. 여자의 3번째 말에서 2번 질문이 등장한다. 남자의 대답 중 '**发现**(발견하다)' 뒤 내용이 정답과 관련된 세부내용이다. '**无论** A **还是** B(A든 B든)'를 사용하여 당시의 대상을 이끌어냈으며, '**几乎都没有系统研究天然气勘探的人**(천연가스 탐사를 체계적으로 연구하는 사람이 거의 없다)'을 통해 전문 인력이 부족하다는 것을 알 수 있다. 정답은 A이다.

3. 여자의 4번째 말에서 3번 질문이 등장한다. 남자의 대답 중 '**但却**(그러나)'는 전환을 나타내는 것으로 뒤 내용이 핵심 내용이다. 정답은 C이다.

4. 여자의 5번째 대화에서 4번 질문이 등장한다. 남자는 '**目前大学毕业生就业难**(현재 대학 졸업생들의 취업이 어렵다)'이라고 말한 후, 접속사 '**而**(그러나)'을 사용하여 전환을 나타냈다. 즉, 지질학 전공생들의 취업은 쉽다는 것이다. 정답은 D이다.

5. 마지막 문제는 글 전체에 대한 내용이다. 맨 처음 여자의 첫마디에서 '**研究天然气**(천연가스를 연구)'하는 남자를 중심으로 대화가 진행된다는 것을 알 수 있다. 정답은 B이다. A, C, D는 모두 원문의 내용과 부합하지 않는다.

예제 6–10

6. A 专业化 전문화
   B 生活化 생활화
   C 喜剧化 희극화
   D 国际化 국제화

듣기

7. A 收入丰厚 수입이 많다
B 具有挑战性 도전적이다
C 擅长表演魔术 마술에 능하다
D 让他变得更乐观 그를 더욱 낙천적으로 만든다

8. A 白领 회사원
B 主持人 사회자
C 魔术师 마술사
D 运动员 운동선수

9. A 不怕挫折 좌절을 두려워하지 않다
B 要实事求是 실사구시해야 한다
C 做自己感兴趣的事 자신이 흥미를 느끼는 일을 하다
D 各方面都与别人不一样 모든 면에서 남들과 다르다

10. A 求职很顺利 구직이 순조롭다
B 没有读完大学 대학을 마치지 못했다
C 认为自己很辛苦 자신이 힘들다고 생각한다
D 参加了春节联欢晚会 춘절연합만회에 참가했다

듣기내용

女：[10]2009年中央电视台春节联欢晚会上，一位来自台湾的名叫刘谦的年轻魔术师让人们在镜头前近距离地见证了奇迹的发生，他不仅成为这次春晚上最受关注的表演者之一，更在2009年掀起了一股魔术热，越来越多的人喜欢上了这种近距离魔术。今天我们有幸跟刘谦面对面交流，刘先生您好。在您眼里，魔术是什么样的呢？

男：[6]我个人觉得，其实现代的魔术应该更生活化，就是魔术师穿的衣服跟普通人一样，讲的话跟普通人一样，用的东西也跟普通人一样，在这种情况之下，还有魔术在眼前发生，那样才叫真正的魔术，才是真正的震撼的魔术。

女：您从小就喜欢表演魔术吗？为什么喜欢呢？

男：我记得第一次表演魔术时我七岁，观众惊喜的反应让我感到无比快乐，也正是这样建立起了自己对变魔术的自信。1988年，也就是我12岁的时候，我见到了自己的偶像——著名魔术大师大卫·科波菲尔，并从他的手中接过了全台湾少儿魔术大赛的冠军奖杯。可以说如果那时候我没有获奖的话，说不定现在我已经远离魔术界很久了，[7]因为小时候我其实没什么值得骄傲的地方，12岁那一次获奖，让我第一次感觉到，原来有一件事情是我做起来还不错的，比别人好的。

女：得到了别人的承认？

男：对，而且是努力就会有收获这件事情，是我在12岁那一年第一次切身感受到的，努力跟收获的这件事情，对我来讲是有非常大、非常大的影响。

女：这么说，您从小的理想就是当魔术师吗？

男：不是，虽然我喜欢魔术，但一开始我并没有打算把魔术当成自己的职业，[8]我的理想是成为工作稳定、收入丰厚的白领。

女：那后来您是怎样走上魔术表演这条路的呢？

男：大学毕业后屡屡碰壁的求职经历让我终于又回到了自己擅长的魔术领域。因为我认为一旦决定我要做这个行业，我一定要做到顶尖。而且我相信，[9]如果你要做到顶尖，你就必须要跟别人不一样，不光是你做的事情要不一样，你的想法、你的观念、你的基础、你的态度都要完全不一样，这样你才可以做到顶尖，否则你就会变得跟其他人一样。

6. 男的认为魔术应该怎么样？
7. 男的为什么选择了做魔术师？
8. 男的最初的理想是什么？
9. 男的认为怎么样才能做到最好？
10. 关于男的，可以知道什么？

여: [10]2009년 CCTV 춘절연합만회에서 대만에서 온 리우지엔이라는 젊은 마술사가 사람들에게 카메라 앞 근거리에서 기적이 일어나는 것을 증명해냈습니다. 그는 이번 춘절연합만회에서 가장 주목받는 공연자 중 하나가 되었을 뿐만 아니라 2009년에 마술 열풍을 일으켜 점점 더 많은 사람들이 이런 근거리 마술을 좋아하게 되었습니다. 오늘 우리는 영광스럽게도 리우지엔과 직접 대화를 나눌 수 있게 되었습니다. 리우 선생님 안녕하세요, 당신이 보시기에 마술은 어떤 것입니까?

남: [6]개인적으로는 사실 현대 마술이 더욱더 생활화되어야 한다고 생각합니다. 마술사가 입는 옷이 일반인과 같고, 말하는 것도 일반인과 같고, 사용하는 물건도 일반인과 같아야 한다는 것입니다. 이런 상황에서 마술이 눈앞에서 펼쳐져야 진짜 마술, 진짜 충격의 마술이라고 할 수 있습니다.

여: 당신은 어릴 때부터 마술을 하는 것을 좋아했습니까? 왜 좋아했습니까?

남: 처음 마술을 선보였을 때 저는 7살이었던 것으로 기억합니다. 관중들의 놀라면서 기뻐하는 반응은 저를 매우 즐겁게 만들었고, 이것으로 마술에 대한 자신감을 갖게 되었습니다. 1988년, 제가 12살 때 저는 우상인 유명한 마술의 대가 데이비드 코퍼필드를 만났고, 그에게서 대만 전국 어린이 마술 대회 우승 트로피를 건네 받았습니다. 만약 그때 제가 수상을 하지 않았더라면 지금 저는 마술계를 멀리 한 지 한참이 되었을지도 모르겠습니다. [7]왜냐하면 어렸을 때 저는 사실 별로 내세울 만한 점이 없었는데, 12살 때 그 상을 받으면서, 내가 한 가지는 남들보다 잘하는 게 있구나 하고 처음 느꼈기 때문입니다.

여: 다른 사람의 인정을 받았다는 것입니까?

남: 맞습니다. 그리고 노력을 하면 수확이 있다는 것을 저는 12살이었던 그 해에 처음으로 몸소 느끼게 되었습니다. 노력과 수확이라는 이 일은 저에게 아주 아주 큰 영향을 주었습니다.

여: 그러면 당신은 어릴 때부터 꿈이 마술사가 되는 것이었습니까?

남: 아닙니다. 제가 마술을 좋아하기는 하지만, 처음에는 마술을 직업으로 삼을 생각은 없었습니다. [8]저의 꿈은 직업이 안정적이고 수입이 많은 회사원이 되는 것이었습니다.

여: 그러면 그 뒤에는 어떻게 마술의 길을 걷게 되었습니까?

남: 대학 졸업 후 번번이 벽에 부딪혔던 구직 경험이 결국 저를 제가 잘하는 마술 분야로 되돌아가게 했습니다. 왜냐하면 저는 일단 제가 이 일을 하기로 결정했으면 반드시 최고가 되어야 한다고 생각했기 때문입니다. 그리고 저는 [9]최고가 되려면 반드시 남들과는 달라야 한다고 믿었습니다. 당신이 하는 일뿐만 아니라 당신의 생각, 당신의 관념, 당신의 기초, 당신의 태도 등 모두 완전히 달라야만 최고가 될 수 있으며, 그렇지 않으면 당신은 다른 사람들과 똑같아질 것입니다.

6. 남자는 마술이 어떠해야 한다고 생각합니까?
7. 남자는 왜 마술사가 되는 것을 선택했습니까?
8. 남자의 처음 꿈은 무엇입니까?
9. 남자는 어떻게 하면 최고가 될 수 있다고 생각합니까?
10. 남자와 관련하여, 무엇을 알 수 있습니까?

정답 6. B 7. C 8. A 9. D 10. D

해설 6. 여자의 1번째 질문 '**在您眼里，魔术是什么样的呢**(당신이 보시기에 마술은 어떤 것입니까)'에 남자는 '**我个人觉得，其实现代的魔术应该更生活化**(개인적으로는 사실 현대 마술이 더욱더 생활화되어야 한다고 생각합니다)'라고 대답했으며, 이는 B에 대응된다. 일반적으로 관점을 나타낼 때는 '**觉得**(~라고 생각하다)'를 자주 사용한다.

7. 여자의 2번째 질문 '**您从小就喜欢表演魔术吗？为什么喜欢呢？**(당신은 어릴 때부터 마술을 하는 것을 좋아했습니까? 왜 좋아했습니까?)'는 7번 문제 '**男的为什么选择了做魔术师？**(남자는 왜 마술사가 되는 것을 선택했습니까?)'와 표현은 다르지만 의미는 같다. 남자는 접속사 '**因为**(왜냐하면)'를 통해 원인을 설명했다. '**因为小时候我其实没什么值得骄傲的地方，12岁那一次获奖，让我第一次感觉到，原来有一件事情是我做起来还不错的，比别人好的**(왜냐하면 어렸을 때 저는 사실 별로 내세울 만한 점이 없었는데, 12살 때 그 상을 받으면서, 내가 한 가지는 남들보다 잘하는 게 있구나 하고 처음 느꼈기 때문입니다)'라는 문장을 통해 C가 정답임을 알 수 있다.

8. 여자의 4번째 질문 중 '**从小的理想**(어릴 때의 꿈)'은 즉 '**最初的理想**(최초의 꿈)'을 가리킨다. 남자는 '**我的理想是成为工作稳定、收入丰厚的白领**(저의 꿈은 직업이 안정적이고 수입이 많은 회사원이 되는 것이었습니다)'이라고 했으므로 정답은 A이다.

9. 여자는 남자에게 어떻게 최고가 되었는지 간접적으로 '**怎样走上魔术表演这条路**(어떻게 마술의 길을 걷게 되었는가)'라고 물었다. 남자의 대답 중 '**如果你要做到顶尖，你就必须要跟别人不一样**(최고가 되려면 반드시 남들과 달라야 한다)'을 통해 정답은 D라는 것을 알

수 있다. '如果 A 就 B(만약 A라면 B이다)'는 A와 B 내용이 서로 연관되므로 이 접속사가 나왔을 때 주의 깊게 들어야 한다.

10. '关于……，可以知道什么？(~와 관련하여, 무엇을 알 수 있습니까?)'와 같은 문제는 글의 전체 내용을 봐야 한다. 어떨 때는 세부 정보를 어떨 때는 주제를 물어보기 때문에 응시생은 보기를 미리 훑어보고 관련 정보를 최대한 기록해 두어야 한다. 인터뷰의 첫 문장 '2009年中央电视台春节联欢晚会上，一位来自台湾的名叫刘谦的年轻魔术师让人们在镜头前近距离地见证了奇迹的发生(2009년 CCTV 춘절연합만회에서 대만에서 온 리우지엔이라는 젊은 마술사가 사람들에게 카메라 앞 근거리에서 기적이 일어나는 것을 증명해냈습니다)'을 통해 정답은 D라는 것을 알 수 있다. A, B, C는 원문에서 언급하지 않았다.

듣기

memo

3 연습문제 45문항

실제 시험은 15문항으로 구성되어 있으나 본 연습문제에서는 45문항을 제공한다. 한 번에 풀기보다는 실제 시험처럼 15문항씩 3회차로 나누어 풀 것을 권장한다.

第1—45题：请选出正确答案。

1. A 利用低等生物制造天然气
   B 发现了寻找气田的新方法
   C 开发了汉江油田
   D 制作了煤矿分布模型

2. A 缺少专业人员
   B 只能在海外研究
   C 国内研究成熟
   D 不需要数据支持

3. A 中学的兴趣
   B 父母的建议
   C 老师的表扬
   D 朋友的帮助

4. A 就业困难
   B 白手起家
   C 就业率100%
   D 比较容易

5. A 发现了煤矿
   B 研究天然气
   C 大学没毕业
   D 后悔学了地质

6. A 代表最高水准
   B 是美国的奖项
   C 媒体支持
   D 影响力大

7. A 冷门
   B 沉闷
   C 票房高
   D 宣传少

8. A 里面有中国现代文化
   B 外国人看不懂
   C 跟《卧虎藏龙》风格不同
   D 可能不会得奖

9. A 精益求精
   B 倾听他人意见
   C 追求多变
   D 很在意评价

10. A 是个演员
    B 得过奥斯卡奖
    C 做过奥斯卡评委
    D 作品获过奥斯卡提名

11. A 自己喜欢
B 留学需要
C 父亲强迫
D 想当音乐家

12. A 可以丰富精神世界
B 可以成名
C 能赚钱
D 能帮助学习其他专业

13. A 天分
B 勇气
C 勤奋
D 思想

14. A 技术高超
B 让人感动
C 艺术效果
D 真诚演奏

15. A 华丽漂亮
B 随心所欲
C 有很多毛病
D 有创造性

16. A 公平
B 严格
C 全球化
D 理想化

17. A 写英文作品
B 找个好翻译
C 找中国人翻译
D 寻找新题材

18. A 在山西旅行
B 考察社会现状
C 翻译中文小说
D 解决农民问题

19. A 出版业
B 英国文学
C 中国历史
D 中国社会

20. A 是中国人
B 得过诺贝尔奖
C 不支持翻译作品
D 对中国很有感情

21. A 迎合
B 自豪
C 独立
D 厌烦

22. A 身体不好
B 不认可自己
C 不满意学校
D 不想不劳而获

23. A 活出诗意
B 学习舞蹈
C 恢复健康
D 去大学工作

24. A 不公平
B 不完美
C 没有遗憾
D 不能承受

25. A 是残疾人
B 上过大学
C 是舞蹈演员
D 对现实不满

26. A 聪明
B 可爱
C 完美
D 贫穷

27. A 大英雄
B 武术家
C 农民工
D 艺术家

28. A 反击
B 忍耐
C 自嘲
D 怨恨

29. A 从小喜欢
B 唱歌获奖
C 父母支持
D 偶像崇拜

30. A 是个演员
B 长相英俊
C 常演伟人
D 不爱唱歌

31. A 小时候
B 工作后
C 大学毕业
D 退休之后

32. A 帮助
B 支持
C 忍耐
D 反对

33. A 基础
B 时机
C 感觉
D 内涵

34. A 不可兼得
B 技巧相似
C 相辅相成
D 形式不同

35. A 收获了许多朋友
B 坚持自己的道路
C 创作境界更高了
D 感动了周围的人

36. A 小缺陷
B 自信心
C 优秀的外表
D 对工作的热情

37. A 家常便饭
B 接受度低
C 固执己见
D 习以为常

38. A 精致的面容
B 积极的态度
C 完美的个体
D 自然的美感

39. A 谨慎行事
B 左思右想
C 修整缺陷
D 盲目整形

40. A 理性的人不多
B 预约机会有限
C 男的没去过上海
D 克隆技术很安全

41. A 方便与客人联系
B 提供个性化服务
C 提高酒店知名度
D 及时处理紧急情况

42. A 以身作则
B 赏罚分明
C 加强监控
D 沟通交流

43. A 平等
B 关怀
C 重视
D 体谅

44. A 公平公正
B 提升待遇
C 赏罚分明
D 坚持考核

45. A 男的参加过奥运会
B 员工犯错不受惩罚
C 男的支持慈善活动
D 男的是酒店清洁人员

정답과 듣기 스크립트는 부록에서 확인할 수 있습니다.
해설은 해설집 PDF 19p에 있습니다.

제3부분 비교적 긴 글을 듣고 질문에 답하기

1 문제풀이 가이드

듣기 영역 제3부분은 총 20문항으로 구성되어 있다. 응시생은 6개의 비교적 긴 글을 듣게 된다. 이는 300~400자 정도의 글로 듣기 제1부분보다 길고 제2부분보다는 짧다. 모든 글 뒤에는 3개 혹은 4개의 질문이 있고, 들은 내용을 근거로 질문에 알맞은 보기를 선택하면 된다. 녹음은 한 번만 들려주며, 내용은 정보, 사설, 이야기 등 다양하다.

듣기 제3부분은 주로 아래와 같은 질문 방식을 가진다.

细节型(세부형)	提炼型(추출형)
- ……是怎么解决的? ~은 어떻게 해결했습니까?	- ……有什么特点? ~은 어떤 특징이 있습니까?
- ……在……之前/之后做了什么? ~의 전/후에 무엇을 했습니까?	- 这段话主要告诉我们什么道理? 이 글은 우리에게 어떤 이치를 알려주었습니까? - 这段话的目的是什么? 이 글의 목적은 무엇입니까?
- 关于……，可以知道什么? ~과 관련하여, 무엇을 알 수 있습니까?	- ……有什么建议? ~은 어떤 의견을 가지고 있습니까?
- 关于……，下列哪项正确? ~과 관련하여, 다음 중 올바른 것은 무엇입니까?	

2 문제풀이 테크닉

1. 인물의 행위와 사물의 특징에 집중하자.

보기에 인물이 등장하면 인물의 행위, 언어, 묘사, 인칭대명사가 지칭하는 것이 누구인지에 대한 정보에 주의해야 하며, 사물 등장 시에는 사물의 대표적인 특징과 장단점에 집중해야 한다.

2. 서두와 문미 및 어투 변화가 뚜렷한 문장에 집중하자.

서두는 화제, 중간은 세부 정보, 문미는 주요 의도를 이야기할 가능성이 크며, 마지막 문장은 종합적이므로 더욱 주의해서 들어야 한다.

3. 녹음을 듣기 전 보기를 먼저 파악하자.

보기 중 비교적 추상적, 개괄적, 교훈적인 정보가 있다면 이것은 주제 문제이다. 주제 문제는 보통 마지막에 질문한다.

예제 1-3

1. A 同学失败了 학우는 실패했다
   B 同学生病了 학우가 아프다
   C 同学很紧张 학우가 긴장했다
   D 同学参加了演讲比赛 학우가 말하기 대회에 참가했다

2. A 怕丢面子 체면을 잃을까 두렵다
   B 不想讲真话 진실을 말하고 싶지 않다
   C 怕失去朋友 친구를 잃을까 두렵다
   D 不希望比别人突出 남보다 뛰어나지 않길 바란다

3. A 要关心别人 타인에게 관심을 가져야 한다
   B 要有责任心 책임감을 가져야 한다
   C 不要急于求成 서둘러 목적을 달성하려 하지 마라
   D 别太在意别人的看法 타인의 생각을 너무 신경 쓰지 마라

듣기내용

上高中时，学校有一次演讲比赛，班里推选了一位文笔好，但很害羞的同学参加。那天，那位同学表现得非常好，为班里赢得了荣誉。下来时，那位同学找到我问，[1]有没有注意到他在台上浑身发抖。我当时很惊讶地摇头，他握着我的手说，那就好，那就好。我这时才注意到他的腿竟然一直抖个不停。

事实上，[2]很多人不敢当众讲话，是怕说错话被人瞧不起，丢面子。而真实情况是，几乎没有什么人能记住和关心别人丢脸的事，真正在意的只有你自己。因为在任何场合，发言表现的好与不好完全是你自己的事。只要你自己觉得没什么，别人就更不会放在心上。[3]但相反，如果你自己过分在意别人的眼光，反而会放大你在别人眼中的缺陷。

1. 说话人对什么感到很惊讶?
2. 为什么有人不敢当众讲话?
3. 说话人有什么建议?

고등학교 때 학교에서 말하기 대회가 있었는데, 반에서 글재주는 좋지만 수줍음이 많은 학생이 추천, 선발되어 참가하게 되었다. 그날, 그 학생은 매우 잘해서 반에 영예를 안겨주었다. 내려올 때 그 학생이 나를 찾아와 [1]그가 무대에서 온몸을 떠는 것을 눈치챘느냐고 물었다. 나는 당시에 놀라서 고래를 저었고, 그는 내 손을 잡고 말했다. "그럼 됐어, 그럼 됐어." 나는 그제서야 그의 다리가 뜻밖에도 계속 떨리고 있다는 것을 알아차렸다.

사실 [2]많은 사람들이 대중 앞에서 감히 말을 하지 못하는 것은 말실수로 남에게 무시당하고 망신당하는 것이 두려워서이다. 하지만 실제로는 타인의 창피한 일을 기억하고 관심을 두는 사람은 거의 없고, 정말로 신경 쓰는 사람은 자기 자신뿐이다. 왜냐하면 어떤 상황에서든 말을 잘하고 못하고는 온전히 자기 자신의 일이기 때문이다. 스스로 별 거 아니라고 생각한다면 다른 사람은 더더욱 마음에 두지 않을 것이다. [3]하지만 반대로, 스스로 지나치게 타인의 시선을 신경 쓴다면 도리어 타인의 눈에 보이는 당신의 결함은 더 커질 것이다.

1. 화자는 무엇에 대해 놀랐습니까?
2. 어떤 사람은 왜 대중 앞에서 감히 말하지 못합니까?
3. 화자는 어떤 의견을 가지고 있습니까?

정답 1. C 2. A 3. D

해설 1. '说话人(화자)' 즉 '我(나)'는 그 친구가 말하기 대회를 훌륭하게 끝냈다고 생각했는데, 도리어 '我(나)'에게 '**有没有注意到他在台上浑身发抖**(그가 무대에서 온몸을 떠는 것을 눈치챘느냐)'라고 물어서 놀랐다. 여기서 '**发抖**(떨다)'는 긴장했음을 나타내므로 정답은 C이다.

2. 보기와 글의 순서에 따르면, '**很多人不敢当众讲话**(많은 사람들이 대중 앞에서 감히 말을 하지 못한다)'의 원인은 '**是怕说错话被人瞧不起，丢面子**(말실수로 남에게 무시당하고 망신당하는 것이 두려워서이다)'이다. 정답은 A이다.

3. 의견을 제시하는 부분은 주제를 물어보는 문제로 연결된다. 마지막 문장이 전체 글의 핵심이며, 답은 그 문장에서 찾을 수 있다. '**但相反，如果你自己过分在意别人的眼光，反而会放大你在别人眼中的缺陷**(하지만 반대로, 스스로 지나치게 타인의 시선을 신경 쓴다면 도리어 타인의 눈에 보이는 당신의 결함은 더 커질 것이다)'이라고 했으므로 정답은 D이다.

예제 4-7

4. A 表示感谢 감사를 표하다
   B 请求原谅 용서를 구하다
   C 你长得真漂亮 당신은 정말 예쁘다
   D 我们能和睦相处 우리는 사이 좋게 지낼 수 있다

5. A 对别人要宽容 타인에게 너그러워야 한다
B 笑能加深友谊 웃음은 우정을 돈독히 할 수 있다
C 笑能帮助人渡过难关 웃음은 난관을 극복하는 것을 도와준다
D 困难时才见真正的友谊 힘들 때 진정한 우정이 보인다

6. A 几天后 며칠 후
B 4星期后 4주 후
C 4个月后 4개월 후
D 半年后 반년 후

7. A 笑的积极作用 웃음의 긍정적 작용
B 笑与健康的关系 웃음과 건강의 관계
C 怎样提高教学效率 어떻게 하면 교육의 효율을 높일 수 있을까
D 笑对记忆力的影响 웃음이 기억력에 미치는 영향

듣기내용

[4]无论身在何处，微笑都能传递这样的信息：我很友好，我们能和睦相处。有人曾说过："[5]只要能笑，什么都能挺过来。"[5]欢笑能让我们与失败保持距离。

[6]笑作为一种不由自主的情绪反应，在婴儿出生后四个月就出现了。随着科学研究的深入，[7]笑能使身心更健康的这一功能，也更明确了。笑能加速心跳，增加对大脑的供氧量，提高大脑的工作效率。爱笑的人常常都有好心情，因为面部肌肉的各种变化，[7]会在大脑中引发各种有积极意义的情感信号。有趣的故事能帮助儿童记忆，如果老师能以令人愉悦的方式授课，学生会学得更好。

4. 根据这段话，微笑传递了什么信息？
5. "只要能笑，什么都能挺过来"主要是什么意思？
6. 婴儿出生后多久开始会笑？
7. 这段话主要谈什么？

[4]어디에 있든 미소는 '나는 우호적이고, 우리는 사이 좋게 지낼 수 있다'라는 메시지를 전달할 수 있다. 어떤 사람이 [5]"웃을 수만 있다면 무엇이든 이겨낼 수 있어."라고 말한 적이 있다. [5]웃음은 우리를 실패와 거리를 두게 한다.

[6]웃음은 일종의 통제 불가의 정서적 반응으로 영아 출생 후 4개월부터 나타난다. 과학적 연구가 심화됨에 따라, [7]웃음이 심신을 더욱 건강하게 만드는 이 기능은 더욱 명확해졌다. 웃음은 심장 박동을 빠르게 하며, 뇌에 산소 공급량을 증가시키고, 뇌의 작업 효율을 높인다. 잘 웃는 사람들은 늘 기분이 좋다. 왜냐하면 얼굴 근육의 다양한 변화는 [7]뇌에 긍정적인 감정 신호

를 유발하기 때문이다. 재미있는 이야기는 아이의 기억에 도움을 줄 수 있고, 만약 선생님이 즐거운 방식으로 수업을 한다면 학생은 더 잘 배울 수 있을 것이다.

4. 이 글에 근거하여, 미소는 어떤 메시지를 전달했습니까?
5. '只要能笑，什么都能挺过来'는 어떤 의미입니까?
6. 아기는 생후 얼마나 지나야 웃기 시작합니까?
7. 이 글은 주로 무엇에 대해 이야기했습니까?

정답 4. D 5. C 6. C 7. A

해설 4. 서두에서 '**无论身在何处，微笑都能传递这样的信息：我很友好，我们能和睦相处**(어디에 있든 미소는 '나는 우호적이고, 우리는 사이 좋게 지낼 수 있다'라는 메시지를 전달할 수 있다)'라고 했으므로 정답은 D이다.

5. 문제와 원문의 순서가 일치한다. 원문에서 '**只要能笑，什么都能挺过来**(웃을 수만 있다면 무엇이든 이겨낼 수 있다)', '**欢笑能让我们与失败保持距离**(웃음은 우리를 실패와 거리를 두게 한다)'라고 했고, '**失败**(실패)'는 '**难关**(난관)'에 대응하므로 정답은 C이다.

6. '**笑作为一种不由自主的情绪反应，在婴儿出生后四个月就出现了**(웃음은 일종의 통제 불가의 정서적 반응으로 영아 출생 후 4개월부터 나타난다)'라고 했으므로 정답은 C이다.

7. 핵심 문장 '**笑能使身心更健康的这一功能**(웃음이 심신을 더욱 건강하게 만드는 이 기능)'은 바로 '**笑的积极作用**(웃음의 긍정적 작용)'이다. '**会在大脑中引发各种有积极意义的情感信号**(뇌에 긍정적인 감정 신호를 유발한다)'도 웃음의 긍정적 작용이다. 마지막 예시는 앞에 설명한 긍정적인 작용을 증명하기 위한 것이다. 따라서 정답은 A이다.

예제 8-10

8. A 用眼睛看 눈으로 보다
   B 用耳朵听 귀로 듣다
   C 用鼻子闻 코로 맡다
   D 用手触摸 손으로 만지다

9. A 鼻子 코
   B 耳朵 귀
   C 全身 전신
   D 一部分 일부분

10. A 眼见为实 눈으로 본 것이 확실하다
B 实践检验真理 행동으로 진리를 검증하다
C 不要以偏概全 일부로 전체를 판단하지 마라
D 要学会分辨真假 진위를 분별하는 법을 배워야 한다

듣기

듣기내용

从前，有四个盲人很想知道大象是什么样子的，[8]可是他们看不见，只好用手去摸。[9]第一个盲人先摸到了大象的牙齿，他说："我知道了，大象就像一个又大、又粗、又光滑的大萝卜。"[9]第二个盲人摸到的是大象的耳朵，他大叫起来："不对，不对，大象明明是一把大蒲扇嘛！"第三个盲人却说："你们净瞎说，大象只是根大柱子。"[9]原来，他摸到了大象的腿。最后一位年老的盲人嘟囔道："唉，大象哪有那么大，它只不过是一根草绳。"[9]原来他摸到的是大象的尾巴。

四个盲人争吵不休，都说自己摸到的才是大象真正的样子。而实际上他们一个人也没说对。因为他们从没有看见过象是什么样的动物，于是就把自己所摸到的部分认为是大象的全部。后来，人们用"盲人摸象"这个成语比喻看问题以偏概全。[10]意思是人不能只看事物的一部分，而应该看到全局，那样才能全面、真实地了解事物的情况。

8. 盲人们是怎样知道大象的样子的?
9. 四个盲人摸到了大象的什么?
10. 这个故事想告诉我们什么道理?

옛날에 맹인 네 명은 코끼리가 어떻게 생겼는지 알고 싶었지만 [8]그들은 볼 수 없어서 손으로 만질 수밖에 없었다. [9]첫 번째 맹인이 먼저 코끼리의 이빨을 만지며 말했다. "알겠다. 코끼리는 크고 굵으며 매끄러운 무와 같아." [9]두 번째 맹인이 만진 것은 코끼리의 귀였다. 그는 소리쳤다. "아니, 아니. 코끼리는 분명 큰 부들부채야!" 세 번째 맹인이 말했다. "너희들은 헛소리만 하고 있어. 코끼리는 단지 큰 기둥일 뿐이야." [9]알고 보니 그는 코끼리의 다리를 만진 것이었다. 마지막으로 고령의 맹인이 소리쳤다. "에이, 코끼리가 어디 그렇게 크냐? 코끼리는 새끼줄에 불과해." [9]알고 보니 그가 만진 것은 코끼리의 꼬리였다.

맹인 네 명은 끊임없이 말다툼을 하며 자신이 만진 것이 코끼리의 진짜 모습이라고 말했다. 사실 그들 중 누구도 맞는 말을 하지 않았다. 그들은 코끼리가 어떻게 생긴 동물인지 한 번도 본 적이 없기 때문에 자신이 만진 부분을 코끼리의 전부라고 여긴 것이다. 훗날 사람들은 '盲人摸象(장님 코끼리 만지기)'이라는 성어로 문제를 볼 때 일부로 전체를 판단하는 것을 비유했다. [10]사물의 일부분만 보지 말고 전체를 봐야 사물의 상황을 전면적이고 진실하게 이해할 수 있다는 뜻이다.

8. 맹인들은 코끼리의 모습을 어떻게 알았습니까?
9. 네 맹인은 코끼리의 무엇을 만졌습니까?
10. 이 이야기는 우리에게 어떤 이치를 알려주려고 합니까?

정답 8. D 9. D 10. C

해설 8. 글의 순서에 따라 답을 찾으면 된다. 서두에서 '可是他们看不见，只好用手去摸(그러나 그들은 볼 수 없어서 손으로 만질 수밖에 없었다)'라고 했으므로 정답은 D이다.

9. 그들이 만진 것은 모두 코끼리의 일부분이다. 첫 번째 사람이 만진 것은 코끼리의 이빨, 두 번째 사람이 만진 것은 귀, 세 번째 사람이 만진 것은 다리, 네 번째 사람이 만진 것은 꼬리이다. 이러한 문제는 정보 간의 일대일 대응에 주의해야 한다. 정답은 D이다.

10. 주제를 물어보는 문제는 첫 문장과 마지막 문장에 주의해야 한다. 마지막 문장 '意思是人们不能只看事物的一部分，而应该看到全局，那样才能全面、真实地了解事物的情况(사물의 일부분만 보지 말고 전체를 봐야 사물의 상황을 전면적이고 진실하게 이해할 수 있다는 뜻이다)', 특히 전환의 의미의 접속사 '而(그러나)' 뒤의 내용이 핵심이다. 정답은 C이다.

3 연습문제 60문항

실제 시험은 20문항으로 구성되어 있으나 본 연습문제에서는 60문항을 제공한다. 한 번에 풀기보다는 실제 시험처럼 20문항씩 3회차로 나누어 풀 것을 권장한다.

第1—60题：请选出正确答案。

1. A 在古代很普及
   B 曾被禁止
   C 改变人的“观看”方式
   D 使物体发生变化

2. A 操作简单
   B 很花时间
   C 细节很美
   D 价值昂贵

3. A 分享
   B 思考
   C 细节
   D 转变

4. A 9元
   B 19元
   C 99元
   D 100元

5. A 生意不好
   B 顾客很多
   C “我”经常去
   D 朋友是店主

6. A 小孩
   B 老人
   C 女性
   D 年轻人

7. A 广告做得好
   B 利用了数字概念
   C 裤子质量好
   D 店主很聪明

8. A 谦虚
   B 骄傲
   C 善良
   D 宽容

9. A 看不起铁罐
   B 破成碎片
   C 保存完好
   D 没有价值

10. A 洗掉泥土
    B 将它放回原处
    C 找出铁罐
    D 把它卖掉

11. A 铁罐质量差
B 虚心使人进步
C 不要恃强凌弱
D 保持积极心态

12. A 排放温室气体
B 阻碍交通运输
C 减少土地占用
D 污染水资源

13. A 快速发展畜牧业
B 研制人造食品
C 节约水资源
D 研制转基因食品

14. A 认可
B 支持
C 理解
D 拒绝

15. A 工厂机器人
B 服务型机器人
C 军用机器人
D 家庭机器人

16. A 电话访问员
B 会计
C 推销员
D 房屋中介人员

17. A 人类将被机器人取代
B 未来人类可以不用工作
C 未来流行网络看房
D 美国人靠网络看病

18. A 僧人
B 国王
C 盲人
D 商人

19. A 灯光温暖
B 为他人照明
C 吸引路人
D 避免与人相撞

20. A 心中要有光明
B 坚持走自己的路
C 要有同情心
D 帮助别人就是帮助自己

21. A 年龄太小
B 课业难度大
C 长者过度期待
D 无法与同龄人沟通

22. A 生活细节
B 自然灾难
C 负面因素
D 人际关系

23. A 儿童心理压力大
B 如何培养“神童”
C 高智商者多烦恼
D 克服焦虑情绪

24. A 出国求学
B 参加面试
C 开拓业务
D 独自创业

25. A 是一项测试
B 他记性不好
C 他认错人了
D 我们以前认识

26. A 做人要诚实
B 说话要注意场合
C 不要轻易否定他人
D 学会利用自己的优势

27. A 破坏关系
B 保持联系
C 快捷购物
D 浏览信息

28. A 分享信息
B 发送表情
C 睡前说悄悄话
D 吃饭时玩手机

29. A 安全感
B 亲密感
C 刺激感
D 疏离感

30. A 手机辐射影响健康
B 智能手机损害视力
C 科技产品破坏感情
D 传统关系需要创新

31. A 素食不好消化
B 蔬菜不含蛋白质
C 人们不懂搭配食物
D 维生素很难被人体吸收

32. A 谷类
B 牛肉
C 黄豆
D 鸡蛋

33. A 获得蛋白质
B 补充维生素
C 促进肌肉生长
D 增强人的精力

34. A 美国
B 法国
C 英国
D 澳大利亚

35. A 用户的信息
B 当时的天气
C 该地区的景象
D 该地区的交通情况

36. A 操作过于复杂
B 图片模糊不清
C 个人隐私被侵犯
D 网页功能有漏洞

37. A 虚化画面细节
B 在数据中作假
C 为顾客提供赔偿
D 不使用真实的照片

38. A 书法
B 笛子
C 剑术
D 走路

39. A 活泼
B 稳重
C 轻盈
D 摇摆多姿

40. A 要善于倾听
B 要多赞美别人
C 不要盲目跟风
D 不要急于求成

41. A 用眼睛看
B 用耳朵听
C 用鼻子闻
D 用手触摸

42. A 鼻子
B 耳朵
C 全身
D 一部分

43. A 眼见为实
B 实践检验真理
C 不要以偏概全
D 要学会分辨真假

44. A 逃跑
B 攻击
C 隐藏
D 追赶

45. A 体力不足
B 失去希望
C 不善奔跑
D 欺骗对手

46. A 狼跑得很慢
B 骆驼很有耐力
C 骆驼天性凶猛
D 狼是智慧的动物

47. A 扬长避短
B 随机应变
C 四两拨千斤
D 团结就是力量

48. A 无法被观测
B 可以吸收辐射
C 直径小于0.1微米
D 存在于大气层中

49. A 规模最大
B 程序复杂
C 价格昂贵
D 色彩鲜艳

50. A 了解宇宙形成原理
B 探究星系元素差异
C 分析星尘分布状况
D 推测银河系的结构

51. A 公司情报不能泄露
B 招聘与使用角度不一致
C 人力部门不了解情况
D 公司的要求不切实际

52. A 不受同事欢迎
B 能理解老板的意思
C 能帮公司节省开支
D 能承担一些困难的工作

53. A 计较的人容易通过面试
B 说谎能招到更好的员工
C 招聘启事都不是真实的
D 不符合招聘条件的人仍有机会

54. A 土壤肥沃
B 气温较低
C 布满岩石
D 雨水充沛

55. A 分泌精油
B 气温过高
C 缺少水分
D 种子成熟

56. A 埋在土壤深处
B 外壳有隔热层
C 枝叶上有利刺
D 受到周围植物的保护

57. A 植物种子的用途
B 一种危险的植物
C 恶劣环境使植物进化
D 植物的特殊生存手段

58. A 站立
B 坐着
C 行走
D 跪着

59. A 发掘得晚

B 埋藏得深

C 重心稳定

D 材质坚硬

60. A 兵马俑遭到人为破坏

B 低姿态能够保全自己

C 兵马俑的姿势都相同

D 兵马俑数量不超过一千

정답과 듣기 스크립트는 부록에서 확인할 수 있습니다.
해설은 해설집 PDF 42p에 있습니다.

memo

2. 독해

독해 영역은 4개의 부분으로 구성되어 있다. 1부분은 틀린 문장 찾기, 2부분은 빈칸에 알맞은 어휘 채우기, 3부분은 문맥에 알맞은 문장 고르기, 4부분은 질문을 읽고 질문에 답하기이다. 독해 영역은 글자 수가 많고 정보량도 많으므로 다음의 문제 풀이의 순서를 참고해 보자.

① 주어진 보기의 내용을 파악한 후 지문 내용과 비교해가며 핵심이 되는 부분을 체크한다.

② 지문 전체를 대략 훑어보면서 기본적인 내용을 파악하고, 첫 문장이나 마지막 문장 등 중요 위치의 정보에 주의한다.

③ 보기 내용의 순서는 지문의 내용 흐름과 대체적으로 일치한다. 이런 특징을 이용하여 정보를 빠르게 찾아낸다.

④ 중국어의 글 구성 단계는 '처음(서론)-중간(본론)-끝(결론)'으로 이루어진다. 글의 구성 전개 방식을 고려해가며, 글의 내용을 전반적으로 이해하고 파악할 수 있어야 한다.

- 처음: 문제(논제) 제기나 주제가 제시된다.
- 중간: 앞에서 언급한 문제를 좀더 상세하게 설명한다.
- 끝: 앞 부분에 논점을 총괄하고 의견을 요약 정리한다.

제1부분 틀린 문장 찾기

1 문제풀이 가이드

독해 영역 제1부분은 총 10문항으로 구성되어 있다. 4개의 보기 중 어법적으로 오류가 있는 문장을 찾으면 된다.

2 문제풀이 테크닉

◎ 문장 성분 부족

1. 문장의 주술목을 찾고 그 기본 구조를 확인하자.

기본구조는 '(관형어) 주어 + (부사어) 술어 + 목적어 (보어)'이다.

예제 1

他除了班里和学生会的工作外，还承担了广播站主持人。

그는 학급과 학생회 일 외에 방송국 사회자 일도 맡았다.

수정 他除了班里和学生会的工作外，还承担了广播站主持人的工作。

해설 문장의 주술목을 찾아야 한다. 주어는 '他(그)', 술어는 '承担(맡다)'이다. '承担'의 목적어로 보통 '主持人(사회자)'이라는 직업이 아닌 '工作(일, 업무)'가 온다.

예제 2

把曾经认为是"天塌下来"的大事放到漫长的人生之河里看，发现不过是翻了几朵小浪花而已。

예전에 '하늘이 무너진다'라고 여겼던 큰일을 긴 인생의 강물에 놓고 보니, 우리는 몇 번의 작은 물보라가 친 것에 불과했다는 것을 알았다.

수정 把曾经认为是"天塌下来"的大事放到漫长的人生之河里看，我们发现不过是翻了几朵小浪花而已。

해설 문장의 주어가 없으므로 동사 '发现(발견하다)' 앞에 주어 '我们(우리)'을 추가해야 한다. 문장의 하단에 주어, 술어, 목적어를 직접 체크하면서 누락된 것이 없는지 확인해야 한다.

2. 접속사가 있는 문장에 유의하자.

접속사가 사용된 문장은 그것과 호응하는 단어가 와야 한다. 그러므로 평소에 자주 사용되는 접속사의 고정 조합을 기억해 두어야 한다.

与其 A 不如 B	A는 B만 못하다 ▶ B가 좋음
宁可 A 也不 B	A할지언정 B는 하지 않는다 ▶ A가 좋음
无论 A 都 B	A를 막론하고 B하다 ▶ 결과 B는 변치 않음
即使/即便 A 也 B	설령 A라 할지라도 (그래도) B하다 ▶ 결과 B는 변치 않음
如果/倘若 A 就/那么 B	만약 A하다면 B하다

不但/不仅 A 而且/还/也 B	A할 뿐만 아니라 게다가 B하다 ▶ 점층된 B가 중요 정보
不但不 A 反而 B	A하지 않을 뿐만 아니라 도리어 B하다 ▶ 점층된 B가 중요 정보
既然 A 就/那么 B	기왕 A했으니 그렇다면 B하다
只有 A 才 B	단지 A해야지만 비로소 B하다 ▶ 어려운 조건
只要 A 就 B	A하기만 하면 B하다 ▶ 단순 조건

예제

现代社会不仅要求人们思维敏捷，要求对社会、历史具有更深刻的思考和认识。

현대 사회는 사람들의 사고가 민첩할 것을 요구할 뿐만 아니라 사회, 역사에 대한 더 깊은 사고와 인식도 요구한다.

수정 现代社会不仅要求人们思维敏捷，而且/还要求对社会、历史具有更深刻的思考和认识。

해설 앞 문장에 '不仅'이 있으므로 뒤 문장에는 그것과 호응하는 '而且' 혹은 '还'가 와야 한다.

3. 사역의 의미를 가진 문장에 유의하자.

'使, 让, 叫, 令' 등 겸어동사에 유의해야 한다. 이런 오류는 문장의 의미보다 어법 구조에 영향을 준다.

예제

父亲经常说，美术教育的目的，是学生对每一种平凡的事物，都能有美的感触。

아버지는 미술 교육의 목적은 학생들이 모든 평범한 사물에 대해 아름다움을 느끼게 하는 것이라고 자주 말씀하셨다.

수정 父亲经常说，美术教育的目的，是使/让学生对每一种平凡的事物，都能有美的感触。

해설 '目的(목적)' 뒤의 문장에 '~로 하여금 ~하게 하다'라는 사역의 의미를 나타내는 단어가 빠져 있다. '学生(학생)' 앞에 '使' 혹은 '让'을 추가하여 '학생들이 ~을 느끼게 하다'로 고쳐주어야 한다.

◎ 과도한 문장 성분

1. 과도한 정도부사.

정도부사는 2개 이상 사용할 수 없고 정도보어와 함께 사용할 수 없다. 상용 정도부사는 '很, 太, 十分, 非常, 特别, 更, 越' 등이 있고, 정도보어는 '极了, 死了, 坏了' 등이 있다.

예제

儿子显得特别兴奋极了。

아들은 매우 흥분한 것 같다.

수정 儿子显得特别兴奋。
儿子显得兴奋极了。

해설 정도부사 '特别'와 정도보어 '极了'는 모두 '정도'를 나타내므로 둘 중 하나만 사용해야 한다.

독해

2. 과도한 동의어 성분.

의미가 중복되는 단어에 유의해야 한다. 문장성분을 나누는 방법을 통해 중복되는 단어를 찾아내야 한다.

예제 1

贪婪的人很容易被食物的表面极易迷惑，难以自拔，但事过境迁后，往往又会后悔不已。

탐욕스러운 사람은 음식의 표면에 쉽게 미혹되어 헤어나기 어렵지만, 시간이 흐르고 나면 종종 후회하게 된다.

수정 贪婪的人很容易被食物的表面迷惑，难以自拔，但事过境迁后，往往又会后悔不已。
贪婪的人极易被食物的表面迷惑，难以自拔，但事过境迁后，往往又会后悔不已。

해설 '很容易'와 '极易' 모두 '매우 쉽다'를 의미한다. 의미가 중복되므로 둘 중 하나만 사용해야 한다.

예제 2

豆腐含有丰富的蛋白质，一次食用过多会阻碍人体对铁的吸收不良。

두부는 풍부한 단백질을 함유하고 있어 한 번에 너무 많이 섭취하면 인체의 철분 흡수를 저해할 수 있다.

수정 豆腐含有丰富的蛋白质，一次食用过多会阻碍人体对铁的吸收。

해설 '阻碍……吸收(흡수를 저해하다)'는 '吸收不良(흡수 불량)'을 뜻한다. 의미가 중복되므로 '不良'을 삭제해야 한다.

3. 과도한 부정.

과도한 부정은 의미의 오류를 초래한다. '能否, 避免, 防止, 难免, 非……不可' 등의 단어에 유의해야 한다.

예제 1

为了防止今后不再发生类似的事件，有关部门及时完善了管理措施。

앞으로 유사한 사건이 다시 발생하는 것을 방지하기 위해 관련 부서는 제때에 관리 조치를 보완했다.

수정 为了防止今后再发生类似的事件，有关部门及时完善了管理措施。

해설 '防止(방지하다)'와 '不再发生(다시 발생하지 않다)'이 함께 쓰이면 '要发生(발생해야 한다)'을 뜻하게 되므로 원래 표현하고자 하는 의미와 모순된다. 따라서 '不'를 삭제해야 한다.

예제 2

初学写字的人，难免不会写出一些错别字。

글씨 쓰는 것을 처음 배우는 사람은 약간의 오탈자를 쓰는 것은 불가피하다.

수정 初学写字的人，难免会写出一些错别字。

해설 '难免'과 '不'가 함께 쓰이면 부정을 나타낸다. 즉 '不会写出错别字(오탈자를 쓸 리가 없다)'의 의미가 되므로 '不'를 삭제해야 한다.

◎ 어순 오류

1. 문장의 기본 구조를 확인하자.

주술목과 수식어(관형어, 부사어, 보어)의 순서에 유의해야 한다.

예제 1

在雪橇犬的牵引下，我们的雪橇在雪地上前进飞速。

썰매견이 끌어주어 우리의 썰매는 눈밭에서 빠르게 앞으로 나아갔다.

수정 在雪橇犬的牵引下，我们的雪橇在雪地上飞速前进。

해설 '飞速(빠르게)'는 부사이므로 술어 '前进(앞으로 나아가다)' 앞에 위치해야 한다.

예제 2

因红豆树一定开花、结果都没有规律，有的树多年才开一次花，开花后也不一定结果，所以便成为稀有珍品，红豆也因此更显珍贵。

상사수는 꽃이 피고, 열매를 맺는 것 모두 일정한 규칙이 없기 때문에 어떤 나무는 몇 년에 한 번 꽃이 피고, 꽃이 핀 후에도 반드시 열매를 맺지 않기 때문에 희귀한 진품이 되었고 상사자도 더 귀하게 여겨졌다.

수정 因红豆树开花、结果都没有一定的规律，有的树多年才开一次花，开花后也不一定结果，所以便成为稀有珍品，红豆也因此更显珍贵。

해설 '一定'은 부사일 때는 '분명 ~일 것이다'의 의미를 가지고, 형용사일 때는 '일정하다'의 의미를 가진다. 본문에서는 '꽃이 피고 열매를 맺는 것 모두 일정한 규칙이 없다'라는 표현이 더 적절하므로 '没有一定的规律'로 고쳐야 한다.

독해

2. 관형어가 여럿일 경우 어순에 유의하자.

관형어가 여럿일 경우, 순서는 '범위(종속)/시간/장소+호칭/수량+동사(동사구)+형용사(형용사구)+명사(명사구+중심어)'이다. 또한, '的'가 붙은 관형어는 '的'가 붙지 않은 관형어 앞에 위치해야 한다.

예제

我先来到展厅后面的一座小山上，映入眼帘的，是一个巨大的由一块茶色玻璃构成的覆斗形上盖，它保护着古墓的发掘现场。

나는 우선 전시장 뒤에 있는 언덕에 왔다. 눈에 들어오는 것은 하나의 다색 유리로 된 거대한 복두형 덮개였고, 그것은 고분의 발굴 현장을 보호하고 있었다.

수정 我先来到展厅后面的一座小山上，映入眼帘的，是一个由一块茶色玻璃构成的巨大的覆斗形上盖，它保护着古墓的发掘现场。

해설 '巨大的'는 형용사성으로 '覆斗形上盖'를 수식하며, 중심어 '覆斗形上盖' 바로 앞에 위치해야 한다.

3. 부사어가 여럿일 경우 어순에 유의하자.

부사어가 여럿일 경우, 일반적인 순서는 '조건+시간+장소+범위/부정+정도+정태+대상+중심어'이지만, 문장 내 논리적 관계와 의미적 필요에 따라 순서가 결정된다.

예제

这篇文章介绍了传统相声所用的押韵、谐音、摹声等方面的详细的语音技巧和表达效果，内容丰富，饶有趣味。

이 글은 전통 만담에 쓰이는 압운, 해음, 성대모사 방면의 음성 기교와 표현 효과를 상세히 소개하였는데, 내용이 풍부하고 상당히 흥미롭다.

수정 这篇文章详细介绍了传统相声所用的押韵、谐音、摹声等方面的语音技巧和表达效果，内容丰富，饶有趣味。

해설 의미적으로 '详细介绍(상세하게 소개하다)'이지 '详细的语音技巧和表达效果(상세한 음성 기교와 표현 효과)'가 아니다. 따라서 부사어 '详细'는 '介绍'를 수식하므로 '介绍' 앞에 위치해야 한다.

4. 접속사와 주어의 위치에 유의하자.

일반적으로 두 단문이 주어가 같은 경우 '주어+접속사'가 되며, 주어가 다를 경우 '접속사+주어'가 된다.

예 ⓐ 주어가 같을 경우:
他不但学习好，而且人品好。 그는 공부를 잘 할 뿐만 아니라 인품도 좋다.

ⓑ 주어가 다를 경우:
这道题，不仅他会，你也会。 이 문제는 그 뿐만 아니라 너도 풀 수 있다.

예제

由于技术水平太低，这些产品质量不是比沿海地区的同类产品低，就是成本比沿海的高。

기술 수준이 너무 낮기 때문에 이러한 제품의 품질은 연해 지역의 동종 제품보다 낮거나 원가가 연해의 제품보다 높다.

수정 由于技术水平太低，不是这些产品质量比沿海地区的同类产品低，就是成本比沿海的高。

해설 '不是 A 就是 B'의 접속사의 조합은 옳다. 그러나 앞 문장의 주어는 '质量(품질)'이고, 뒤 문장의 주어는 '成本(원가)'으로 앞뒤 주어가 다르기 때문에 앞 문장의 주어 '这些产品质量'은 접속사 '不是' 뒤에 위치해야 한다.

◎ 단어 사용의 오류

1. 유의어의 의미 혼용.

먼저 문장 전체를 통독하고 대략적인 내용을 이해한 후, 문장 속 단어가 전체 문장, 수식 대상에 어울리는지 파악해야 한다.

예제

董存瑞在那场关乎整个战场的战役中壮大地牺牲了。

둥춘루이는 그 전장과 관련된 전역에서 장렬하게 희생했다.

수정 董存瑞在那场关乎整个战场的战役中壮烈地牺牲了。

해설 '壮大'는 '(역량 등이) 강대하다'를 뜻한다. '牺牲(희생(죽음))'을 수식할 때는 '壮烈(장렬하다)'를 사용해야 한다.

2. 주술목의 조합 오류.

수식 성분을 제거하고 문장의 주요 성분만 남겨두어 주술목의 조합에 오류가 있는지 판단해야 한다.

예제

秋天的北京是一年中最美好的季节。

베이징의 가을은 일년 중 가장 아름다운 계절이다.

수정 北京的秋天是一年中最美好的季节。

해설 문장의 주술목을 분석하면 '北京是季节(북경은 계절이다)'로 주어와 목적어의 조합이 적절하지 않다. '北京(베이징)'은 '城市(도시)'이지 '季节(계절)'가 아니므로 '秋天的北京(가을의 북경)'을 '北京的秋天(북경의 가을)'으로 고쳐야 한다.

3. 단어의 감정 색채 사용 오류.

단어의 감정 색채 즉 긍정, 부정, 중성을 구분한 후 문장의 감정 색채와 일치하는지 보아야 한다.

예제

听到放假的好消息，办公室的好多同事都谈虎色变。

휴가라는 좋은 소식을 듣고 사무실의 많은 동료들이 매우 기뻐했다.

수정 听到放假的好消息，办公室的好多同事都喜出望外/兴高采烈。

해설 '谈虎色变(말만 듣고도 무서워하다)'은 부정적인 감정 색채를 가지고 있으므로 '喜出望外(뜻밖의 기쁨에 어쩔 줄 모르다)' 혹은 '兴高采烈(매우 기쁘다)' 등의 긍정적인 어휘로 고쳐야 한다.

4. 전치사 사용의 오류.

전치사는 단독으로 사용할 수 없으며, '전치사+명사/명사구' 조합을 통해 관형어, 부사어, 보어의 역할을 할 수 있다. 상용 전치사는 '**在, 从, 对于, 对, 关于**' 등이 있다.

예제

他的机智与幽默让嘉宾对全国观众面前敞开了心扉。

그의 기지와 유머는 게스트로 하여금 전국 관중 앞에서 마음의 문을 열게 했다.

수정 **他的机智与幽默让嘉宾在全国观众面前敞开了心扉。**

해설 '**对**'는 어떤 대상을 가리키는 것으로 '~에게'라는 의미를 나타낸다. 이 문장에서는 '범위'를 나타내는 전치사 '**在**'로 고쳐야 한다.

memo

3 연습문제 30문항

실제 시험은 10문항으로 구성되어 있으나 본 연습문제에서는 30문항을 제공한다. 한 번에 풀기보다는 실제 시험처럼 10문항씩 3회차로 나누어 풀 것을 권장한다.

第1—30题：请选出有语病的一项。

1. A 秋天的北京是一年中最美好的季节。
   B 在家人的照顾下，他很快恢复了健康。
   C 做一件事情，只要开始行动，就算成功了一半。
   D 婺源是南宋著名学者朱熹的故里，也是中国铁路之父詹天佑的家乡。

2. A 天凉了，你要多穿点儿衣服。
   B 他是一位有着30多年教龄的老教师。
   C 昨天睡得很晚了，所以第二天9点多我才醒来。
   D 为防止在野外活动中迷路，你必须掌握定位和测向方法。

3. A 老师的鼓励，使他信心大增。
   B 保持好的心情，关键是要有一个好的心态。
   C 商业广告显然不同于公益广告，因为它带有明显的功利色彩。
   D 为了防止今后不再发生类似的事件，有关部门及时完善了管理措施。

4. A 权力没有制约，必然会产生腐败。
   B 一个十几岁的孩子能写出这样的文章来，简直令人难以相信。
   C 两个人在一起，遇到事至少可以商量商量一下，总比一个人好。
   D 我是电影评论专业的一名研究生，去年一年我一共看了206部电影。

5. A 东西方在饮食习惯上存在着较大的差异。
   B 18世纪以后，世界人口的增长速度才加快明显起来。
   C 经过几次搬迁之后，我们一家人终于在南京定居下来了。
   D 不是每一次努力都会有收获，但是每一次收获都需要努力。

6. A 有些电脑设计得很小巧，甚至可以放一个很薄的文件袋里。
   B 时间能抚平心灵的伤痛，因此人们常说时间是最好的医生。
   C 草原上的天气变幻莫测，刚刚还是晴空万里，转眼间便乌云密布了。
   D 重新认识农业，开拓农业新的领域，已成为当今世界农业发展的新趋势。

7. A 快乐有助于长寿，有助于增加食欲，有助于提高工作效率。
   B 能够了解社会各阶层的人物，对一个作家来说是极好的事情。
   C 人们居住的地球，是一块天然的大磁体，在南北两极有两个磁极。
   D 生活就像一场旅行，不但在乎目的地，而在乎沿途的风景和看风景的心情。

8. A 人们在财务困境中挣扎的一个原因是：他们在学校里学习多年，却没有学到任何关于金钱方面的知识。
   B 骆驼最耐旱，它喝完一次水后，可以几天几夜不喝水，行走如常，所以人们称之为“沙漠之舟”。
   C 父亲经常说，美术教育的目的，是学生对每一种平凡的事物，都能有美的感触，都能欣赏到美。
   D 金子可能就埋在你的脚下，就在离你不远处闪烁着诱人的光芒，关键在于，你有没有善于发现金子的眼光。

9. A 人人都需要关爱，关爱能增近两个人的感情，拉近两个人的距离。但是，这种关爱的前提是适度。
   B 大约在公元11世纪宋朝的时候，人们开始玩一种叫作“蹴鞠”的游戏，它很像现代的足球。
   C 读了大半辈子书，倘若有人问我怎么选择一本书，我一定会毫不犹豫地回答：快乐是基本标准。
   D 作为一名翻译工作者，一方面要努力学好外语，一方面要学好本民族语言也是非常重要的，两者缺一不可。

10. A 人应该善待自己，善待自己的最好方法是善待别人，善待别人的最好方法是宽容别人。

B 1940年11月27日出生的李小龙，虽然不是最早进入好莱坞的华人，却是最早成为国际巨星的功夫演员。

C 即将建成的水库，不仅能促进本地区工农业的发展，改善航运条件，而且还能起到防洪供水、调节气候的作用。

D 大禹治水的故事家喻户晓，但人们多是把大禹看作一个治水的英雄，实际上大禹最大的功能是，他是中国第一个民族国家——夏王朝的奠基人。

11. A 安乐死是一个非常现实的问题。

B 我父亲热情好客，家里经常来客人很多。

C 到长城游览过的人，无不赞叹它的雄伟。

D 广西的农业人口大大高于全国平均数，是一个典型的农业省区。

12. A 南戏艺术从萌芽到成熟的过程是漫长的。

B 一个人的伟大之处在于他能够意味着自己的渺小。

C 家谱是一个家族的生命史，中国第一部家谱出现在先秦时代。

D 大自然不会给人类提供无价值的东西，关键是人类是否能发现并利用。

13. A 说“不”既然是一种权利，更是一种艺术。

B 昨晚世界各大通讯社都报道了这条惊人的消息。

C 营养专家说，辣椒含有比柠檬更丰富的维生素C。

D 20世纪上半叶的上海曾经是中国工业、贸易、金融和商业的中心。

14. A 这些商店，数多量广，历史悠久。

B 通过游戏的过程，让孩子可以培养起敏锐的观察力。

C 交往能力不仅决定了人适应社会的能力，还关系到人的身心健康。

D 京剧是一种出自民间的艺术，流传于民间的京剧脸谱种类很多，各具特色。

15. A 我并不是什么天才，只是一名普普通通的教师。

B 人们在欢乐祥和的气氛中又迎来一年一度的新春佳节。

C 再长的路，一步一步也能走完；再短的路，不迈开双脚也无法终点。

D 为了高水平建设这个地区，他们邀请了世界上最著名的规划师来设计。

16. A 每日的操劳使他的视力越来越差，终于什么都看不见了。

B 在残酷的运动场上，人们只认成绩，而不会过多地同情失败者。

C 外交和世界一样古老，有了国家之间的相互交往，就有了外交活动。

D 虽然我在报社实习了一年的经验，但并不是说我就会进媒体这个行业。

17. A 近年来，电脑犯罪越来越多，手段也越来越隐蔽。

B 牛奶中含有丰富的营养物质，它是人体钙的最佳来源，而且牛奶中钙磷的比例非常理想，利于钙的吸收。

C 挫折是美丽的，至于它会给自己带来痛苦，但也能磨炼毅力和激发斗志。

D 经常参加耐力性运动，对培养人的意志、毅力，克服不良情绪有很大作用。

18. A 父亲住院期间，她每天晚上都陪伴在他身旁，听他讲述一生中经历的种种苦难和幸福。

B 处于群体中的人，应当把团队利益放在首位，如果意见有分歧，应尽量协商解决。

C 不同的法官裁判同一案件，判决的结果却截然不同，这种“同案不同判”的怪现象让法律陷入了极为尴尬的境地。

D “地坛书市”曾经是北京市民非常喜爱的一个文化品牌，去年更名为“北京书市”并落户朝阳公园后，依旧热情不减。

19. A 室内外装潢高手一定能让你家焕然一新，但却不一定能给你家带来脉脉温馨。

B 因雨后路滑，他一起跑就滑倒了，但他仍爬起来奋力追赶，最后把所有对手甩到后面。

C 这份活动宣传材料提醒外出务工人员要到各级劳动保障部门开设的就业服务机构去求职，以避免合法权益不受侵害。

D 在熙熙攘攘的大街上，邓丽君的歌儿不经意地飘来，在她的歌声中，迈向中老年的人们会不由自主地停下脚步，恍若回到了自己的青春岁月。

20. A 人生就是一场旅行，不在乎目的地，在乎的而是沿途的风景以及看风景的心情。

B 不管哪种鸟，营建一个巢都是一件十分浩大而艰巨的“工程”，要付出无比艰辛的劳动。

C 做家务是让孩子建立自信的一种方式，家务能教会孩子实际生存的技能，并使孩子领悟到一些人生的道理。

D 人们越来越意识到牙齿对健康的重要性，因而在牙刷的选择与使用上，出现了精挑细选和更换频率加快的消费特点。

21. A 他讲话很有礼貌，给我们留下了不错的印象。

B 任何一种触手可及之物，都可能被人赋予节奏和韵律。

C 这是一座再现世界文学名著《红楼梦》典型环境和文化园地。

D 旅行不仅是从大千世界中获取知识和经历，也可以成为一种给予。

22. A 抱歉，登机口一旦关闭，任何人都不能登机。

B 在沙漠里，最宝贵的是水，最缺乏的也是水。

C 人类不喝水一般能存活3天，而且鱼离开水10分钟就会死亡。

D 这份工作使他理解了生命的短暂，因此他更珍惜与家人在一起的分分秒秒。

23. A 初学写字的人，难免不会写出一些错别字。

B 蚂蚁和蜜蜂一样，是一种极其团结、勇于牺牲的动物。

C 白茶，顾名思义，可知这种茶是因其汤色如银似雪而得名的。

D 很快，乌云聚集在山地里，预示着这个夜晚不会有星光或月亮。

24. A 乌龟的寿命究竟有多长，目前尚无定论，有的乌龟的寿命甚至超过了千年。

B 豆腐含有丰富的蛋白质，一次食用过多会阻碍人体对铁的吸收不良。

C 辞让意味着他人作为应被尊重的对象进入了自己的策略制定过程中。

D 偶尔，他们会抬起头来，一个友善的微笑，从沾满灰尘的脸上绽放开来。

25. A 分享快乐本身就是一种快乐，一种更高境界的快乐。

B 用两种对立投资来抵抗市场波动的风险控制手段就叫作对冲。

C 海南岛在于中国最南端，这里长夏无冬，是中国最大的“热带宝地”。

D 麦芽糖作为一种小食，它色泽金黄，富有黏性，软滑，这正是它受欢迎的原因。

26. A 与陌生人初次交谈时，谈论“你是哪里人”是一个不错的选择。

B 很多时候，我们往往只满足于把事情做对，却忽略了要把事情做好。

C 长江流域由于地形差别较大，因此有着多种多样的气候类型。

D 观众买票去电影院看的是一个好故事，而不是为了一个人的真实人生。

27. A 后视镜的位置直接关系到驾驶员观察到车后的情况。

B 文房四宝是中国汉族传统文化中的文书工具，即笔、墨、纸、砚。

C 辣椒是一种刺激性食物，是很多人的最爱，特别是四川人，吃辣是出了名的。

D 每个人都是一个行走着的生态系统，没有绝对的健康，只有相对的平衡。

28. A 椰壳内层的椰棕蓬松、柔软，具有较强的吸附力，是当地人除油去污的厨房“神器”。

B 把曾经认为是“天塌下来”的大事放到漫长的人生之河里看，发现不过是翻了几朵小浪花而已。

C 一般来说，一个国家在确定钱币面额等次时，最高面额与其他各种面额之间是整倍数的关系。

D 詹天佑是第一位中国铁路工程师，在他的领导下，中国成功地建造了自己的第一条铁路——京张铁路。

독해

29. A 汉族服饰几千年来的总体风格是以清淡平易为主，汉族古代的袍服最能体现这一风格。

B 人在哭泣之后，大脑当中的化学物质会有所改变，而这种改变所带来的影响就是能够使人开心。

C 扑满是一种专门用来蓄钱的瓦器，它的妙处是钱币可以放进去但却取不出来，只有等到贮满后砸碎它才能取出。

D 国际上统一的台风命名法是由热带气旋形成并影响的周边国家和地区共同事先制定的一个命名表，然后按顺序年复一年地循环重复使用。

30. A 幻想可以开启人生的美好希望；然而只有去掉幻想，努力行动，才能成就人生美好的愿望。

B 企业如果不能重视供应链的安全，即使资金再充裕，产品再先进，质量再好，品牌再知名，都不能改变失败的下场。

C 因红豆树一定开花、结果都没有规律，有的树多年才开一次花，开花后也不一定结果，所以便成为稀有珍品，红豆也因此更显珍贵。

D 戏曲不但是文化的综合体，而且本身就缔造了一种文化，我们常说的“有板有眼”“一个唱红脸一个唱白脸”等俗语都是由戏曲而来的。

정답은 부록에서 확인할 수 있습니다.
해설은 해설집 PDF 67p에 있습니다.

제2부분 빈칸에 알맞은 어휘 채우기

1 문제풀이 가이드

독해 영역 제2부분은 총 10문항으로 구성되어 있다. 비교적 짧은 글에 있는 3~5개의 빈칸에 들어갈 알맞은 어휘만 있는 보기를 고르는 문제이다.

2 문제풀이 테크닉

1. 소거법을 활용하자.

먼저 글 전체를 훑어보고, 보기에서 확실하게 오답이라고 생각되는 것들을 제거하여 범위를 좁힌 후 남은 것 중에서 정답을 골라내면 된다.

2. 접속사는 뒤에 호응하는 어휘를 확인하자.

보기에 접속사가 제시된 경우, 호응하는 어휘 특히 부사를 확인해야 한다.

3. 대략적인 전체 내용과 감정 색채를 파악하자.

만약 어떤 문장이 서면어 형식이라면 구어적인 어휘를 배제하고, 긍정의 성격을 띈 문장이라면 부정적인 어휘를 배제하면 된다.

4. 빈출 어휘조합을 알아 두자.

对比特点 특징을 비교하다	引进设备 설비를 도입하다
改进技术 기술을 개선하다	加强管理 관리를 강화하다
实验表明 실험(결과)이 표명하길	结果证明 결과가 증명하길
研究证明/证实 연구가 증명하길	数据显示 데이터가 나타내길
提高效率 효율을 높이다	样式新颖 스타일이 참신하다
前景光明 전망이 밝다	鼓动/鼓舞人心 사람의 마음을 고무시키다
激发灵感 영감을 불러일으키다	美好愿望 아름다운 바람
交换意见 의견을 교환하다	付诸实践/行动 실천에/행동으로 옮기다
储备人才/粮食 인재/식량을 비축하다	维护权益 권익을 보호하다
保证质量 질을 보장하다	维持秩序 질서를 유지하다
统一意见 의견을 통일하다	提出建议 건의하다
达成共识 합의를 이루다	交通便利 교통이 편리하다

实现愿望 바람을 이루다	接受事实 사실을 받아들이다
承担责任 책임을 짊어지다	吸引眼球 눈길을 끌다
迷惑人心 사람의 마음을 미혹시키다	提前准备 미리 준비하다
影响巨大 영향이 크다	具备才能 재능을 갖추다
拥有资产 자산을 보유하다	享有特权 특권을 누리다
思维敏捷 사고가 민첩하다	思路清晰 사고가 뚜렷하다
意识清醒/模糊 의식이 또렷하다/흐릿하다	情绪低落/高昂 기분이 다운되다/업되다
管理领域/范围 관리 영역/범위	表明立场/态度 입장/태도를 표명하다
表达情感 감정을 표현하다	深刻印象 깊은 인상
深奥思想 심오한 사상	精湛手法 정밀하고 뛰어난 수법
精确数字 정확한 수치	精密测量 정밀 측정
把握机会 기회를 잡다	征求意见 의견을 구하다
整体水平/素质 전체 수준/소양	结构特征/特点 구조적 특징
追求真理 진리를 추구하다	水流变缓/变急 물살이 느려지다/빨라지다
迷失自己 자신을 잃어버리다	确实如此 정말로 그러하다
类似事件 유사 사건	全面实施 전면적으로 실시하다
设计精巧 설계가 정교하다	造型优美 조형이 우아하고 아름답다
是非分明 시비가 분명하다	截然不同 확연히 다르다
忽视风险 위험을 간과하다	忧患/危机意识 위기 의식
激烈竞争 치열한 경쟁	精力充沛 에너지가 넘치다
时间充足 시간이 충분하다	端正态度 태도를 바르게 하다
胸有成竹 속에 이미 타산이 있다	举世闻名 세계적으로 유명하다
根深蒂固 깊이 뿌리 박혀 있다	密不可分 아주 밀접하다
密切关注 면밀하게 주시하다	缺乏资源 자원이 부족하다
雕刻技艺 조각 예술	

5. 유의어는 다양한 각도에서 비교하자.

어휘 특징 비교, 어휘 감정 색채 비교(긍정, 부정, 중성), 어법적 비교(품사, 문장 성분) 등 다양한 각도에서 비교해 보아야 한다.

❶ 어휘 특징 비교: 领略 vs 领会

'领略', '领会' 모두 '이해, 체득, 인식'을 뜻한다. 그러나 '领略'는 감성적인 체험과 감상을 중시하고, '领会'는 이성적인 이해와 체득을 중시하며 추상적인 사물에 사용된다. '领略'는 뒤에 '风味', '风光' 등의 단어가 오며, '领会'는 뒤에 '精神', '意思' 등의 단어가 온다.

❷ 감정 색채 비교: 鼓动 vs 鼓舞 vs 煽动

'鼓动', '鼓舞', '煽动' 모두 '사람의 감정을 자극하여 행동하게 하다'를 뜻한다. 그러나 '鼓动'은 중성 어휘, '鼓舞'는 긍정 어휘, '煽动'은 부정 어휘이다.

예제 1

经过______悉心地观察揣摩，他自然而然地在脑子里积累了各式各样竹子的形象。在他作画之前，心中早已有了______的轮廓，这样下笔时就能挥洒自如。后人从这个故事中总结出了成语"______"，这个成语现在常用来比喻人在做事前就已有了想法，或有了成功的把握。

A 一阵　大概　名副其实　　B 一直　模糊　不言而喻

C 一点　准确　实事求是　　D 一番　大致　胸有成竹

______ 세심한 관찰과 짐작을 통해 그는 자연스레 다양한 대나무의 이미지를 머릿속에 쌓아 올렸다. 그는 그림을 그리기 전 마음속에 이미 ______ 윤곽이 있어 붓을 대면 시원시원하게 그림이 그려졌다. 후대 사람들은 이 이야기에서 성어 '______'를 정리해냈다. 이 성어는 사람이 일을 하기 전에 이미 생각이 있거나 성공할 자신이 있는 것을 비유하는 데 자주 사용된다.

A 한바탕　대강의　명실상부하다　　B 줄곧　모호하다　말하지 않아도 안다

C 조금　정확하다　실사구시　　D 한차례　대략적인　속에 이미 타산이 있다

정답 D

해설 이 문제는 성어 보기를 통해 판단하는 것이 가장 빠르다. 전체 내용과 보기에 근거하여 '胸有成竹'가 가장 부합한다는 것을 알 수 있다. 성어만으로는 판단이 안 될 시, 다른 어휘들을 살펴보아야 한다. '一阵'은 보통 '风', '雨' 등과 함께 쓰여 '짧은 시간'을 나타낸다. '一直'는 '빈도'를 나타내며, '一点'은 명사를 수식할 때 사용되고 '수량'을 나타낸다. '一番'은 '오랜 시간이 걸리는 동작'에 사용된다. 관찰과 깊이 헤아리는 것은 시간이 소요되는 동작이므로 '一番'이 가장 적절하다. '大致'는 비교적 확정적인 것에 사용되며, '大概'는 추측성이 강하다. '准确'는 글 내용에 부합하지 않으며, '模糊'는 다소 부정적이다. 따라서 '大致'가 가장 적합하다.

예제 2

菠菜富含维生素E。维生素E是一种抗氧化剂，能够减缓机体的氧化过程。______，多吃菠菜有助于减缓衰老。实验______，每天吃30克左右的新鲜菠菜，比喝三杯红酒的抗衰老______还要好。

A 因此　表明　效果　　B 总之　证明　效率
C 因而　声明　结论　　D 可见　显示　成效

시금치에는 비타민E가 풍부하다. 비타민E은 항산화제로 신체의 산화 과정을 늦춰준다. ______, 시금치를 많이 먹는 것은 노화를 늦추는데 도움이 된다. 실험이 ______, 매일 30g 정도의 신선한 시금치를 먹는 것이 3잔의 와인을 마시는 항노화 ______보다 더 좋다고 한다.

A 그러므로　표명하다　효과　　B 요컨대　증명하다　효율
C 따라서　성명하다　결론　　D ~을 알 수 있다　보여주다　성과

정답 A

해설 1번째 빈칸 앞에 마침표가 있다. '总之'와 '可见'은 보통 쉼표 뒤에 쓰여 한 단락의 내용을 총괄한다. '因此'는 사건 발생의 원인을 앞에서 밝히고 직접적으로 결과를 유도하는 반면, '因而'은 '而'에 치중하여 전환적 결과를 유도하기 때문에 여기서는 '因此'가 적합하다.

예제 3

兰花的根虽然______，却几乎都______在地表或浅层土壤中，无法像其他植物那样将根系深入地下寻找水源。为了______，大多数兰花都长在背阴的山坡上，然而，土壤中过多的水分又会使根腐烂坏死，于是它们拥有了特殊的根茎，因此才在其他植物无法涉足的禁区______了自己的王国。

A 扩大　潜　生活　开幕　　B 发展　藏　生命　开展
C 发达　扎　生存　开辟　　D 扩散　埋　寿命　开拓

난초의 뿌리는 ______되어 있지만, 거의 지표면이나 얕은 토양에 ______ 있어 다른 식물처럼 뿌리가 땅속 깊이 파고들어 수원을 찾을 수 없다. ______을 위해 대부분의 난초는 그늘진 언덕에서 자라지만, 토양의 과도한 수분은 뿌리를 썩고 죽게 만든다. 그래서 그것들은 특별한 뿌리와 줄기를 가지고 있어 다른 식물이 발을 들여놓을 수 없는 금지 구역에 자신의 왕국을 ______ 것이다.

A 확대하다　잠기다　생활　개막하다　　B 발전하다　숨기다　생명　전개하다
C 발달하다　뿌리를 내리다　생존　개척하다　　D 확산하다　매장하다　수명　개척하다

정답 C

해설 2번째 빈칸에서 주어는 '根'으로 동사 '扎'와 함께 쓰여 '扎根(뿌리를 내리다)'을 만들 수 있다

독해

는 것을 안다면 쉽게 정답을 찾을 수 있다. 그러나 1음절 어휘에 대한 이해가 부족하다면 다른 어휘들을 살펴보아야 한다. '**扩大**'는 '확대하다'라는 뜻으로 범위와 영향력이 커짐을 강조한다. **扩大面积**(면적을 확대하다), **扩大影响**(영향력을 확대하다), **扩大生产**(생산을 확대하다) 등으로 자주 쓰인다. '**发达**'는 '발달하다'라는 뜻으로 구체적인 사물의 상황이 좋고 수준이 비교적 높음을 나타낸다. **经济发达**(경제가 발달하다), **四肢发达**(사지가 발달하다), **农业发达**(농업이 발달하다) 등으로 자주 쓰인다. '**根**'은 구체적인 사물이므로 '**发达**'가 적합하다. '**扩散**'은 확대 분산하는 것을 나타내며, '**发展**'은 사물이 작은 것에서 큰 것으로, 간단한 것에서 복잡한 것으로, 저급에서 고급으로 변하는 것을 나타낸다. '**开辟**'는 무에서 유를 창조하는 것을 나타내고, '**开拓**'는 원래의 기초 위에서 확대 발전되는 것을 나타낸다. 글 내용상 '**开辟**'가 적합하다.

memo

3 연습문제 30문항

실제 시험은 10문항으로 구성되어 있으나 본 연습문제에서는 30문항을 제공한다. 한 번에 풀기보다는 실제 시험처럼 10문항씩 3회차로 나누어 풀 것을 권장한다.

第1—30题：选词填空。

1. 中国是世界四大文明古国之一，有几千年的______历史，在科学技术的发展上也取得了辉煌的______。其中，火药、指南针、造纸术、印刷术这四大发明对整个人类的进步都产生了深远的______。

A 长远　成绩　印象　　B 久远　结果　作用
C 悠久　成就　影响　　D 遥远　成果　效果

2. 经过______悉心地观察揣摩，他自然而然地在脑子里积累了各式各样竹子的形象。在他作画之前，心中早已有了______的轮廓，这样下笔时就能挥洒自如。后人从这个故事中总结出成语“______”，这个成语现在常用来比喻人在做事前就已有了想法，或有了成功的把握。

A 一阵　大概　名副其实　　B 一直　模糊　不言而喻
C 一点　准确　实事求是　　D 一番　大致　胸有成竹

3. 我觉得跨国文化问题______不严重，夫妻间的问题更多是由平凡琐事______的。婚姻不仅仅涉及两个人内心的关系，还涉及一些夫妻双方几乎无法______的因素，这些因素很容易导致婚姻解体。

A 并　引起　控制　　B 仍　造成　挽回
C 也　产生　决定　　D 却　导致　改变

4. 科学家的研究数据______，过去的200年是75万年来地球气候变暖速度最快的一个时期，这也正是工业社会迅速______的时期。这说明人类活动是全球变暖的______原因。工业生产排放温室气体，飞机、汽车排放尾气，人类过度______化学原料，大量砍伐森林等都是加速全球变暖的因素。

A 表明　变化　唯一　运用　　B 显示　发展　主要　使用
C 表示　生长　重要　采用　　D 明显　发达　关键　应用

5. 孔子虚心好学，到30岁时已经博学多才，成为了非常有名的学者。孔子对他所处的时代以前的中国历史文化知识很了解，他______了古代的历史、文化资料，还编写了一______关于他的国家——鲁国的历史书，他收学生传授这些知识、文化和______遗产，让更多______的人有机会学习。

A 阅览　份　精神　平凡　　B 搜索　本　传统　普遍
C 搜集　篇　观念　特殊　　D 整理　部　思想　普通

6. 四川人也______饮茶，多以吃清茶为主，茶食不多，喜欢在茶馆东拉西扯地“摆龙门阵”。在______的茶馆中一边品饮盖碗茶，一边随心所欲地闲聊，同时吃着茶点，看着曲艺表演，______那份悠然、闲散和漫不经心，______是人生乐事。

A 嗜好　络绎不绝　品味　的确　　B 爱好　车水马龙　欣赏　确实
C 研究　川流不息　体会　一定　　D 讲究　人来人往　享受　实在

7. 人类刚来到这个世界上时，是用哀号来表达悲伤的。在______后的三四个月里，婴儿还没学会说话，也不懂得使用肢体语言，______经常哭泣。随着婴儿渐渐长大，针对不同的______，他们会有不同的哭法：因疼痛而尖叫，因难受或饥饿而啜泣。这是他们在开口说话之前，最原始的表达______。

A 产生　因此　条件　方法　　B 出生　于是　刺激　方式
C 生日　所以　环境　手段　　D 诞生　然而　态度　策略

8. 很早以前，人们就______风来耕田、磨面、发电……风为人类做出了许多贡献。然而，在风的大家族中，还有一种人们比较______的风，它就是火风。火风又称“干旱风”，是一种气象灾害。它多出现在春末夏初，会使谷物或果实早熟，严重时可引起农作物枯萎，______造成山林火灾。可见，风与火有着密切的______。

A 借助　害怕　而且　影响　　B 利用　陌生　甚至　关系
C 帮助　熟悉　因而　联系　　D 创造　认识　竟然　反应

9. 有些电子阅读器的电子墨水______不但使得辐射降低，减少了对眼睛的伤害，而且效果逼真，阅读时像玻璃下______着一本纸质书一样。历史上，人们常用______来形容藏书多，______在移动阅读时代，一部普通的电子阅读器就可以______成千上万本书籍，并可随身携带，这种方式使得阅读“飘”了起来。

A 技术　压　汗牛充栋　然而　存储
B 屏幕　盖　学富五车　或者　安装
C 科技　隔　博大精深　但是　储蓄
D 装置　透　饱经沧桑　因此　存放

10. 窗______审美功能，最能______中国传统建筑之美。对于人而言，眼睛是灵魂的窗户；而对于房屋，窗户则是建筑灵魂的眼睛。窗的艺术性在中国园林中更是______得淋漓尽致。窗在园林中的妙用，主要是______漏窗和空窗来体现其“借景”功能。

A 拥有　表达　表演　依靠
B 具备　代表　发作　凭借
C 具有　表现　发挥　通过
D 占有　意味　流露　经过

11. 人的一生大约有1/3的时间是在睡眠中度过的，当人们处于睡眠______中时，人们的大脑和身体可以得到休息、休整和______，睡眠对身体的好处是______的。

A 形态　康复　众所周知
B 状态　恢复　不言而喻
C 形状　调节　家喻户晓
D 状况　调整　一清二楚

12. 如果有一天你的手机不幸被______了，打电话给手机提供商，并______你的手机序列号，他们会帮你把手机屏蔽起来，这样______小偷换了SIM卡，也无法使用。

A 拿　告诉　虽然
B 换　检查　因为
C 偷　提供　即使
D 盗　供应　如果

독해

13. 洗澡能清除汗垢油污，消除疲劳，______睡眠，加快皮肤的新陈代谢，提高身体的抗病力，而且浸泡温水还能够治疗某些疾病。在洗澡时有针对性地多______点儿心思，不仅能赶走身体的小毛病，还能______“越洗越健康”的目的。

A 改善　花　达到　　B 改正　费　发挥
C 改进　用　起到　　D 改良　耗　至于

14. 为了保护自己，很多蜥蜴______保护色掩人耳目；而部分蜥蜴受到袭击时，尾巴更会因肌肉剧烈收缩而______断落。断落的尾巴中仍有部分神经活着，它会不断弹跳，从而分散敌人的______，这样蜥蜴便可趁机逃脱。别以为它们的______会这样完结，其实只需数月，尾巴就又会重新长出来了。

A 使用　发生　观察力　寿命　　B 利用　导致　注意力　生命
C 采用　造成　想象力　活力　　D 应用　发现　吸引力　生活

15. 端午节______于中国，______是中国人民祛病、防疫的节日，吴越之地在春秋时期有在农历五月初五这天______龙舟竞渡的形式举行部落图腾祭祀的习俗。后因诗人屈原在这一天死去，这一天便成了中国汉族人民______屈原的传统节日。

A 诞生　提前　靠　思念　　B 发源　第一　凭　记录
C 发明　前面　借　想念　　D 起源　最初　以　纪念

16. 骑车旅行的时候要______每个人的实际情况制定骑行的______和行程，切不可盲目制定不切实际的行程，那样既让大家疲惫不堪，又______了骑行的乐趣。不但要有必要的修车补胎工具，还应有医药急救物品，______的准备是顺利骑行的保障。

A 依据　安排　放弃　充分　　B 按照　计划　丧失　满足
C 根据　路线　失去　充足　　D 根本　地图　丢失　足够

17. 所谓“穷养”，是在物质上对孩子有所限制，让孩子懂得______和奋斗，让孩子懂得任何东西都是要付出劳动才能得来的。另外，要______孩子正确的心态，接受社会现实，别人拥有的物质财富，自己不要______攀比，关键是要用自己的知识和能力去______这些财富。

A 珍贵　培育　随意　创作　　B 珍惜　培养　盲目　创造
C 怜惜　影响　犹豫　制作　　D 爱惜　教育　故意　制造

18. 据说日本人一开始______不知道温泉具有治疗疾病的______，后来是因为看到一只受伤的小动物在泡过温泉之后______般地迅速恢复，这才使他们认真地研究起温泉的功能来。现代人渐渐把泡温泉当作休闲养生、解压______治疗疾病的理想选择，这种趋势迅速在全球蔓延开来。

A 并　功能　奇迹　甚至　　B 而　能力　魔术　等等
C 还　效果　神奇　而且　　D 绝　功效　神话　从而

19. ______中国东北部吉林省长白山腹地的抚松县，是______的人参之乡。在这里，野山参的采挖已经有了上千年的历史。抚松县还是中国最早人工栽培人参的地方，距今已有370余年的历史，抚松县也______中国乃至亚洲最大的人参种植园。现在，抚松县______是人参产量还是人参质量，都居于全国之首。

A 位置　出名　具有　要么　　B 置于　有名　占有　既然
C 在于　显著　享有　不管　　D 位于　著名　拥有　无论

20. 志愿服务就是______一些人自觉自愿地为那些需要帮助的人提供服务而不收取______费用。志愿服务是一件很有意义的事。如果我们______到，每个人在生活中都有可能______他人的帮助，那么，为什么我们不能拿出一点儿时间，______一点儿精力，准备着去帮助别人呢？

A 让　所有　意识　取得　加入
B 由　任何　认识　得到　投入
C 使　任意　认为　接受　放入
D 被　全部　意味　受到　注入

독해

21. 当你闭眼入睡后，______了一天的眼球得到了休息，白天______抑制状态的泪腺也开始大量______泪水，滋润因长时间处于工作状态而干涩的眼球。

A 劳累　处于　分泌
B 紧张　面临　分布
C 劳动　处境　分解
D 紧迫　符合　分散

22. 带宝宝出游最好选择自助______。虽然跟团旅游可免去订机票、找旅店的麻烦，但旅行团的行程______普遍较紧，不太适合太小的宝宝，而自助游就相对轻松多了。家长可以______地根据宝宝的情况调整行程。

A 形状　安置　灵敏
B 形态　安装　高明
C 形式　安排　灵活
D 形象　安宁　敏捷

23. 时间一久，心情会长成______。心境平和的人，诸事淡定，懂得换个______想问题，脸上自然是明媚舒展的。照相机是一面镜子，是一个______的记录仪，它能敏锐地______到你拍照时的状态，如身体是否健康，心情好不好，紧张还是放松等。

A 神态　逻辑　神秘　涉及
B 外表　频率　古怪　反射
C 外貌　思维　奇怪　抓捕
D 表情　角度　神奇　捕捉

24. 龟兔赛跑，是一则______故事。兔子和乌龟赛跑，兔子认为比赛太轻松了，就先打了个盹，______地说很快就能追上乌龟。乌龟一刻不停地爬行，当兔子醒来的时候乌龟已经到达______了。这个故事说明：不可______小视他人。

A 成语　理直气壮　终止　轻敌
B 寓言　自以为是　终点　轻易
C 童话　迫不及待　目的　任性
D 传说　讨价还价　目标　任意

25. 二胡名曲《二泉映月》是由音乐家杨荫浏先生______阿炳的演奏，录音记谱整理而来的，制成唱片后很快风靡全国。这首______自始至终______的是一位饱尝人间辛酸和痛苦的盲艺人的思绪情感，作品展示了独特的民间演奏______与______的深邃意境，显示了中国二胡艺术的独特魅力。

A 按照　乐谱　透露　技术　空前绝后
B 依靠　音乐　流传　体系　难能可贵
C 根据　乐曲　流露　技巧　无与伦比
D 凭借　旋律　传达　体裁　全力以赴

26. 他率真潇洒，能以轻松活泼的心态______人生，______是对人生中的失落或不愉快______处之泰然，若无其事。不但是外表如此，而且是真的不萦于怀，一笑置之。他交友虽广，但不认识他的人______还是很多的。

A 对付　比如　遭殃　竟然
B 对待　尤其　遭遇　毕竟
C 度过　凡是　灾难　固然
D 享受　即便　倒霉　免得

27. 窗花是贴在窗户上的剪纸，农村的地理环境、社会习俗______农业生产特征，使这种乡土艺术具有了______的民俗情趣和艺术特色。过去无论南方北方，春节______都贴窗花。窗花的样式一般比较自由，其外部______没有什么限制。

A 并且　特定　时而　形状
B 甚至　独特　时光　造型
C 或者　分明　时期　体积
D 以及　鲜明　期间　轮廓

28. 一座富于______的公共建筑，要使来访的市民感到亲切，感到被热心接纳，它不能有丝毫高高在上的______，令来访者感到压抑或被拒绝。就这个角度而言，民间叫法比官方命名更能体现市民对地标的______，亦更______建筑的本质。

A 人性　姿态　评价　接近
B 意义　态度　见解　靠近
C 人格　资格　议论　接连
D 定义　姿势　理解　靠拢

29. 狼非常______观察，能够在观察中准确地找到______的弱点，从其弱点处下手，做到“知己知彼，百战不殆”。狼随时处于作战状态，______猎物出现，就马上采取行动。我们在职场上也该和狼一样，对环境有着敏锐的______，从日常生活中注意到别人未曾看到的信息、细节和机会。

A 容易　对方　一向　战斗力　　B 易于　对面　万一　影响力
C 善于　对手　一旦　洞察力　　D 擅长　对象　一度　判断力

30. 兰花的根虽然______，却几乎都______在地表或浅层土壤中，无法像其他植物那样将根系深入地下寻找水源。为了______，大多数兰花都长在背阴的山坡上，然而，土壤中过多的水分又会使根腐烂坏死，于是它们拥有了特殊的根茎，因此才在其他植物无法涉足的禁区______了自己的王国。

A 扩大　潜　生活　开幕　　B 发展　藏　生命　开展
C 发达　扎　生存　开辟　　D 扩散　埋　寿命　开拓

정답은 부록에서 확인할 수 있습니다.
해설은 해설집 PDF 79p에 있습니다.

1 문제풀이 가이드

독해 영역 제3부분은 총 10문항으로 구성되어 있다. 1개의 사진이 있는 2개의 지문으로 되어 있고, 사진은 지문의 내용과 연관이 있다. 각 지문은 400~500자 내외이며, 지문 속 5개의 빈칸에 들어갈 알맞은 보기를 찾으면 된다.

2 문제풀이 테크닉

1. 접속사와 연결되는 어휘에 유의하자.

보기에 접속사가 제시된 경우, 그 접속사와 호응하는 부사를 지문에서 찾으면 된다.

예제

______，把重量加起来，就知道这头大象多重了。

______ 무게를 더하기만 하면, 이 코끼리가 얼마나 무거운지 알 수 있다.

정답 只要把船里的石头都称一下 배 안의 돌을 모두 달아

해설 뒤 문장의 부사 '就'를 통해 앞 문장에는 접속사가 위치해야 함을 추측할 수 있다. 답을 찾을 때는 '就'와 호응하는 접속사를 찾으면 된다. '就'와 호응하는 접속사는 '只要'이다.

2. 빈칸의 앞뒤 문장에 유의하자.

앞뒤 문장에 등장하는 핵심 어휘를 파악하고, 그것과 관련된 정보를 보기에서 찾으면 된다.

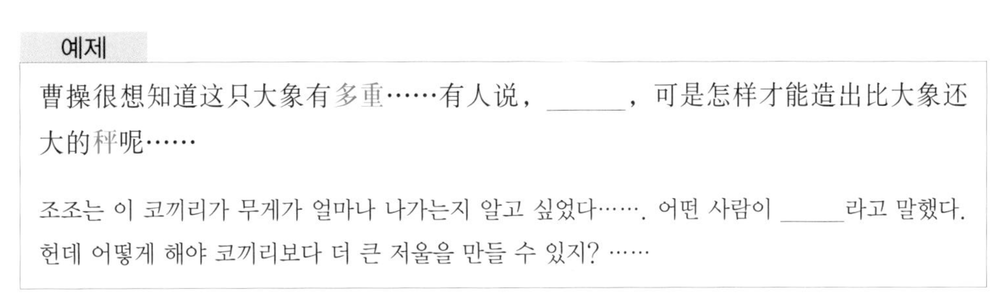

예제

曹操很想知道这只大象有多重……有人说，______，可是怎样才能造出比大象还大的秤呢……

조조는 이 코끼리가 무게가 얼마나 나가는지 알고 싶었다……. 어떤 사람이 ______라고 말했다. 헌데 어떻게 해야 코끼리보다 더 큰 저울을 만들 수 있지? ……

정답 制造一个巨大的秤来称 거대한 저울을 하나 만들어 재다

해설 빈칸의 앞에서는 '多重(무게가 얼마나 나가는지)'을 언급했고, 뒤에서는 '秤(저울)'을 언급했다. 그러므로 보기에서 '体重(체중)', '称(재다)'과 관련된 정보를 찾으면 된다.

3. 빈칸의 앞뒤 문장부호를 잘 살펴보자.

의문을 나타내는 '?', 감탄을 나타내는 '!', 해설과 설명을 나타내는 ':', 병렬로 비슷하거나 혹은 상반되는 사례를 나타내는 ';'이 있다. 문장부호를 잘 활용하면 정답을 유추하는데 도움이 된다.

예제

山火奔跑的脚步声，______！

산불이 달리는 발걸음 소리, ______!

정답 如同狂风卷大旗呼啦啦地作响
마치 거센 바람이 깃발을 집어삼킬 듯이 펄럭이며 소리를 내는 것 같다

해설 앞에는 '**脚步声**'이 있고, 마지막 부분에는 감탄을 나타내는 '!'가 있다. 5개의 보기 중 발걸음 소리를 묘사하는 감탄문을 찾으면 된다.

4. 병렬구조에 유의하자.

병렬구조는 앞뒤 문장의 내용과 구조가 비슷하다. 병렬구조인 것을 파악한다면 답은 쉽게 찾을 수 있다.

예제

它们的体型硕大威猛，______，体重达几百公斤，最长能活上几百年，是淡水鱼类中体型最大、寿命最长的。

그것들의 몸집은 크고 용맹스러우며, ______, 체중은 수백 킬로그램에 달하고, 최장 수백 년 동안 살 수 있으며, 민물고기 중 몸집이 가장 크고 수명이 가장 길다.

정답 **成年中华鲟体长一般在两米以上** 성체 중화 철갑상어의 길이는 일반적으로 2m 이상이다

해설 빈칸의 앞에서는 '**体型**(체형)'을 언급하고, 뒤에서는 '**体重**(체중)'을 언급한 것을 보아 이 동물의 구체적인 외모적 특징을 묘사한 것임을 알 수 있다. 또한 '**体型**'과 '**体重**'은 서로 관련이 있다. 따라서 보기에서 이것들과 관련이 있는 문장을 찾으면 된다.

예제 1-5

有一天，上天创造了三个人。他分别问这三个人："到了人世间，(1)______？"第一个人想了想，回答说："我要充分利用生命去创造。"第二个人想了想，回答说："我要充分利用生命去享受。"第三个人想了想，回答说："我既要创造人生又要享受人生。" 上天给第一个人打了50分，给第二个人打了50分，给第三个人打了100分，(2)______，他甚至决定多创造一些"第三个人"这样的人。

第一个人来到人世间后，表现出了不平常的奉献感和拯救感。他为许许多多的人做出了许许多多的贡献。(3)______，他从无所求。他为真理而奋斗， 屡遭误解也毫无怨言。慢慢地，他成了德高望重的人，他的善行被广为传颂，他的名字被人们默默敬仰。他离开人间时，(4)______，人们从四面八方赶来为他送行。直至若干年后，他还被人们深深怀念着。

第二个人来到人世间后，(5)______。为了达到目的，他不择手段，甚至无恶不作。慢慢地，他拥有了无数财富，他生活奢华，妻妾成群，一掷千金。后来，他因作恶太多而得到了应有的惩罚。正义之剑把他驱逐出人间的时候，他得到的是鄙视和唾骂。若干年后，他还被人们深深痛恨着。

第三个人来到人世间后，没有任何不平常的表现。他建立了自己的家庭，过着忙碌而充实的生活。他离开人间若干年后，没有人记得他。

人们给第一个人打了100分，给第二个人打了0分，给第三个人打了50分。这个分数，才是他们的最终得分。

A 所有人都依依不舍
B 表现出了不平常的占有欲和破坏欲
C 他认为第三个人才是最完美的人
D 你准备怎样度过自己的一生
E 对自己帮助过的人

어느 날, 조물주가 세 사람을 창조했다. 그는 이 세 사람에게 각각 물었다. "인간 세상에 가면 (1)______?" 첫 번째 사람은 생각한 후 대답했다. "저는 제 삶을 충분히 이용하여 창조할 것입니다." 두 번째 사람은 생각한 후 대답했다. "저는 제 삶을 충분히 이용하여 즐길 것입니다." 세 번째 사람은 생각한 후 대답했다. "저는 인생을 창조하기도 하고 즐기기도 할 것입니다." 조물주는 첫 번째 사람에게 50점, 두 번째 사람에게 50점, 세 번째 사람에게 100점을 주었다. (2)______, 그는 심지어 '세 번째 사람' 같은 사람을 많이 만들기로 결정했다.

첫 번째 사람은 인간 세상에 온 후, 평범하지 않은 희생 정신과 구원 의식을 보였다. 그는 많은 사람들을 위해 많은 공헌을 했다. (3)______, 그는 여태껏 아무것도 바라지 않았다. 그는 진리를 위해 분투하였고, 여러 번 오해를 받아도 전혀 원망도 하지 않았다. 서서히, 그는 덕망이

독해

높은 사람이 되었고, 그의 선행은 널리 칭송되었으며, 그의 이름은 사람들에게 묵묵히 추앙받게 되었다. 그가 인간 세상을 떠났을 때, (4)______. 사람들은 사방팔방에서 그를 배웅하러 왔다. 몇 년 후가 지나서까지도 그는 사람들에게 깊은 그리움을 받고 있다.

두 번째 사람은 인간 세상에 온 후, (5)______. 목적을 달성하기 위해 그는 수단과 방법을 가리지 않았고, 심지어 온갖 나쁜 짓을 다 했다. 서서히, 그는 무수한 재산을 가지게 되었고, 호화롭게 살았으며, 처첩이 무리를 이루었고, 돈을 물 쓰듯 했다. 나중에 그는 악행을 너무 많이 저질러서 응당한 처벌을 받았다. 정의의 칼이 그를 인간 세상에서 추방했을 때, 그가 얻은 것은 경멸과 욕설이었다. 몇 년 후에도 그는 사람들에게 깊은 원한을 받고 있다.

세 번째 사람은 인간 세상에 온 후, 어떤 특이한 행동도 하지 않았다. 그는 자신의 가정을 꾸리고 바쁘고 충실한 생활을 하고 있었다. 그가 인간 세상을 떠난 지 몇 년이 지났지만 그를 기억하는 사람은 없었다.

사람들은 첫 번째 사람에게 100점, 두 번째 사람에게 0점, 세 번째 사람에게 50점을 주었다. 이 점수가 그들의 최종 점수였다.

A 모두가 아쉬워했다
B 평범하지 않은 소유욕과 파괴욕을 보였다
C 그는 세 번째 사람이야말로 가장 완벽한 사람이라고 생각했다
D 너는 자신의 일생을 어떻게 보낼 계획인가
E 자기가 도와준 사람에 대해

정답 1. D 2. C 3. E 4. A 5. B

해설 1. 빈칸 뒤의 '?'를 통해 의문문임을 알 수 있다.

2. 세 사람의 점수는 각각 50점, 50점, 100점이며, 세 번째 사람을 많이 만들겠다고 한 것으로 보아 조물주는 세 번째 사람이 가장 완벽한 사람이라고 생각한다는 것을 알 수 있다.

3. '对……'의 구조는 보통 문장의 앞부분에 온다.

4. 뒤에 '怀念(그리워하다)'을 통해 사람들이 그의 죽음을 아쉬워한다는 것을 알 수 있다.

5. 2단락과 4단락을 보면 병렬을 이룬다. 앞 뒤 단락 모두 세상에 온 후의 '表现(행동)'에 대해 묘사하고 있다.

예제 6-10

卫夫人是大书法家王羲之的老师。她给王羲之上的三堂书法课，更是三堂人生课。

一开始，(6)______，只教他中国书法里最基本的元素——一个点。她要这个孩子去体会悬崖上有块石头坠落下来的感觉，而那个“点”，正是一块从高处坠落的石头的力量。《兰亭集序》是王羲之最有名的作品，许多人都说里面“之”字的点，每个都不一样。(7)______，带我们到山上去玩，让我们丢石头，感觉石头的形状、重量、体积、速度，我们大概也会蛮开心的。

卫夫人的第二堂课是带王羲之认识汉字的另一个元素，就是“一”。“一”是文字，(8)______。认识“一”的课，是在广阔的大地上进行的。卫夫人把王羲之带到户外，一个年幼的孩子，在广阔的平原上站着，(9)______，辽阔的地平线上排列开的云层缓缓向两边扩张。卫夫人在孩子耳边轻轻说：“千里阵云。”云排开阵势时有一种很缓慢的运动，很像毛笔的水分在宣纸上慢慢晕染渗透开来。

第三堂书法课是“竖”，就是写“中”字时，中间拉长的一笔。她教王羲之在登山时攀缘一枝老藤。孩子借着藤的力量，把身体吊上去，悬宕在空中。悬在空中的身体，(10)______——拉扯不开的坚硬顽固的力量。“竖”这根线条，要写到拉不断，写到强韧，写到有弹性，里面才会有一股往两边发展出来的张力。

A 也可以就是这么一根线条
B 可以感觉到一枝藤的强韧
C 凝视地平线
D 卫夫人似乎并没有教王羲之写字
E 如果童年时有位老师把我们从课堂里“救”出去

웨이 부인은 위대한 서예가 왕희지의 스승이다. 그녀가 왕희지에게 한 세 번의 서예 수업은 더욱이 세 번의 인생 수업이었다.

처음에는 (6)_____. 그에게 중국 서예의 가장 기본적인 요소인 '점 하나'만 가르쳐 주었다. 그녀는 이 아이에게 절벽에서 돌이 떨어지는 느낌을 느껴보라고 했는데, 그 '점'은 바로 높은 곳에서 떨어지는 돌의 힘이었다. 《난정집서》는 왕희지의 가장 유명한 작품으로, 많은 사람들이 그 안에 있는 '之'자의 점이 각각 다르다고 말한다. (7)_____, 산으로 데려가 놀게 하고 돌을 던지게 해 돌의 모양, 무게, 부피, 속도를 느낄 수 있게 했다면 우리도 아마 매우 즐거웠을 것이다.

웨이 부인의 두 번째 수업은 왕희지에게 한자의 또 다른 요소인 '一'를 알게 하는 것이었다. '一'는 문자이고 (8)_____. '一'를 익히는 수업은 광활한 대지에서 진행되었다. 웨이 부인은 왕희지를 야외로 데리고 나갔다. 한 어린 아이가 광활한 벌판에 서서 (9)_____, 광활한 지평선 위에 늘어선 구름층이 천천히 양쪽으로 확장되었다. 웨이 부인은 아이의 귓가에 속삭이며 말했다. "천리진운." 구름이 진을 치고 있을 때 매우 느린 움직임이 있는데, 마치 붓의 수분이 화선지 위에 서서히 번져 스며드는 것 같았다.

세 번째 서예 수업은 '竖', 바로 '中'자를 쓸 때 중앙으로 길게 뻗은 한 획이다. 그녀는 왕희지에게 등산할 때 늙은 덩굴을 기어오르는 법을 가르쳤다. 아이는 덩굴의 힘을 빌려 몸을 매달아 공중에 매달렸다. 공중에 매달린 몸은 (10)______. 즉 당겨도 풀리지 않는 단단하고 완고한 힘이다. '竖'라는 선은 당겨도 끊어지지 않을 때까지, 강하게 탄력이 있을 때까지 써야 안에서 양쪽으로 발전되는 장력이 생길 것이다.

A 바로 이런 선일 수도 있다
B 덩굴의 강인함을 느낄 수 있었다
C 지평선을 바라보고 있었다
D 웨이 부인은 왕희지에게 글씨를 쓰는 것을 가르치지 않는 듯 했다
E 만약 어린 시절에 어떤 선생님이 우리를 교실에서 '구출'해 주셨다면

정답 6. D 7. E 8. A 9. C 10. B

해설 6. '只教他中国书法里最基本的元素——一个点(그에게 중국 서예의 가장 기본적인 요소인 '점 하나'만 가르쳐 주었다)'을 통해 처음에 가르친 것이 글씨 자체가 아님을 알 수 있다. '并没有(결코 아니다)'는 예상한 것과 상반되는 것을 나타낸다. 즉 글씨 쓰는 것을 가르치지 않았고 오직 '点(점)'만 가르쳤다.

7. 웨이 부인은 왕희지의 스승이다. 이 문장의 주어는 '老师(선생님)'이며, '老师带孩子们去玩(선생님이 아이들을 데리고 놀러 가다)'으로 해석할 수 있다.

8. 이 문제는 '是……, 是……'의 구조를 통해 정답을 찾을 수 있다.

9. 반복 출현하는 정보를 통해 단서를 찾을 수 있다. 뒤 문장에 '地平线(지평선)'이 나오므로 지평선과 관련된 내용을 찾으면 된다.

10. 문장 부호 '——'에 주의해야 한다. 뒤 문장 '坚硬顽固的力量(단단하고 완고한 힘)'과 대응하는 문장을 찾으면 된다. 이 단락에서는 '藤(덩굴)'의 힘에 대해 말하고 있으므로 B에서 언급한 '强韧(강인하다)'만이 뒤 문장의 의미에 부합한다.

3 연습문제 30문항

실제 시험은 10문항으로 구성되어 있으나 본 연습문제에서는 30문항을 제공한다. 한 번에 풀기보다는 실제 시험처럼 10문항씩 3회차로 나누어 풀 것을 권장한다.

第1—30题：选句填空。

1—5.

有一天，上天创造了三个人。他分别问这三个人："到了人世间，(1)______？"第一个人想了想，回答说："我要充分利用生命去创造。"第二个人想了想，回答说："我要充分利用生命去享受。"第三个人想了想，回答说："我既要创造人生又要享受人生。" 上天给第一个人打了50分，给第二个人打了50分，给第三个人打了100分，(2)______，他甚至决定多创造一些"第三个人"这样的人。

第一个人来到人世间后，表现出了不平常的奉献感和拯救感。他为许许多多的人做出了许许多多的贡献。(3)______，他从无所求。他为真理而奋斗，屡遭误解也毫无怨言。慢慢地，他成了德高望重的人，他的善行被广为传颂，他的名字被人们默默敬仰。他离开人间时，(4)______，人们从四面八方赶来为他送行。直至若干年后，他还被人们深深怀念着。

第二个人来到人世间后，(5)______。为了达到目的，他不择手段，甚至无恶不作。慢慢地，他拥有了无数财富，他生活奢华，妻妾成群，一掷千金。后来，他因作恶太多而得到了应有的惩罚。正义之剑把他驱逐出人间的时候，他得到的是鄙视和唾骂。若干年后，他还被人们深深痛恨着。

第三个人来到人世间后，没有任何不平常的表现。他建立了自己的家庭，过着忙碌而充实的生活。他离开人间若干年后，没有人记得他。

人们给第一个人打了100分，给第二个人打了0分，给第三个人打了50分。这个分数，才是他们的最终得分。

A 所有人都依依不舍

B 表现出了不平常的占有欲和破坏欲

C 他认为第三个人才是最完美的人

D 你准备怎样度过自己的一生

E 对自己帮助过的人

6—10.

“东道主”一词出自《左传》。晋文公早年被人陷害而在外流亡了19年，最后在秦国的帮助下，返回晋国当上了国君。在他流亡期间，曾途经郑国，但郑国国君郑文公并没有对他施以援手，(6)______。后来晋国联合秦国一起攻打郑国。郑文公派出老臣烛之武出使秦国，(7)______。

擅长游说的烛之武见到秦穆公，(8)______，而是言辞中肯地说道：“郑国和秦国相距很远，中间还隔着晋国。郑国灭亡，只会增加晋国的实力，对秦国来说一点儿好处也没有。假如您放弃消灭郑国的计划，把郑国当作东方道路上的主人，秦国使者途经郑国时，郑国加以款待，这样不是很好吗？”

秦穆公一听，觉得有理，便采纳了烛之武的建议，不但撤了兵，(9)______。秦军一撤，晋文公势单力薄，也只好撤军了。

中国古代很讲究方位的排列。五行学说中，东和西相比较，以东为上。在一些宴会上，主人通常坐在东面，(10)______。

现在，东道主一般泛指接待或宴请客人的主人。另外，一些活动的主办方也被称为东道主。

A 晋郑两国由此结下了仇怨

B 并没有卑躬屈膝

C 还留下一些士兵帮助郑国守卫城池

D 试图化解危机

E 因而东道主又有了主人的意思

11—15.

现在的学生有假期，古时候的学生放不放假呢？答案是肯定的，古时候的学生也休寒暑假，只是名称不一，内容不同罢了。(11)______。

第一种是旬假。这是一种常假，规定每10天休息1天。有点近乎于我们现在的双休日休假制度。10天休1天，离家较近的学生可以匆匆忙忙到家里看一眼，而对于老家在外地的学生们来说，(12)______，所以国子监干脆规定：旬考之后休假1天，外地学生不许回家。

第二种是“田假”，也即我们现在俗称的“农忙假”。每年农历五月，学生们可以休假，此时麦子成熟，学生回家下地割麦，所以称作“田假”。田假大体相当于现在的暑假，假期为一个月左右。(13)______，往返时间较长，可以向校方申请延长假期。不过，这一个月的假期是“净假期”，不包括路程上花费的时间。所以古时候的学生的暑假“待遇”还是比较好的。

第三种是“授衣假”。所谓“授衣假”，就是指时令进入农历九月，已近秋天，气温渐凉，学生可以回家去取过冬的衣服。“授衣假”大体相当于寒假，(14)______，不包含路上花费的时间。为防止学生因长假而荒废学业，校方规定：凡逾期未返校者，一律开除学籍！这招挺管用，按史书记载，国子监的学生们极少有“超假”不返的。

那么，学生平时如果遇到了紧急的事情，(15)______，而又未赶上“旬假”“田假”和“授衣假”，该怎么办呢？也好办，学生可以直接向皇帝请假，皇帝金口玉牙，准几天假便休几天假。

A 如家中老人去世

B 这点儿时间根本不够回家

C 假期也是一个月

D 国子监的学生就有三种假期

E 如果学生离家较远

16—20.

眼睛是人们认识大千世界的重要通道，同时也能映射出人的内心世界。日常生活中的交流和沟通，90%以上都是用非语言的方式实现的，(16)______。

研究发现，通常情况下如果是在一个群体中，盯住一个人看的时间在3—5秒比较合适，(17)______，一次注视的时间在7—10秒比较合适，不会给对方造成不适的感觉。

(18)______，比如，主动和别人进行眼神交流多被认为是自信的表现。但是注视的特点可能也与文化背景有关系。在东方文化里，人们认为避免和对方进行直接的对视是表达尊重，而西方人则会认为这样的人鬼鬼祟祟，不值得托付，因为西方文化中鼓励眼神交流，并认为这样是自信的表现。

通常我们认为撒谎者在面对他人时会避免眼神交流，(19)______：撒谎的人会倾向于去和对方保持眼神交流。他们或许是想通过关注对方的反应，来确认对方是否察觉了他们在撒谎。

人类的爱、恨、悲伤、惊恐都可以通过眼神传递，同时信任、怀疑和讽刺也可以完美地用眼神表达，而更重要的是，(20)______，这也使得它更为复杂、难解、捉摸不定。宋代文学家王安石曾言“不畏浮云遮望眼”，但愿你我的生活中能遇到更多真诚、温暖的目光，也希望你我能在每一个眨眼的瞬间传递出对他人的理解和对世界的善意。

A 如果是一对一的沟通

B 眼神交流是一个互动的过程

C 但事实却给出了另一个答案

D 其中眼神沟通又是“重中之重”

E 眼神交流也能够传递交流双方的一些人格特点

21—25.

卫夫人是大书法家王羲之的老师。她给王羲之上的三堂书法课，更是三堂人生课。

一开始，(21)______，只教他中国书法里最基本的元素——一个点。她要这个孩子去体会悬崖上有块石头坠落下来的感觉，而那个“点”，正是一块从高处坠落的石头的力量。《兰亭集序》是王羲之最有名的作品，许多人都说里面“之”字的点，每个都不一样。(22)______，带我们到山上去玩，让我们丢石头，感觉石头的形状、重量、体积、速度，我们大概也会蛮开心的。

卫夫人的第二堂课是带王羲之认识汉字的另一个元素，就是“一”。“一”是文字，(23)______。认识“一”的课，是在广阔的大地上进行的。卫夫人把王羲之带到户外，一个年幼的孩子，在广阔的平原上站着，(24)______，辽阔的地平线上排列开的云层缓缓向两边扩张。卫夫人在孩子耳边轻轻说：“千里阵云。”云排开阵势时有一种很缓慢的运动，很像毛笔的水分在宣纸上慢慢晕染渗透开来。

第三堂书法课是“竖”，就是写“中”字时，中间拉长的一笔。她教王羲之在登山时攀缘一枝老藤。孩子借着藤的力量，把身体吊上去，悬宕在空中。悬在空中的身体，(25)______——拉扯不开的坚硬顽固的力量。“竖”这根线条，要写到拉不断，写到强韧，写到有弹性，里面才会有一股往两边发展出来的张力。

A 也可以就是这么一根线条
B 可以感觉到一枝藤的强韧
C 凝视地平线
D 卫夫人似乎并没有教王羲之写字
E 如果童年时有位老师把我们从课堂里“救”出去

26—30.

有一个家庭主妇非常幸运，因为她总能赢得各种抽奖。她的秘诀是什么？(26)______。每周她都参加大约60种通过邮寄方式进行的抽奖以及大约70种在网上举行的抽奖。每一次尝试，(27)______。她说："我是一个幸运儿，但是运气是靠自己创造的。"实际上，幸运的人和普通人在中奖的几率上是没有任何差异的，(28)______，他们中奖的几率就会增加。

很多人都觉得，往往是一次谈话或者偶遇改变了自己的一生。其实，很多幸运的人投入了相当长的时间和努力去尝试不同的东西。有个人说，(29)______，运用了独特的方法。(30)______，而他给自己立了一个规矩：每次参加聚会之前想出一个颜色，然后在聚会上与所有穿这个颜色衣服的人都打个招呼并交换名片。多年积累下来，他认识了各行各业的人，这给他带来了诸多机会和好运气。幸运其实就是一个有关可能性的游戏——结交的人越多，结交的人的类型越丰富，幸运的程度就越高。

其实不是老天特别眷顾或者刁难某些人，而是人们自己的行为和思考方式造成了属于他们自己的幸运或者不幸。

A 他为了能认识不同类型的人

B 只不过幸运的人行动更多

C 她获奖的几率都在增加

D 那就是她参加了相当多的抽奖

E 很多人参加聚会的时候往往只跟自己认识的人打交道

정답은 부록에서 확인할 수 있습니다.
해설은 해설집 PDF 92p에 있습니다.

제4부분 질문을 읽고 질문에 답하기

1 문제풀이 가이드

독해 영역 제4부분은 총 20문항으로 구성되어 있다. 1개의 사진이 있는 5개의 지문으로 되어 있고, 사진은 지문의 소재와 관련이 있다. 각 지문은 500~600자 내외이며, 4개의 질문에 알맞은 보기를 고르면 된다.

독해 제4부분은 주로 아래와 같은 질문 방식을 가진다.

독해

주제	短文的主要意思是什么? 글의 주된 의미는 무엇입니까?
세부사항	① 시간: 년, 월, 일, 시, 분, 초, 시간의 길이, 시간의 빈도 등 ② 인물: 이름, 나이, 주소, 직업, 취미, 능력 등 ③ 장소: 어디에 있는지, 어디에 가는지, 어디에서 왔는지 등 ④ 구체적인 숫자: 수량, 순서 등 ⑤ 화제, 사건: 시작, 과정, 전개, 결과 등 ⑥ 일상 묘사: 날씨, 방향, 크기, 분량, 옳고 그름, 기분, 색깔 등 ⑦ 사건의 원인과 결과
추측	根据以上短文，不难猜出/不难得出什么? 위의 글을 통해 어렵지 않게 무엇을 추측/얻어낼 수 있습니까? 作者的主要观点/主要态度是什么? 작가의 주요 관점/주요 태도는 무엇입니까?
어구 이해	画线句/画线词语是什么意思?　该词指代什么? 밑줄 친 구절/밑줄 친 단어는 무슨 뜻입니까? 이 단어는 무엇을 가리킵니까?

2 문제풀이 테크닉

1. 문제와 보기를 보고 키워드를 체크하자.

원문에서 키워드가 등장하는 부분을 찾으면, 세부사항을 묻는 문제와 추측형 문제를 푸는 데 도움이 된다.

2. 첫 번째와 마지막 단락, 첫 번째와 마지막 문장을 잘 살펴보자.

설명문의 전체 주제를 묻는 문제는 첫 번째 단락을 공략해야 하고, 에피소드의 주제를 묻는 문제는 마지막 단락을 공략해야 한다. 특정 단락의 주제를 묻는 문제는 해당 단락의 첫 번째 문장과 마지막 문장을 중점적으로 살펴보아야 한다.

3. 어구 이해 문제는 대입법을 사용하자.

우선 문제에서 묻는 구절 혹은 단어의 본래의 의미를 알고 있어야 한다. 그 다음 앞뒤 문맥에 따라 구절 혹은 단어의 함축적인 의미를 추측해본 후, 보기를 원문에 대입하여 문맥이 잘 맞는지 살펴보면 된다.

예제 1–4

你注意到了吗？向日葵的花盘总是跟着太阳转，好像对阳光有特别的感情似的。过去人们一直认为这是植物生长素在起作用，因为生长素分布在花盘和茎部的背阳部分，促进那里的细胞分裂增长，而向阳面的生长相应缓慢，于是植物就弯曲起来，葵花的花盘就这样朝着太阳打转了。然而，近年来植物生理学家发现，在葵花的花盘基部，向阳和背阳处的生长素分布基本相等。[1]显而易见，葵花向阳就不是植物生长素在起作用了。

那么，使葵花向阳的原因是什么呢？有人做了实验，在温室里，用冷光（就是日光灯）代替太阳光按阳光的方向对葵花花盘进行照射。尽管早晨从东方照，傍晚从西方照，葵花却始终没有转动。然而，用火盆代替太阳，并把火光遮挡起来，花盘却会一反常态，不分白天黑夜，也不管东西南北，一个劲儿地朝着火盆转动。

由此可见，[2]向日葵花盘的转动并不是由于受到了光线的直接影响，而是由于阳光把向日葵花盘中的管状小花晒热了，基部的纤维发生了收缩，这一收缩就使花盘主动转换方向来接收阳光了。

所以，向日葵还可以称作“向热葵”。

1. 植物学家的发现，说明葵花向阳：

A 受时间的影响　　B 与生长素无关
C 能促进细胞分裂　　D 可以放慢生长速度

2. 实验表明，向日葵花盘转动主要与什么有关？

A 热量　　B 阳光　　C 形状　　D 天气

3. 关于向日葵，下列哪项正确？

A 生长在温室里　　B 花盘中有管状小花
C 生长素分布不均匀　　D 转动完全不受阳光影响

4. 下列哪项最适合做上文的标题?

A 日光灯的秘密　　B 神奇的生长素

C 生命在于运动　　D 向日葵为什么“向日”

눈치챘는가? 해바라기의 화반은 항상 태양을 따라 도는데, 마치 햇빛에게 특별한 감정이 있는 듯하다. 과거에 사람들은 이것은 식물 성장 호르몬의 작용 때문이라고 생각했다. 왜냐하면 성장 호르몬이 화반과 햇빛을 등진 줄기 부분의 음지쪽에 분포되어 그곳의 세포 분열의 성장을 촉진하지만, 햇빛을 향한 양지 쪽의 성장은 상대적으로 느려서 식물은 구부러지고 해바라기 화반은 이렇게 태양을 향해 돌게 되었기 때문이다. 그러나 최근 몇 년 동안 식물 생리학자들은 해바라기의 화반 기부에서 햇빛을 향한 양지 쪽과 햇빛을 등진 음지 쪽의 성장 호르몬 분포가 기본적으로 동일하다는 것을 발견했다. [1]분명한 것은, 해바라기가 햇빛을 향하는 것은 식물 성장 호르몬이 작용하는 것이 아니라는 것이다.

그렇다면 해바라기를 햇빛을 향하게 한 원인은 무엇일까? 어떤 사람이 온실에서 냉광(즉 형광등)을 사용하여 태양광을 대신해 햇빛의 방향에 따라 해바라기 화반을 비추는 실험을 했다. 새벽에는 동쪽에서 비추고 해질녘에는 서쪽에서 비췄지만 해바라기는 끝내 회전하지 않았다. 그러나 화로로 태양을 대신하고 불빛을 가리니, 화반은 평소와 달리 낮밤을 가리지 않고 동서남북을 막론하고 화로를 향해 계속 돌았다.

이로써 알 수 있는 것은, [2]해바라기 화반의 회전은 빛의 직접적인 영향을 받은 것이 아닌 햇빛이 해바라기 화반의 파이프 모양의 작은 꽃을 뜨겁게 내리 쬐어 기부의 섬유가 수축하고, 이 수축으로 화반이 스스로 방향을 돌려 햇빛을 받게 한 것이다.

그래서 해바라기는 '열바라기 꽃'이라고도 할 수 있다.

1. 식물학자가 발견하였는데, 해바라기가 햇빛을 향하는 것은:

A 시간의 영향을 받는다　　B 성장 호르몬과 무관하다

C 세포 분열을 촉진할 수 있다　　D 성장 속도를 늦출 수 있다

2. 실험에 따르면, 해바라기 화반의 회전은 주로 무엇과 관련이 있습니까?

A 열량　　B 햇빛　　C 모양　　D 날씨

3. 해바라기와 관련하여, 다음 중 올바른 것은 무엇입니까?

A 온실에서 자란다　　B 화반에는 파이프 모양의 작은 꽃이 있다

C 성장 호르몬의 분포가 불균형하다　　D 회전은 햇빛의 영향을 전혀 받지 않는다

4. 다음 중 위의 글의 제목으로 가장 적합한 것은 무엇입니까?

A 형광등의 비밀　　B 신기한 성장 호르몬

C 생명은 운동에 있다　　D 해바라기는 왜 '햇빛을 향할까'

정답 1. B 2. A 3. B 4. D

해설 1. 1단락의 마지막 문장 '显而易见(분명한 것은)'을 통해 뒤 문장이 문제의 결론임을 알 수 있다. 키워드는 '不是(아니다)', '生长素(성장 호르몬)'이다.

2. 키워드는 '转动(회전하다)', '而是(~이 아니라 ~이다)'이다. 3단락에서 해바라기 회전의 진정한 원인을 '不是由于受到了光线的直接影响(빛의 직접적인 영향을 받은 것이 아니라)', '而是由于阳光把向日葵花盘中的管状小花晒热了(햇빛이 해바라기 화반의 파이프 모양의 작은 꽃을 뜨겁게 내리 쬔 것이다)'라고 설명했다.

3. 보기 중 키워드는 '温室(온실)', '花盘(화반)', '生长素(성장 호르몬)', '转动(회전)'이며, 원문에서 키워드와 관련된 정보를 찾아보면, B가 정답임을 알 수 있다.

4. 전체 글의 이해를 요구하는 주제 문제이다. A, B는 요약이 완전하지 않으며, C는 글 내용과 무관하다.

예제 5-8

喜鹊的巢筑在高高的树顶上，[5]到了秋天，一刮起大风，窝巢便随树枝摇摇晃晃，简直像要掉下来一样。每到这时，喜鹊和它的孩子们都蜷缩在窝巢中，惊恐万状。

有一只喜鹊很聪明，在夏天还未到来的时候，它就想到了秋天。它预料到秋季肯定会经常刮大风，为了保障住所未来的安全，它决定立即搬家。于是，它不辞辛苦地寻找安全的处所，[6/7]终于选中了一处粗大低矮的树丫，这地方低矮踏实，上面有浓密的枝叶遮挡，大风也不可能撼动它。喜鹊不顾劳累地将原来的窝巢从高高的树顶上搬下来。它将那些搭窝的枝条、草叶，一根根、一片片地搬到低矮粗大的树丫上，筑起了新居。新筑的窝巢真是舒适安全，大风再也不会侵犯到它们的家了。

夏天到了，大树浓密的树阴下真凉快，过往行人都不免要到树阴下乘凉。人们一抬头就看到了喜鹊的窝巢，再一伸手，就可以轻易地掏到窝巢中的小喜鹊或喜鹊蛋。于是，窝巢里的小喜鹊或喜鹊蛋经常被人掏走。小孩子们看到大人这样做，他们也纷纷效仿。尽管小孩子们个子矮够不着喜鹊窝，可是他们想办法找来竹竿，用竹竿挑巢里的小喜鹊和喜鹊蛋，还互相争抢。

可怜的喜鹊这下更遭殃了，秋季还远远没到，它的住所就被破坏得不像样子了。[8]它虽然考虑到了防备未来的灾患，却没想到眼前的危险，结果还是没能避过灾难。

5. 喜鹊的巢在秋天会有什么危险？

A 遭遇天敌　　B 被风刮落
C 被人类毁坏　　D 被冰雪覆盖

6. 这只喜鹊找到的新家：

A 位于树梢　　B 非常隐蔽

C 在低矮处　　D 十分安全

7. 第二段中画线的“它”指代什么？

A 喜鹊　　B 秋风

C 喜鹊的巢　　D 低矮的树丫

8. 这只喜鹊的巢为什么还是被破坏了？

A 它想得太长远了　　B 它的巢有缺陷

C 它的力量太小了　　D 它没考虑眼前的危险

까치의 둥지는 높은 나무 꼭대기에 있어 [5]가을이 되고 거센 바람이 불면 둥지는 바로 나뭇가지를 따라 흔들려 마치 떨어질 것만 같다. 이때만 되면 까치는 새끼들과 둥지에 웅크리고 앉아 공포에 떨었다.

똑똑한 까치 한 마리가 여름이 다가오기도 전에 가을을 떠올렸다. 가을에 거센 바람이 자주 불 것을 예상하고 거주지의 미래 안전을 보장하기 위해 즉시 이사를 결정했다. 그래서 그것은 수고도 마다하지 않고 안전한 거주지를 찾았고, [6/7]마침내 굵고 낮은 가장귀 한 곳을 골랐다. 이곳은 낮고 튼튼하며, 그 위에 빽빽한 나뭇가지와 잎에 가려져 있어 거센 바람도 그것을 흔들 수 없을 것이다. 까치는 고생을 무릅쓰고 높은 나무 꼭대기에서 원래의 둥지를 옮겼다. 그것은 둥지를 지을 나뭇가지와 풀잎을 하나씩 하나씩 낮고 굵은 가장귀로 옮겨 새 집을 지었다. 새로 지은 둥지는 정말 편안하고 안전했으며, 강풍이 다시는 그것들의 집을 침범하지 않을 것이다.

여름이 되자 큰 나무의 우거진 그늘 아래는 정말 시원해서 오가는 행인들이 모두 그늘 아래에서 더위를 식혔다. 사람들은 고개를 들면 바로 까치의 둥지가 보였고, 또 손을 뻗기만 하면 손쉽게 둥지 속 새끼 까치나 까치 알을 꺼낼 수 있었다. 그래서 둥지 속 새끼 까치나 까치의 알을 사람들이 자주 꺼내 갔다. 아이들은 어른들이 이렇게 하는 것을 보고 그들도 잇달아 따라하기 시작했다. 비록 아이들은 키가 작아서 까치의 둥지에 손이 닿지 않았지만, 그들은 방법을 강구하여 대나무 장대를 구해와서 그것으로 둥지 속 새끼 까치와 까치 알을 고르고 서로 다투어 빼앗기도 했다.

불쌍한 까치는 이번에 더 큰 불행을 당했다. 가을이 아직 멀었는데, 그것의 거주지가 처참하게 파괴되었다. [8]그것은 비록 미래의 재난은 대비했지만, 눈앞의 위험은 예상하지 못했으며, 결국 재난을 피하지 못했다.

5. 까치의 둥지는 가을에 어떤 위험이 있습니까?

A 천적을 만나다　　B 바람에 떨어지다

C 인간에 의해 파괴되다　　D 얼음과 눈으로 뒤덮이다

6. 이 까치가 찾은 새 집은:

A 나뭇가지 끝에 위치하다　　B 매우 은폐되어 있다

C 낮은 곳에 있다　　D 매우 안전하다

7. 2단락에서 밑줄 친 '它'가 가리키는 것은 무엇입니까?

A 까치　　B 가을 바람

C 까치의 둥지　　D 낮은 가장귀

8. 이 까치의 둥지는 왜 여전히 파괴되었습니까?

A 그것은 너무 멀리까지 생각했다　　B 그것의 둥지에는 결함이 있다

C 그것의 힘이 너무 약했다　　D 그것은 눈앞의 위험을 고려하지 않았다

정답 5. B 6. C 7. D 8. D

해설 5. 1단락 중 '**到了秋天，一刮起大风，窝巢便随树枝摇摇晃晃**(가을이 되고 거센 바람이 불면 둥지는 바로 나뭇가지를 따라 흔들린다)'을 통해 바람의 위험함을 알 수 있다.

6. 문제에서 키워드는 '**新家**(새 집)'이며, 원문의 '**立即搬家**(즉시 이사하다)'와 대응된다. 바로 뒤 문장에서 '**终于选中了一处粗大低矮的树丫，这地方低矮踏实**(마침내 굵고 낮은 가장귀 한 곳을 골랐는데, 이곳은 낮고 튼튼했다)'라고 했으므로 정답은 C이다.

7. 2단락 중 '**终于选中了一处粗大低矮的树丫，这地方低矮踏实，上面有浓密的枝叶遮挡，大风也不可能撼动它**(마침내 굵고 낮은 가장귀 한 곳을 골랐다. 이곳은 낮고 튼튼하며, 그 위에 빽빽한 나뭇가지와 잎에 가려져 있어 거센 바람도 그것을 흔들 수 없을 것이다)'를 통해 '它(그것)'는 '**树丫**(나뭇가지)'임을 알 수 있다.

8. 마지막 문장 '**它虽然考虑到了防备未来的灾患，却没想到眼前的危险，结果还是没能避过灾难**(그것은 비록 미래의 재난은 대비했지만, 눈앞의 위험은 예상하지 못했으며, 결국 재난을 피하지 못했다)'을 통해 정답은 D임을 알 수 있다.

예제 9-12

孔子曾郑重地叮嘱过学生们"食不厌精，脍不厌细""不得其酱，不食"。生鱼片要蘸什么酱呢?《礼记》告诉我们，"脍，春用葱，秋用芥"。没错，要用芥末酱。

说起来，这是真正的华夏传统。"芥"这个字在甲骨文中就已经出现，多年后更是作为生鱼片的最佳作料，出现在白居易的诗里、苏东坡的书里，它也是宋朝人最爱用的腌菜酱料。此外，它同样得到了国际友人们的钟情。[10]古希腊科学家毕达哥拉斯曾用气味独树一帜的芥菜籽去解蝎子毒。后来，[10]西方的"医学之父"希波克拉底把它拿来[12]治蛀牙。再后来，古罗马人也开始用芥末酱配肉吃了。日本曾有科学家研发过专为听障人士服务的烟雾报警器，他们测试了臭鸡蛋、薄荷等一系列含有刺鼻气体的东西，最后中标的还是芥末。

与传统的五味不同，[12]芥末的辛辣味源自十字花科植物含有的“硫代葡萄糖苷”，[12]这种物质能刺激神经细胞表面的某种蛋白质，搞得细胞如临大敌，只能对大脑发出紧急求救信号。于是，人们嘴巴刺痛，鼻腔灼烧，双眼含泪，在餐桌前涕泪涟涟，却欲罢不能。硫代葡萄糖苷对很多生物来说是致命毒物。8000万年前，十字花科植物的祖先们第一次在身体内合成出了硫代葡萄糖苷。[11]这种防御性毒素能轻松撂倒当时的大部分昆虫，让植物免于被吃的命运。可不巧，硫代葡萄糖苷毒不到人。[10]相反，它的辛辣能刺激人的食欲。芥末的祖先们与毛毛虫竞争多年练出的一身本领，如今则使千千万万的人为之着迷。

9. 第一段主要想说明什么?

A 古代的食物很精细　　B 孔子非常重视饮食
C 中国饮食有自己的讲究　　D 中国人早就开始食用芥末了

10. 下列哪项不属于芥末的功效?

A 解毒　　B 降低血糖
C 刺激食欲　　D 治疗蛀牙

11. 硫代葡萄糖苷可以帮助十字花科的植物:

A 防御虫害　　B 繁衍后代
C 保持色彩亮丽　　D 释放芬芳气味

12. 根据上文，下列哪项错误?

A 芥末有医用价值　　B 辣是一种刺激反应
C 许多植物都有辛辣味　　D 硫代葡萄糖苷对人体有害

공자는 학생들에게 “음식은 정묘해야 하며, 회는 세밀해야 한다” “그 음식에 어울리는 양념이 없으면 먹지 말라”고 정중하게 당부한 적이 있다. 생선회는 무슨 소스에 찍어 먹어야 할까? 《예기》에서는 우리에게 “회를 먹을 때, 봄에는 파를 사용하고, 가을에는 겨자를 사용한다”라고 알려주었다. 맞다, 겨자소스를 사용해야 한다.

말하자면, 이것은 진정한 중국 전통이다. ‘芥’라는 이 글자는 갑골문에 이미 등장했고, 몇 년 후에는 백거이의 시, 소동파의 책에 생선회의 최고의 조미료로 등장했으며, 그것은 송나라 사람들이 가장 즐겨 쓰는 채소 절임 소스이기도 하다. 이 밖에, 그것은 국제 친구들에게도 오랜 사랑을 받았다. [10]고대 그리스 과학자 피타고라스는 냄새가 독특한 겨자 씨앗으로 전갈의 독을 제거

독해

했다. 이후에는 [10]서양의 '의학의 아버지' 히포크라테스가 그것을 가져와 [12]충치를 치료했다. 더 이후에는 고대 로마인들도 겨자 소스에 고기를 곁들여 먹기 시작했다. 일본의 일부 과학자들은 특별히 청각장애인을 위한 연기 경보기를 개발한 적이 있는데, 그들은 썩은 계란, 박하 등 일련의 코를 찌르는 기체가 함유된 것을 테스트하였고, 결국 낙찰된 것은 겨자였다.

전통적인 오미(5가지의 맛)와 달리 [12]겨자의 매운 맛은 십자화과 식물에 함유된 '글루코시놀레이트'에서 비롯된다. [12]이러한 물질은 신경 세포 표면의 어떤 단백질을 자극하여 세포가 큰 적을 만난 것처럼 만들어 뇌에 긴급 구조 신호를 보낼 수밖에 없다. 그리하여 사람들은 입이 따갑고, 콧속이 화끈거리며, 두 눈에 눈물이 고이고, 식탁 앞에서 눈물 콧물이 줄줄 흐르지만 멈출 수가 없는 것이다. 글루코시놀레이트는 많은 생물에게 치명적인 유독 물질이다. 8000만 년 전, 십자화과 식물의 선조들이 처음으로 몸 안에서 글루코시놀레이트를 합성했다. [11]이러한 방어성 독소는 당시의 대부분의 곤충을 가볍게 쓰러뜨려 식물을 먹히는 운명에서 벗어나게 했다. 공교롭게도 글루코시놀레이트는 사람에게 독성이 없다. [10]반면, 그것의 매운 맛은 사람의 식욕을 자극할 수 있다. 겨자의 선조들은 애벌레와 경쟁하며 수년간 일궈낸 솜씨로 오늘날 수천만 명의 사람들을 매료시키고 있다.

9. 1단락은 주로 무엇을 설명하고자 합니까?

A 고대의 음식은 매우 정교하다
B 공자는 음식을 매우 중시한다
C 중국의 음식은 자기만의 기준이 있다
D 중국인들은 일찌감치 겨자를 먹기 시작했다

10. 다음 중 겨자의 효능에 속하지 않는 것은 무엇입니까?

A 해독하다
B 혈당을 낮추다
C 식욕을 자극하다
D 충치를 치료하다

11. 글루코시놀레이트가 십자화과 식물에게 도움을 줄 수 있는 것은:

A 충해를 방어하다
B 후대를 번식하다
C 밝은 색을 유지하다
D 향기로운 냄새를 방출하다

12. 위의 글에 근거하여, 다음 중 틀린 것은 무엇입니까?

A 겨자는 의학적 가치가 있다
B 매움은 일종의 자극 반응이다
C 많은 식물들은 모두 매운맛이 있다
D 글루코시놀레이트는 인체에 해롭다

정답 9. D 10. B 11. A 12. D

해설 9. 앞에 공자의 말과 《예기》의 내용은 모두 '芥末(겨자)'라는 화제를 이끌어내기 위해 사용되었다. A, B, C는 범위가 너무 확장되었으며, 원문의 핵심은 음식이 아니다.

10. '**古希腊科学家毕达哥拉斯曾用气味独树一帜的芥菜籽去解蝎子毒**(고대 그리스 과학자 피타고라스는 냄새가 독특한 겨자 씨앗으로 전갈의 독을 제거했다)'는 A에 대응되고, '**西方的"医学之父"希波克拉底把它拿来治蛀牙**(서양의 '의학의 아버지' 히포크라테스가 그것을 가져와 충치를 치료했다)'는 D에 대응되며, '**相反，它的辛辣能刺激人的食欲**(반면, 그것의 매운 맛은 사람의 식욕을 자극할 수 있다)'는 C에 대응된다.

11. 문제의 핵심은 '十字花科的植物(십자화과 식물)'이므로 마지막 단락에서 대응되는 내용을 찾아야 한다. '这种防御性毒素能轻松撂倒当时的大部分昆虫，让植物免于被吃的命运(이러한 방어성 독소는 당시의 대부분의 곤충을 가볍게 쓰러뜨려 식물을 먹히는 운명에서 벗어나게 한다)'이라는 내용은 A에 해당한다.

12. '治蛀牙(충치를 치료하다)'는 A에 대응되고, '这种物质能刺激神经细胞表面的某种蛋白质(이러한 물질은 신경 세포 표면의 어떤 단백질을 자극한다)'는 B에 대응되며, '芥末的辛辣味源自十字花科植物含有的"硫代葡萄糖苷"(겨자의 매운 맛은 십자화과 식물에 함유된 '글루코시놀레이트'에서 비롯된다)'에서 '花科(꽃과)'를 언급하였는데, 이는 많은 식물을 포함한 것이므로 C에 대응된다. '硫代葡萄糖苷毒不到人(글루코시놀레이트는 사람에게 독성이 없다)'은 D의 의미와 상반된다.

독해

memo

3 연습문제 60문항

실제 시험은 20문항으로 구성되어 있으나 본 연습문제에서는 60문항을 제공한다. 한 번에 풀기보다는 실제 시험처럼 20문항씩 3회차로 나누어 풀 것을 권장한다.

第1—60题：请选出正确答案。

1—4.

你注意到了吗？向日葵的花盘总是跟着太阳转，好像对阳光有特别的感情似的。过去人们一直认为这是植物生长素在起作用，因为生长素分布在花盘和茎部的背阳部分，促进那里的细胞分裂增长，而向阳面的生长相应缓慢，于是植物就弯曲起来，葵花的花盘就这样朝着太阳打转了。 然而，近年来植物生理学家发现，在葵花的花盘基部，向阳和背阳处的生长素分布基本相等。显而易见，葵花向阳就不是植物生长素在起作用了。

那么，使葵花向阳的原因是什么呢？有人做了实验，在温室里，用冷光（就是日光灯）代替太阳光按阳光的方向对葵花花盘进行照射。尽管早晨从东方照，傍晚从西方照，葵花却始终没有转动。然而，用火盆代替太阳，并把火光遮挡起来，花盘却会一反常态，不分白天黑夜，也不管东西南北，一个劲儿地朝着火盆转动。

由此可见，向日葵花盘的转动并不是由于受到了光线的直接影响，而是由于阳光把向日葵花盘中的管状小花晒热了，基部的纤维发生了收缩，这一收缩就使花盘主动转换方向来接收阳光了。

所以，向日葵还可以称作“向热葵”。

1. 植物学家的发现，说明葵花向阳：

   A 受时间的影响　B 与生长素无关　C 能促进细胞分裂　D 可以放慢生长速度

2. 实验表明，向日葵花盘转动主要与什么有关？

   A 热量　B 阳光　C 形状　D 天气

3. 关于向日葵，下列哪项正确？

   A 生长在温室里　B 花盘中有管状小花

   C 生长素分布不均匀　D 转动完全不受阳光影响

4. 下列哪项最适合做上文的标题？

   A 日光灯的秘密　B 神奇的生长素

   C 生命在于运动　D 向日葵为什么“向日”

5—8.

山西面食历史悠久，源远流长。在两千多年的历史长河中，它的名称也不断推陈出新，因时因地而异。以面条儿为例，东汉叫作“煮饼”，魏晋名为“汤饼”，南北朝谓“水引”，而唐朝叫“冷淘”……俗话说“娇儿宠称多”，面食的称谓与名堂如此之多，正说明了山西人对它的重视和喜爱。

山西面食制法繁多，有蒸制面食、煮制面食、烹制面食等。一般家庭主妇能用小麦粉、高粱面、豆面做成数十种面食，如刀削面、拉面等。到了厨师手里，面食更是被舞弄得花样翻新。在山西，有据可查的面食就有280种之多，其中刀削面尤为著名，被誉为中国五大面食之一，名扬四海。

山西人对面食可谓是情深意切，他们对面食文化有着简单而又丰富的人生理解。过生日吃拉面，取长寿之意；过年吃“接年面”，取岁月延绵之意，希望年年有余；孩子第一天去上学要吃“记心火烧”，这是父母希望孩子多一个长学问的心眼……这些面食已不仅仅是充饥的食物，而且成为了一种饱含情感和哲学意蕴的“精神食粮”。

一位外国友人考察完山西的面食后说：“世界面食在中国，而中国面食在山西，山西不愧为面食之乡。”确实，山西面食作为面食的集大成者，对中外饮食文化产生了举足轻重的影响。

5. “娇儿宠称多”是为了说明：

A 山西面食历史悠久　　B 山西面食名称很多
C 山西人喜欢并重视面食　　D 面条儿是最受欢迎的面食

6. 关于山西面食，可以知道：

A 制作方法多　　B 常搭配辣椒食用
C 使用小麦粉制作　　D 普通老百姓很少会做

7. 山西人生日吃面有什么寓意?

A 学业有成　　B 长命百岁
C 美满长久　　D 顺心如意

8. 最后一段中“集大成者”的意思是：

A 山西面食种类繁多　　B 山西面食名气大
C 山西面食广受欢迎　　D 山西面食最具代表性

9—12.

一天，一只老狐狸无意间经过一个被围墙围住的葡萄园。凭着经验，它闻出了这个园子里的葡萄是自己从未吃过的极品。

这只老狐狸曾吃过无数种好葡萄，它曾向自己的同伴吹嘘过："这世上还不曾有我没吃过的葡萄呢！"面对这一园自己没有品尝过的葡萄，它的食欲和好胜心都被挑逗起来了。它对自己说："吃不到葡萄说葡萄酸的狐狸，就像不想当元帅的士兵，是最没出息的。"

于是，它发誓一定要吃到这里的葡萄。可它在四周转了两圈之后才发现：围墙太高，它跳不上去。又经过一番搜寻，它终于找到了一个可以进入葡萄园的小洞。可是，这个洞口太小，它无法通过。思索片刻，它做出一个决定：绝食减肥。

经过三天的绝食，这只老狐狸真的瘦了下来，它可以进入葡萄园了。如它所料，这里的葡萄是它所吃过的葡萄中最好的。于是，它放开肚子，整整吃了三天。

这时，问题出现了：由于吃了太多葡萄，它又胖了，无法再从那个小洞出去。无奈，它只好再次绝食，这次比上次花的时间还多了一天。等身体终于变得和刚进来时一样瘦小了，它才又从那个小洞钻出去。

回来后，它把这次经历告诉了另外两只老狐狸，并问它们："这事儿做得值不值？"其中一只说："你胖了多少又瘦了多少，等于什么都没吃，还冒着性命之忧，当然不值。"另一只则说："虽然你担了不少风险，但你吃到了从未吃过的葡萄，当然值。"

9. 老狐狸怎么知道这个园子里的葡萄是极好的？

A 听说的　　B 曾经吃过　　C 凭借经验　　D 看出来的

10. 关于老狐狸，下列哪项不对？

A 贪吃　　B 好胜　　C 坦然　　D 聪明

11. 吃到葡萄后，老狐狸为什么出不来？

A 想多吃一些　　B 太胖了

C 不想离开　　D 被人抓住了

12. 另外两只老狐狸对这只老狐狸的做法：

A 意见一致　　B 表示反对

C 有不同的看法　　D 表示赞同

13—16.

齐白石是中国近代杰出的画家。白石老人以画虾闻名。他画的虾，通体透明，富有动感。在他的笔下，一只只空灵通透的虾跃然于纸上。

据说，齐白石一开始画的虾太重写真，形似而神不足。后来他意识到了“删繁就简”，画的虾越来越简练，却越发有神，以少胜多，以简练的笔墨表现最丰富的内容，获得了成功。这其中，将虾的后腿由开始的10只减为8只，再到后来的6只，虾眼也由原来的两点变成两横笔。关键的一点是，在对头、胸的处理上，又加了一笔浓墨，更显出虾躯干的透明。由此，我们看到，齐白石并不是以非常精确的手法描绘具体物象，他的观察点和绘画手法是介于似与不似之间的，这就是艺术的魅力所在。

古人说：“狗马最难，鬼魅最易。”因为狗和马是人们常见的，一定要画“像”了，不“像”就不好，而鬼魅没有形，当然最容易了，这其实反映出了当时人们崇尚“精确”的审美观。而东晋的顾恺之也曾提出“以形写神”的理论。到了宋徽宗时代，因宋徽宗崇尚形似，追求细节的真实，所谓院体画的状形之风甚盛，如崔白的《寒雀图》、李嵩的《花篮图》等都体现了“精确”的审美观，反映了当时绘画创作上的一种时尚。

而从南宋开始，这种时尚渐渐退去，取而代之的是一种诗情画意的描绘，画幅虽小却富有诗意，如南宋四大家之一马远的作品《寒江独钓图》，把“千山鸟飞绝，万径人踪灭，孤舟蓑笠翁，独钓寒江雪”的意境描绘得淋漓尽致。一叶扁舟，一个老翁坐在小舟上垂钓，画上除了这一处笔墨，其余都是空白，这些留白不是真正的空白，而是水，或是水天相接，“计白以当黑”，这就是画的妙处。

13. 齐白石后期画的虾有什么特点?

A 形似而神不足　　B 手法精确　　C 虾腿透明　　D 简练

14. 根据上文，下列哪项正确?

A 中国绘画要求精确　　B 狗和马不太难画

C 宋徽宗讲求“以形写神”　　D 绘画的时尚会改变

15. 关于《寒江独钓图》，下列哪项不对?

A 作者是马远　　B 没有人物　　C 充满诗情画意　　D 空白很多

16. 下列哪项最适合做上文的标题?

A 齐白石画虾　　B 绘画的妙处　　C 以形写神　　D 杰出的中国画家

17—20.

给你一个选择题：南极考察人员在南极生存的最大威胁是冰川、寒冷、食物还是极昼？相信很少有人选择极昼。毕竟在大家的意识里，皑皑的冰川、极度的寒冷和急缺的食物才是考察人员面临的最大挑战。但事实上，他们最大的挑战并不是这些，而是那里的极昼。

所谓极昼，就是太阳终日都出现在地平线上的一种自然现象，它一般只会出现在夏季和冬季。当南极出现极昼时，北极就是极夜，反之亦然。

一位科考专家说："每当出现极昼时，没有了黑暗，也就没有了日期，工作人员连续几十天都生活在金灿灿的阳光下，人的生物钟一下子就彻底紊乱了，你困顿，你疲倦，但除非昏迷，否则你怎么也睡不着。"因为人们都习惯了在夜晚的黑暗中睡觉，一旦失去了黑暗，那四周皑皑白雪和灿烂阳光交织折射出的亮度让人很难闭上眼睛，即便你能睡上几分钟，也犹如在煎熬。因此在南极，遭受雪崩和意外伤害的人，远没有被极昼伤害的人多。为了度过极昼期，考察人员做过很多尝试，比如加厚帐篷以增强帐篷内的阴暗度，甚至还尝试过在冰川和积雪下穴居等，但结果都不理想。

凡是在南极经历过极昼的人，他们最大的愿望就是能够见到夜色，见到黑暗，黑暗成了生命的急需。如果没去过南极，是怎么也体会不到的，可能还会觉得匪夷所思。但事实上，我们每个人的生命都经历过"极昼现象"，有时幸福像灿烂的阳光一样紧逼你的内心，有时苦难又像皑皑白雪一样直射你的眼睛。所以不管是人生中的好运、甜蜜，还是那些坎坷、磨难，都应坦然处之，因为它们共同构成了生命的昼夜，缺一不可。

17. 南极考察人员最怕什么？

A 寒冷　　B 缺乏食物　　C 极昼　　D 恶劣的天气

18. 关于极昼，下列哪项正确？

A 太阳终日出现　　B 只出现在夏季　　C 对人没有伤害　　D 会刺伤人的眼睛

19. 南极考察人员用什么办法度过极昼？

A 自我催眠　　B 提高室内温度

C 在冰雪下挖洞居住　　D 使用明亮颜色的帐篷

20. 最后一段主要想告诉我们什么？

A 要有冒险精神　　B 人们都向往光明

C 要学会忍耐　　D 要从容面对人生苦乐

21—24.

化石，指的是经过自然的作用，留存于地层中的古生物遗体、遗物和它们的生活遗迹，它们为生物进化提供了直接的证据，是古生物学研究的对象。约在公元五六世纪，中国的古籍中就已经有关于化石的记载了，《山海经》里面有对“鱼化石”的描述，南朝齐梁时期，陶弘景观察并记述了琥珀中的昆虫，到了宋代，人们对鱼化石和螺蚌化石的起源，已经有了比较正确的认识。

然而，最早把化石和生物进化联系起来的，是《物种起源》的作者——达尔文，他在航行期间，发现化石动物和现存生物之间有着某种相似性，这引起了他的关注和思考，让他开始琢磨这两者之间是不是存在某种亲缘关系，他最终创作出了《物种起源》，为揭示生命起源这一千古谜题带来了曙光。由此可见，化石对于生物研究是很重要的。

那么，怎么样才能形成化石呢？化石形成与否，取决于下面几个条件。首先，和生物死亡数量有关，一般而言，生物死亡数量越多，形成化石的机会就越多。比如，在海洋的地层中，很容易发现珊瑚一类的化石，而在含煤的地层中，最常见的是植物化石。其次，生物体中坚硬程度较高的组成部分更易形成化石。比如牙齿、骨骼、角、树干、孢子、花粉等，这些不易毁灭。生物尸体掩埋的速度也影响着化石的形成。如果生物尸体长时间暴露在空气中，就会在氧化作用下毁坏，或是被其他生物吞食、破坏，即使是硬体部分，也抵不过日久天长，终会被风化、损坏。若是死后迅速被泥土掩埋，则会被较好保存，这就可以解释为什么生物种类众多且地质沉积作用急剧发生的地区，一般会有较多的化石。

21. 化石的发现可以证明什么？

A 古生物学　　B 生物进化　　C 古籍的真假　　D 生物亲缘关系

22. 达尔文在哪里发现了化石和生物之间的相似性？

A 实验室里　　B 古籍中　　C 航海途中　　D 南极地层中

23. 关于化石的形成，下列哪项正确？

A 生物死亡数量越多形成越少　　B 海洋中植物化石多

C 坚硬的物体都可成为化石　　D 迅速掩埋利于化石形成

24. 下列哪项最适合做上文的标题？

A 古籍与科学　　B 达尔文的进化论　　C 生命起源　　D 化石的奥秘

독해

25—28.

胡同有一点最引人注意，这便是名称的重复。口袋胡同、苏州胡同、梯子胡同、马神庙、弓弦胡同，到处都是，令初来京中的人感到不便。然而等我们知道了口袋胡同是此路不通的死胡同，苏州胡同是京人替住有南方人的街巷取的名字，弓弦胡同是与弓背胡同相对而定的象形的名字时，便会觉得这些名字是多么有色彩。

胡同的名称，暗示出京人的生活与想象。不懂京话的人，是不知何所取意的。它们还指点出京城的沿革与区分：羊市、猪市、驴市、礼士、菜市、缸瓦市，户部街、太仆寺街、兵马司、缎司、织机卫、细砖厂、箭厂。谁看到了这些名字，还能不联想起那辉煌的过去，而感到一种超现实的意味？

然而破坏的风沙，卷过整个古都，许多街名都已改头换面。那富于暗示力的劈柴胡同，被改作辟才胡同了；那有传说做背景的烂面胡同，被改作烂漫胡同了；狗尾巴胡同改作高义伯胡同，鬼门关改作贵人关，勾阑胡同改作钩帘胡同，大脚胡同改作达教胡同。这些说不定都是巷内居者要改的，然而他们也未免太不豁达了。内丰的人，外啬一点，并无轻重。司马相如是一代文人，他的小名却叫犬子。庄子则自己愿意为龟。古人的达观，是值得深思的。

25. 从第一段可知，胡同有什么特点？

A 名称重复　　B 形状古怪

C 命名随意　　D 远近闻名

26. “口袋”胡同是什么意思？

A 有很多服装店　　B 原本是市场

C 这是一条死路　　D 居民多是南方人

27. 第三段中的“改头换面”指的是什么？

A 胡同拆除了　　B 建筑改造了

C 胡同名称变了　　D 胡同翻新了

28. 最后一段中，作者是什么态度？

A 城市变化日新月异　　B 胡同引发人的想象

C 支持改变胡同名称　　D 希望保留胡同古名

29—32.

造物主在造大象的时候，一时疏忽把大象的鼻子拉得又大又长，使大象变得奇丑无比。他想为大象重新造一个鼻子，但是转念一想，世界上已经有很多美丽的动物了，也应该有一些丑陋的动物才是。对此，大象伤心极了。

不过，大象的心胸很开阔，它承认了现实，并决定善待这个丑鼻子。它先学会用鼻子吸水。只要自己站在河边，把长长的鼻子往河中一伸，就很容易吸到河里的水，在那些别的动物喝不到水的地方，大象却往往能够喝到水。由于鼻子又长又大，它能够弄到很高地方的树枝、树叶，拔出很粗的树木，丑鼻子给大象带来了数不清的好处。大鼻子发挥了作用，大象吃到和喝到的东西又多又好。由于经常使用鼻子干活，使大象得到了很好的锻炼，它的身体越来越强壮。亿万年之后，大象成为陆地上最为强大的动物，很少有动物敢挑战大象。

这一天，造物主忽然想起了大象和它的丑鼻子，造物主感到很内疚。于是，他想重新给大象造一只好看的鼻子。可是，当他找到大象时，却吃惊地发现大象变成了庞然大物，那条鼻子不仅不丑，而且显得很有力量。

人都不希望自己长得丑陋，但是，自惭形秽是不能解决问题的，最为明智的选择是以此作为抗争的动力，将丑陋转化为一种力量。

29. 第一段中的“此”指什么？

A 造物主造了大象　　B 大象鼻子又大又长

C 造物主想重造大象　　D 有很多美丽的动物

30. 下列哪项不是大象的鼻子的功能？

A 吸水　　B 够到高处的树叶

C 拔出树木　　D 赶走天敌

31. 第二段主要说了什么内容？

A 大象经历了许多困难　　B 大象过得很开心

C 象鼻发挥了作用　　D 大象打败了其他动物

32. 这个故事主要想告诉我们：

A 塞翁失马焉知非福　　B 要有宽广的心胸

C 丑陋可以变成力量　　D 不能以貌取人

33—36.

你想过如果带着他人的头脑做事会是什么感觉吗？最近有关大脑与计算机对接的研究正在将脑间直接传递思想的科学幻想变成现实。据报道，过去两年发表的一系列研究成果宣告了动物之间、人之间甚至人鼠之间可以进行脑活动的直接传输。这种“脑脑对接”通过连接两个个体的大脑实现了脑活动的实时直接传递。

这一技术背后的科学原理是什么呢？得益于脑细胞相互交流的特殊方式，脑脑对接才变得可能。脑细胞之间的交流是通过突触传递来进行的。在传递过程中，细胞间传递的化学信号会导致接收信息的细胞中出现电量突增的现象。突触传递是运动控制、记忆、知觉和情绪等所有脑活动的基础。由于所有脑细胞都在一个网络中，脑活动会制造出被称作“脑电波”的电活动同步脉冲。脑电波会随着大脑的认知程序的改变而改变，并具有上下振荡的时频模式。脑电波的探测是利用的脑电图技术：一种类似泳帽的设备戴在头上，并通过电极来探测大脑的电活动。然后，再利用计算机软件来记录和解读活动模式。这种大脑—机器的对接形成了神经假体技术的基础，并被用来恢复脑功能。这或许听起来有点儿荒诞，但实际上神经假体很常见，例如人工耳蜗。

大脑的电属性不仅让大脑能发送信号，还能让它接收电脉冲。这些都可以利用经颅磁刺激技术以非侵害性的方式来实现。现在，科学家正在研究通过各种途径来对脑电波中的所有噪声进行分类，以发现一些特定信号，然后利用这些特定信号来制造动物间的人工交流渠道。

33. 脑细胞之间通过什么来进行交流？

A 脑活动　　B 突触传递　　C 细胞网络　　D 神经假体

34. 根据上文，下列哪项正确？

A 人与动物可以交流　　B 知觉是脑活动的基础

C 脑电波会产生波动　　D 电极探测会伤害大脑

35. 神经假体技术常常被用于什么？

A 改变认知程序　　B 解读活动模式　　C 恢复脑功能　　D 接受电脉冲

36. 本文主要介绍了：

A 大脑的运行机制　　B 脑脑对接技术

C 脑电波的作用　　D 动物之间如何交流

37—40.

繁花盛开的季节，蜜蜂在姹紫嫣红之间辛勤地劳作。如果你仔细观察一只蜜蜂的活动，就会发现蜜蜂对柑橘和咖啡的花朵像<u>着了魔</u>一般，而对其他植物的花朵却视若无睹，这是为什么呢？

原来植物跟蜜蜂之间有专门的“接头暗号”。就像不同的饭店有不同的招牌一样，不同的花朵也会打出自己的特色招牌——比如春兰花清香的气味和洁白的颜色，正如口味清淡的粤菜馆子，而颜色鲜艳气味浓烈的月季花，就像浓郁热烈的烤鸭馆子——来吸引蜜蜂。其实蜜蜂也是一个比较挑剔的主儿，对黄色和蓝色的花朵情有独钟。这与不同动物的视觉特点有很大的关系，鸟类对红色比较敏感，而蜂类则对黄色和蓝色比较敏感。

除了气味之外，秘密还在于这类花朵的花蜜中含有咖啡因。正如我们人类喜欢喝咖啡、喝茶一样，蜜蜂对这玩意儿也会上瘾。美国《科学》杂志的一则研究报道表明：咖啡因正是让蜜蜂忠诚专一的物质。正如咖啡因会刺激人类的大脑一样，这种化学物质也可以刺激蜜蜂的大脑，特别是其中一个叫蘑菇体的脑区域，这一区域跟气味的学习和记忆有关。咖啡因的摄入使得蜜蜂深刻地记住了在柑橘和咖啡的花朵上采集花蜜这件事情，所以在接下来很长的一段时间里，蜜蜂都离不开这种特殊味道的花蜜了，所以蜜蜂会单恋一枝花也就不足为奇了。

37. 第一段中，“着了魔”是什么意思？

A 生病了　　B 被迷住了

C 心中有鬼　　D 感到害怕

38. 下列哪项不是影响蜜蜂选择植物的原因？

A 气味　　B 颜色

C 咖啡因　　D 形状

39. 根据上文，下列哪项正确？

A 蜜蜂视力不好　　B 蜜蜂对红色敏感

C 咖啡因刺激大脑　　D 蜜蜂离开咖啡因就会死亡

40. 下列哪项最适合做上文的标题？

A 蜜蜂为何单恋一枝花　　B 动物也爱咖啡

C 坚持你的选择　　D 气味的故事

41—44.

孔子曾郑重地叮嘱过学生们“食不厌精，脍不厌细”“不得其酱，不食”。生鱼片要蘸什么酱呢？《礼记》告诉我们，“脍，春用葱，秋用芥”。没错，要用芥末酱。

说起来，这是真正的华夏传统。“芥”这个字在甲骨文中就已经出现，多年后更是作为生鱼片的最佳作料，出现在白居易的诗里、苏东坡的书里，它也是宋朝人最爱用的腌菜酱料。此外，它同样得到了国际友人们长久的钟情。古希腊科学家毕达哥拉斯曾用气味独树一帜的芥菜籽去解蝎子毒。后来，西方的“医学之父”希波克拉底把它拿来治蛀牙。再后来，古罗马人也开始用芥末酱配肉吃了。日本曾有科学家研发过专为听障人士服务的烟雾报警器，他们测试了臭鸡蛋、薄荷等一系列含有刺鼻气体的东西，最后中标的还是芥末。

与传统的五味不同，芥末的辛辣味源自十字花科植物含有的“硫代葡萄糖苷”，这种物质能刺激神经细胞表面的某种蛋白质，搞得细胞如临大敌，只能对大脑发出紧急求救信号。于是，人们嘴巴刺痛，鼻腔灼烧，双眼含泪，在餐桌前涕泪涟涟，却欲罢不能。硫代葡萄糖苷对很多生物来说是致命毒物。8000万年前，十字花科植物的祖先们第一次在身体内合成出了硫代葡萄糖苷。这种防御性毒素能轻松撂倒当时的大部分昆虫，让植物摆脱被吃的命运。可不巧，硫代葡萄糖苷毒不到人。相反，它的辛辣能刺激人的食欲。芥末的祖先们与毛毛虫竞争多年练出的一身本领，如今则使千千万万的人为之着迷。

41. 第一段主要想说明什么？

A 古代的食物很精细　　B 孔子非常重视饮食

C 中国饮食有自己的讲究　　D 中国人早就开始食用芥末了

42. 下列哪项不属于芥末的功效？

A 解毒　　B 降低血糖　　C 刺激食欲　　D 治疗蛀牙

43. 硫代葡萄糖苷可以帮助十字花科的植物：

A 防御虫害　　B 繁衍后代　　C 保持色彩亮丽　　D 释放芬芳气味

44. 根据上文，下列哪项错误？

A 芥末有医用价值　　B 辣是一种刺激反应

C 许多植物都有辛辣味　　D 硫代葡萄糖苷对人体有害

45—48.

喜鹊的巢筑在高高的树顶上，到了秋天，一刮起大风，窝巢便随树枝摇摇晃晃，简直像要掉下来一样。每到这时，喜鹊和它的孩子们都蜷缩在窝巢中，惊恐万状。

有一只喜鹊很聪明，在夏天还未到来的时候，它就想到了秋天。它预料到秋季肯定会经常刮大风，为了保障住所未来的安全，它决定立即搬家。于是，它不辞辛苦地寻找安全的处所，终于选中了一处粗大低矮的树丫，这地方低矮踏实，上面有浓密的枝叶遮挡，大风也不可能撼动它。喜鹊不顾劳累地将原来的窝巢从高高的树顶上搬下来。它将那些搭窝的枝条、草叶，一根根、一片片地搬到低矮粗大的树丫上，筑起了新居。新筑的窝巢真是舒适安全，大风再也不会侵犯到它们的家了。

夏天到了，大树浓密的树阴下真凉快，过往行人都不免要到树阴下乘凉。人们一抬头就看到了喜鹊的窝巢，再一伸手，就可以轻易地掏到窝巢中的小喜鹊或喜鹊蛋。于是，窝巢里的小喜鹊或喜鹊蛋经常被人掏走。小孩子们看到大人这样做，他们也纷纷效仿。尽管小孩子们个子矮够不着喜鹊窝，可是他们想办法找来竹竿，用竹竿挑巢里的小喜鹊和喜鹊蛋，还互相争抢。

可怜的喜鹊这下更遭殃了，秋季还远远没到，它的住所就被破坏得不像样子了。它虽然考虑到了防备未来的灾患，却没想到眼前的危险，结果还是没能避过灾难。

45. 喜鹊的巢在秋天会有什么危险?

A 遭遇天敌　　B 被风刮落

C 被人类毁坏　　D 被冰雪覆盖

46. 这只喜鹊找到的新家:

A 位于树梢　　B 非常隐蔽

C 在低矮处　　D 十分安全

47. 第二段中画线的“它”指代什么?

A 喜鹊　　B 秋风

C 喜鹊的巢　　D 低矮的树丫

48. 这只喜鹊的巢为什么还是被破坏了?

A 它想得太长远了　　B 它的巢有缺陷

C 它的力量太小了　　D 它没考虑眼前的危险

49—52.

一个公司的总部占地几十公顷，最令人称奇的是，里面有一个大型停车场，停车场有超过2000个停车位，停车位沿着大门左右侧一字排开。理论上说，这么大的停车场，堵车的情况应该经常发生。但是在这里，这种情况一次也没有出现过。

一位住在附近的汽车爱好者为了一探究竟，决定观察一下这里的员工到底是怎么停车的。他住在10楼，因此特意在书房的窗口上，放了一台摄像机。经过一周的持续观察，他发现：虽然是早上8点上班，但是从清晨7点开始，就陆续有员工来到公司，早到的员工都会很自觉地将车停到远离办公楼的地方。最远的停车位离办公楼的距离超过1公里，即使小跑过去，也要10多分钟。但是上班之前的这段时间，进入总部的小车都是很有序地由远到近停泊。先来的员工自觉将车停到远的停车位，后面进来的员工将车停到近的停车位，天天如此，周而复始。而下班的高峰期，员工的车总是从近的停车位开始陆续驶离总部。

难道是公司规定了员工要怎么停车吗？为了弄清楚这个问题，他随机采访了20位不同岗位的员工，问：“你们的停车位是固定的吗？”得到的答案惊人地一致。他们说：“我们到得比较早，有时间多走点儿路。晚到的同事或许会迟到，需要把车停在离办公楼近的地方。”而且调查中发现，公司的领导没有专属的停车位，停车位也不固定。他们中来得早的也会将车停在较远的地方，要是来得晚的话，远的停车位已经满了，只能在离办公楼近的停车位停靠。

谜底揭开，这不是公司的规定，只是为其他的同事考虑。这么简单的想法，其实蕴含着深刻的道理：多为别人着想，你的路才可能走得更远。

49. 大型停车场容易产生什么问题？

A 停车位不够　　B 堵车　　C 结构不合理　　D 指示牌混乱

50. 早到的员工把车停在什么地方？

A 靠近办公楼处　　B 停车场大门口　　C 远离办公楼处　　D 任意一个停车位

51. 为什么这个停车场秩序这么好？

A 公司有规定　　B 员工互相着想　　C 有人来得很早　　D 停放的车辆较少

52. 下列哪项最适合做上文的标题？

A 公司里的秩序　　B 合理安排人生

C 停车位的秘密　　D 学会为长远打算

53—56.

漓江位于广西壮族自治区东部，那是个林丰木秀、空气清新、生态环境极佳的地方。漓江像蜿蜒的玉带，缠绕在苍翠的奇峰中，造化为世界上规模最大、景色最为优美的岩溶景区。乘舟泛游漓江，可观奇峰倒影、碧水青山、牧童悠歌、渔翁闲钓、古朴的田园人家，百里漓江的每一处景致，都是一幅典型的中国水墨画。古今中外，不知多少骚人墨客为漓江的绮丽风光写下了脍炙人口的优美诗文。唐代大诗人韩愈曾以“江作青罗带，山如碧玉簪”的诗句来赞美这条如诗似画的漓江。

漓江是广西东北部喀斯特地貌发育最完全的地区。喀斯特地貌的形成是石灰岩地区地下水长期溶蚀的结果。石灰岩的主要成分是碳酸钙，这种物质在有水和二氧化碳时会发生化学反应生成碳酸氢钙，后者可溶于水，于是空洞形成并逐步扩大。中国西南地区喀斯特地貌分布广泛，在地表和地下形成了各种奇特的溶洞。

七星岩是桂林旅游溶洞景点中较为出名的一个，古时是一段地下河，至今已有上百万年的历史了。由地下河形成的岩洞一般有两种地形： 一是“岩洞的侵蚀地形”，如洞内的“银河鹊桥”景点，就是一个巨大的穹形厅堂，宛如天空；二是“岩洞的堆积地形”，由石钟乳、石笋、石柱等次生沉积物组成，它们形态各异，千奇百怪。七星岩原是一段地下河道，后来地壳变动，地下河上升，露出地面成为现在的岩洞。岩洞露出地面后，雨水长期沿洞顶裂隙不断渗人，溶解石灰岩，并在洞内结晶，便形成了千姿百态的石钟乳、石笋和石柱。

53. 第一段中的“骚人墨客”指的是:

A 观光游客　　B 富有的人
C 诗人作家　　D 有名的人

54. 喀斯特地貌的外观主要表现为:

A 溶洞　　B 丘陵
C 地下水　　D 石灰岩

55. 七星岩由古至今经历了什么变化?

A 河道下沉　　B 升至地面
C 洞顶破裂　　D 被水淹没

56. 根据上文，下列哪项正确?

A 漓江上有许多名胜古迹　　B 七星岩不是短时期内形成的
C 七星岩是桂林唯一的岩洞　　D 喀斯特地貌位于广西西南部

57—60.

北冰洋位于地球最北端，是全球四大洋中面积最小的一个。由于地理位置的缘故，北冰洋常年被大量海冰覆盖。近几年来，石油和天然气等燃料的广泛使用，导致温室气体排放量大幅增加。气候学家们普遍认为，人类活动导致气候变暖，是北极海冰融化的主要原因。除了气温升高的直接影响，全球变暖还使得北冰洋海域上空的云层增高，整体云量减少，这也是北冰洋地区的海冰及冰河消融的原因之一。

北极海冰已经是浮冰，其融化并不会直接导致海平面的上升，但结冰时的北极海冰是明亮的反射体，它能将该地区80%的阳光反射回太空，在一定程度上减缓了太阳对地球的“加热”作用。一旦这些海冰融化，上千万平方公里的北冰洋将吸收北极地区90%的阳光，这将加速北冰洋附近格陵兰岛冰盖的融化，进而导致海平面上升。今年夏天，97%的格陵兰冰盖的表面都曾一度融化。全球变暖导致海冰冰层变薄，原本不透光的冰层已经开始变得可以通过光线，为浮游植物的生存提供了可能。海洋浮游植物是所有海洋生物赖以生存的食物链的基础和重要环节，海洋浮游植物大爆发的时间如果发生改变，将会极大影响那些以它们为食的，以及食物链上更高级的海洋生物。这几乎昭示了北冰洋的未来——北极熊消失，而过去寒冷的海洋区域成为一个新的动物乐园。

尽管海平面正以每年约30厘米的速度上升，许多人将无家可归，但海冰融化导致全球气候巨变才是全人类的噩梦。联合国公布的气象研究资料指出，由于全球大气的能量、质量是守恒的，全球变暖使得某个地区温度持续异常偏高，周围某个地方的气温就会下降，在这种情况下，就会出现极端天气。

57. 北极海冰融化的主要原因是什么?

A 人类开发　　B 云层减少　　C 气候变暖　　D 缺少植被

58. 北极海冰融化会导致:

A 海平面上升　　B 减缓热量吸收　　C 格陵兰岛消失　　D 浮游植物减少

59. 根据上文，海洋生物的生存受什么因素影响?

A 海水温度　　B 海洋面积　　C 北极熊迁移　　D 食物链构成

60. 本文主要在谈什么?

A 全球气候变化巨大　　B 北极熊很可能会灭绝

C 海冰消融的前因后果　　D 人类活动导致全球变暖

정답은 부록에서 확인할 수 있습니다.
해설은 해설집 PDF 100p에 있습니다.

memo

3. 쓰기

쓰기 영역은 1개의 부분으로 구성되어 있다. 글을 요약하는 유형이다.

글 요약하기

1 문제풀이 가이드

쓰기 영역은 총 1문항으로 구성되어 있다. 1,000자 내외의 글을 읽고 400자 내외로 요약해서 써야 한다. 10분 동안 제시된 쓰기 자료를 읽어야 하며, 이때 내용을 베끼거나 기록할 수 없다. 감독관이 자료를 회수해 가면 35분 동안 원고지의 형식에 맞게 요약을 하면 된다. 제목은 직접 정해야 하며, 원문의 내용을 토대로만 써야지 자신의 견해가 들어가서는 안 된다.

2 문제풀이 테크닉

1. 전문 훑어보기

먼저 2~3분 동안 전문을 빠르게 읽고 대략적인 내용을 파악해야 한다. 구체적이고 세부적인 내용에 집중하지 말고 전체적인 내용의 대략적인 흐름만 파악하면 된다.

2. 세부적으로 읽기

전체적인 내용의 흐름을 파악했다면 그 다음에는 세부적인 정보에 유의하며 읽어야 한다. 인물, 시간, 장소, 사건의 원인, 경과, 결과 등을 파악해야 한다.

3. 요약하여 쓰기

35분 동안 원고지 양식에 맞춰 내용을 요약하여 쓰면 된다. 이때 원문의 구조, 내용을 바꾸거나 새로운 내용을 추가하거나 개인의 관점을 더해서는 안 된다.

4. 제목 붙이기

쓰기 마지막 단계에서 주인공, 핵심 소재, 교훈 등을 활용하여 제목을 지으면 된다.

5. 최종 점검하기

마지막으로 작성한 답안을 처음부터 읽으면서 틀린 글자, 어색한 문장, 잘못된 문장 부호 등을 검사하고, 누락된 내용이 없는지, 글자 수를 다 채웠는지 등을 꼼꼼하게 살펴야 한다.

예제 1

有位医生年纪大了，但是他的医术非常高明，许多年轻人都想拜他为师。老医生最后选了其中一位年轻人，带着他给病人看病，传授他治病经验。没过几年，年轻人就成了老医生的得力助手。

因为老医生的名气越来越大，从四面八方来看病的人与日俱增。为了不让来看病的人等得太久，老医生决定让年轻医生也独立给病人看病，并给了他一个独立的房间。两人约定：病情比较轻微的患者，由年轻医生诊断；病情比较严重的患者，由老医生出马。

这样实行了一段时间之后，找年轻医生看病的人越来越多。起初，老医生不以为然，反而很高兴："小病都治好了，当然不会拖延成大病，病人减少了，我也乐得轻松。"

直到有一天，老医生发现，有几位病人的病情很严重，但是仍然坚持选择年轻医生，对此，他百思不得其解。

老医生和年轻医生的感情很好，互相信赖，所以他不相信年轻人会从中搞鬼，故意抢病人。"但这是为什么呢？"老医生问他的妻子，"为什么大家不来找我看病？难道他们不知道我的医术高明吗？我刚刚获奖的消息就登在报纸的头版上，大家都看得到啊！"

正好老医生的妻子这几天感冒了，为解开丈夫心中的疑团，老医生的妻子就以普通病人的身份去丈夫的医院看病，顺便看看问题出在哪里。

医院里负责接待的护士很有礼貌，对两位医生的介绍也都非常客观，并没有刻意暗示病人要找哪一位医生看病。

来医院看病的病人非常多，虽然老医生和年轻医生已经分开看病，但病人等候的时间仍然比较长。在医院等候区等候的时候，病人们就聊起天儿来，交换彼此的看病经验。

老医生的妻子也坐在等候区，仔细听周围病人谈论对医生的看法。大家都说，年轻医生看病时非常仔细，跟病人的沟通很多，而且很亲切，很客气，经常给病人加油打气。"不用担心啦，回去多喝开水，睡眠要充足，很快就会好起来的"，类似这样的鼓励，让病人感到轻松、愉快。而老医生的情况正好相反，他看病的速度很快，往往病人不用开口多说，他就知道问题在哪里，跟病人之间缺少必要的沟通，同时他的表情很冷淡，仿佛对病人的痛苦毫不在意，缺少同情心。因此，病人们总结：虽然年轻医生的经验不够丰富，但是他足够耐心、细致，并且关心病人，找年轻医生看病，他们心里会得到很大的安慰和鼓励；而老医生虽然经验丰富，但是他看病时漫不经心、与己无关的态度，让病人本来就因身体疼痛而糟糕的心情雪上加霜。所以，他们最终都选择了年轻医生。

当妻子回到家告诉老医生这些见闻时，他惊讶地张大了嘴巴，然后陷入了沉思中……

1. 내용 분석

- 등장인물: 늙은 의사, 젊은 의사, 늙은 의사의 아내
- 발단: 늙은 의사가 젊은 의사에게 의술을 가르쳤다.
- 전개: 젊은 의사가 독립적으로 진찰을 하자, 환자들은 젊은 의사를 더 찾았고 늙은 의사는 이해하지 못했다.
- 절정: 늙은 의사의 아내는 병원에 가서 환자들의 입을 통해 진상을 알게 되었다.
- 결말: 아내가 집으로 돌아와 늙은 의사에게 알려 주었다.

2. 요약 TIP

❶ 요약 시, 핵심 문장만 남기고, 불필요한 수식어는 삭제해야 하며, 자잘한 내용들은 통합해야 한다.

❷ '**因为**(왜냐하면)', '**一段时间之后**(얼마 후)', '**直到有一天**(그러던 어느 날)', '**正好**(마침)', '**相反**(반대되다)', '**因此**(그러므로)' 등과 같은 단어를 통해 중요한 내용과 중요하지 않은 내용을 구분할 수 있다.

❸ '**雪上加霜**(설상가상)'과 같이 잘 알지 못하거나 외워지지 않는 성어가 등장한다면 의미가 비슷한 단어로 대체하면 된다.

3. 요약 및 제목 정하기

STEP1 발단

有位医生年纪大了，但~~是他的~~医术非常高明，~~许多年轻人都想拜他为师。~~老医生~~最后~~选了~~其中~~一位年轻人，~~带着他给病人看病，~~传授他治病经验。~~没过几年，年轻人就成了老医生的得力助手。~~ 因为老医生~~的~~名气~~越来越~~大，~~从四面八方~~来看病的人与日俱增。~~为了不让来看病的人等得太久，~~老医生决定让年轻医生也独立给病人看病，~~并给了他一个独立的房间。两人约定：~~病情比较轻微的患者，由年轻医生诊断；病情比较严重的患者，由老医生出马。	어떤 의사는 나이가 많지만, 의술이 매우 뛰어나서 ~~많은 젊은이들이 그를 스승으로 모시려고 했다.~~ 늙은 의사는 ~~결국~~ 젊은이들 ~~중~~ 한 명을 선발하여 ~~그를 데리고 환자를 진찰하고~~ 그의 치료 경험을 전수하였다. ~~몇 년이 지나지 않아 젊은이는 늙은 의사의 유능한 조수가 되었다.~~ 늙은 의사의 명성이 높아지면서 ~~여기저기서~~ 진료를 받으러 오는 사람들이 날로 많아졌다. ~~진료를 보러 온 사람들을 오래 기다리지 않게 하기 위해~~ 늙은 의사는 젊은 의사도 독립적으로 환자를 진찰하기로 하고 ~~독립된 방도 주었다. 두 사람은~~ 증상이 경미한 환자는 젊은 의사가 진료를 보고, 중증 환자는 늙은 의사가 진료를 보기로 ~~약속했다.~~

요약 有位医生年纪大了，但医术非常高明，老医生选了一位年轻人，传授他治病经验。因为老医生名气大，来看病的人越来越多。老医生就让年轻医生也独立给人看病，年轻医生看病情较轻的，老医生看严重的。

해설 1. '来看病的人与日俱增(진료를 받으러 오는 사람들이 날로 많아졌다)'이 어려울 경우 '与日俱增(날로 많아지다)'을 '越来越多(점점 많아지다)'로 바꿔 써도 좋다.

2. '由……诊断(~가 진찰하다)'은 다소 어려우므로 '……看(~가 보다)'으로 바꾸는 것이 좋다.

STEP2 중심사건(1)

这样实行了一段时间之后，找年轻医生看病的人越来越多。起初，老医生不以为然，反而很高兴："小病都治好了，当然不会拖延成大病，病人减少了，我也乐得轻松。" 直到有一天，老医生发现，有几位病人的病情很严重，但是仍然坚持选择年轻医生，对此，他百思不得其解。 老医生和年轻医生的感情很好，互相信赖，所以他不相信年轻人会从中搞鬼，故意抢病人。"但这是为什么呢？"老医生问他的妻子，"为什么大家不来找我看病？难道他们不知道我的医术高明吗？我刚刚获奖的消息就登在报纸的头版上，大家都看得到啊！"	이렇게 시행하고 얼마 후, 젊은 의사를 찾는 사람이 점점 많아졌다. 처음에 늙은 의사는 대수롭지 않게 여겼고, 오히려 "작은 병을 다 고쳤으니 당연히 큰 병이 되지 않을 것이고, 환자가 줄어서 나도 홀가분하다"며 기뻐했다. 그러던 어느 날, 늙은 의사가 몇몇 환자의 병세가 매우 위독하지만 여전히 젊은 의사를 고집하는 것을 알게 되었고, 그는 그것을 이해할 수 없었다. 늙은 의사와 젊은 의사는 사이가 매우 좋고 서로 신뢰하기 때문에 그는 젊은이가 속임수를 써서 일부러 환자를 빼앗을 것이라고 믿지는 않았다. "그런데 왜 그럴까?" 늙은 의사는 아내에게 물었다. "왜 다들 나를 찾지 않는 것이지? 설마 내 의술이 뛰어나다는 걸 모르는 건가? 내가 최근에 수상했다는 소식이 신문 1면에 실린 것을 다들 볼 수 있을 텐데 말이야!"

요약 一段时间后，找年轻医生看病的人越来越多。起初，老医生反而高兴。直到有一天，他发现病情很严重的人也选择年轻医生看病。这让他百思不得其解。

해설 1. '一段时间后(얼마 후)', '起初(처음에)', '直到有一天(그러던 어느 날)' 등 시간을 나타내는 표현은 사건의 진행을 명확하게 보여줄 수 있으므로 최대한 활용하는 것이 좋다.

2. '这让他百思不得其解(이것은 그를 백 번을 생각해도 이해할 수 없게 만들었다)'는 다소 어려운 표현이기는 하지만, '성공 스토리' 주인공들의 독특한 행동과 관련하여 자주 등장하는 표현이기 때문에 점수 향상을 위해서는 외워 두어야 한다.

STEP3 중심사건(2)

正好老医生的妻子这几天感冒了，为解开丈夫心中的疑团，老医生的妻子就以普通病人的身份去丈夫的医院看病，顺便看看问题出在哪里。 医院里负责接待的护士很有礼貌，对两位医生的介绍也都非常客观，并没有刻意暗示病人要找哪一位医生看病。 来医院看病的病人非常多，虽然老医生和年轻医生已经分开看病，但病人等候的时间仍然比较长。在医院等候区等候的时候，病人们就聊起天儿来，交换彼此的看病经验。 老医生的妻子也坐在等候区，仔细听周围病人谈论对医生的看法。	때마침 늙은 의사의 아내가 며칠째 감기에 걸렸다. 남편의 마음 속 궁금증을 풀어주기 위해 늙은 의사의 아내는 일반 환자의 신분으로 남편의 병원에 진찰을 받으러 갔으며, 간 김에 무엇이 문제인지 알아보기로 했다. 병원 응대 담당 간호사는 예의가 바르고 두 의사에 대한 소개도 매우 객관적이어서 환자가 어떤 의사를 만나야 하는지 굳이 암시하지 않았다. 병원에 진찰을 받으러 온 환자들이 매우 많았다. 비록 늙은 의사와 젊은 의사가 이미 나눠서 진찰을 하고 있었지만 환자들의 대기 시간은 여전히 길었다. 병원 대기실에서 기다릴 때, 환자들은 이야기를 나누며 서로의 진료 경험을 교환했다. 늙은 의사의 아내도 대기실에 앉아 주위의 환자들이 의사에 대해 말하는 것을 주의 깊게 들었다.

요약 正好老医生的妻子感冒了，她就以普通病人的身份去看病。医院护士的介绍很客观。在等候区，妻子听到病人们交换彼此的看病经验。

해설 '病人们就聊起天儿来，交换彼此的看病经验。老医生的妻子也坐在等候区，仔细听周围病人谈论对医生的看法(환자들은 이야기를 나누며 서로의 진료 경험을 교환했다. 늙은 의사의 아내도 대기실에 앉아 주위의 환자들이 의사에 대해 말하는 것을 주의 깊게 들었다)' 부분은 '妻子听到病人们交换彼此的看病经验' 즉 '아내는 ~한 의견을 들었다'로 통합할 수 있다.

STEP4 중심사건(3)

大家都说，年轻医生看病时非常仔细，跟病人的沟通很多，而且很亲切，很客气，经常给病人加油打气。"不用担心啦，回去多喝开水，睡眠要充足，很快就会好起来的"，类似这样的鼓励，让病人感到轻松、愉快。而老医生的情况正好相反，他看病的速度很快，往往病人不用开口多说，他就知道问题在哪里，跟病人之间缺少必要的沟通，同时	모두들 젊은 의사는 진찰할 때 매우 꼼꼼하고, 환자와 소통이 많으며, 또한 친절하고 정중하며 항상 환자를 응원하고 격려해준다고 말했다. "걱정하지 마세요. 돌아가서 뜨거운 물 많이 마시고 잠을 충분히 자면 곧 좋아질 거예요"와 같은 격려가 환자를 편안하고 기쁘게 만들었다. 그러나 늙은 의사의 상황은 정반대였다. 그는 진찰 속도가 빨라서 종종 환자가 입을 열지 않아도 어디가 문제인지 알 수 있었지만, 환자와의 사이에서 필요한 의사소통이 부족했고, 동시에 그의 표정

他的表情很冷淡，仿佛对病人的痛苦毫不在意，缺少同情心。	은 매우 냉담하여 마치 환자의 고통에 전혀 개의치 않고 동정심이 부족한 것 같았다.

요약 大家都说，年轻医生非常喜欢跟病人沟通，给他们鼓励，让病人感到轻松、愉快。而老医生正好相反，他不喜欢跟病人沟通，同时表现得非常冷淡，好像缺乏同情心。

해설 1. '加油打气(응원하고 격려하다)'와 '鼓励(격려하다)', '仿佛(마치 ~인 듯하다)'와 '好像(마치 ~와 같다)'은 서로 표현이 유사하므로 대체하여 사용할 수 있다. 실제 원문에서는 어려운 표현 뒤에 쉬운 표현이 제시되는 경우가 많다.

2. '正好相反(정반대이다)'은 비교, 대조 구문에 자주 사용되는 빈출 표현이므로 암기해 두어야 한다.

STEP5 중심사건(4)

因此，病人们总结：虽然年轻医生的经验不够丰富，但是他足够耐心、细致，并且关心病人，找年轻医生看病，他们心里会得到很大的安慰和鼓励；而老医生虽然经验丰富，但是他看病时漫不经心、与已无关的态度，让病人本来就因身体疼痛而糟糕的心情雪上加霜。所以，他们最终都选择了年轻医生。	따라서 환자들은 이런 결론을 내렸다. 비록 젊은 의사의 경험이 풍부하지는 않지만 충분히 인내심이 강하고 세심하며, 환자에게 관심을 주어 젊은 의사에게 진찰을 받으면 마음속으로 큰 위로와 격려를 받지만, 늙은 의사는 비록 경험은 풍부하지만 진료를 볼 때 무심하고 자신과 무관한 태도를 보여 가뜩이나 몸이 아파 좋지 않은 환자의 마음을 더 아프게 한다. 그래서 그들은 결국 젊은 의사를 선택했던 것이었다.

요약 因此，虽然年轻医生经验不足，但他耐心、细致、关心病人，给人安慰和鼓励，而老医生的态度只会让病人的心情更糟糕，所以，最后大家都选择了年轻医生。

해설 1. '而'은 '그러나, 하지만'이라는 뜻으로 앞뒤 내용이 상반됨을 나타낸다.

2. '雪上加霜(설상가상)'은 '상황이 더욱더 나빠지다'라는 뜻의 '更糟糕'로 바꾸는 것이 좋다.

STEP6 결말

当妻子回到家告诉老医生这些见闻时，他惊讶地张大了嘴巴，然后陷入了沉思中……	아내가 집으로 돌아와 늙은 의사에게 보고 들은 바를 전하자 그는 놀라 입을 크게 벌린 후 깊은 생각에 잠겼다.

요약 妻子将事情告诉了老医生，他非常惊讶，然后陷入了沉思……

해설 '把(将)事情告诉了……(일을 ~에게 알리다)'와 '陷入沉思(깊은 생각에 빠지다)'는 빈출 표현이므로 암기해 두어야 한다.

STEP7 제목 정하기

합격 점수 제목	两位医生 두 명의 의사
	老医生和年轻医生 늙은 의사와 젊은 의사
고득점 제목	老医生的疑惑 늙은 의사의 의혹
	好医生不只靠医术 좋은 의사는 의술에만 기대지 않는다

해설 이 글의 주요 인물은 '**老医生**'과 '**年轻医生**'이다. 이를 활용하여 제목을 지으면 된다.

4. 모범답안

两位医生

有位医生年纪大了，但医术非常高明，老
医生选了一位年轻人，传授他治病经验。
因为老医生名气大，来看病的人越来越多。
老医生就让年轻医生也独立给人看病，年轻医
生看病情较轻的，老医生看严重的。一段时间
后，找年轻医生看病的人越来越多。起初，老
医生反而高兴。直到有一天，他发现病情很严
重的人也选择年轻医生看病。这让他百思不得
其解。
正好老医生的妻子感冒了，她就以普通病
人的身份去看病。医院护士的介绍很客观。在
等候区，妻子听到病人们交换彼此的看病经验。
大家都说，年轻医生非常喜欢跟病人沟通，给
他们鼓励，让病人感到轻松、愉快。而老医生
正好相反，他不喜欢跟病人沟通，同时表现得
非常冷淡，好像缺乏同情心。因此，虽然年轻
医生经验不足，但他耐心、细致、关心病人，

给	人	安	慰	和	鼓	励	，	而	老	医	生	的	态	度	只	会	让	病	人
的	心	情	更	糟	糕	，	所	以	，	最	后	大	家	都	选	择	了	年	轻
医	生	。																	
		妻	子	将	事	情	告	诉	了	老	医	生	，	他	非	常	惊	讶	，
然	后	陷	入	了	沉	思	…	…											

예제 2

一天，女儿满腹牢骚地向父亲抱怨起生活的艰难，她说自己不知道该如何应付生活，好像一个问题刚刚解决，新的问题又会出现。她有些厌倦了。

父亲是一位著名的厨师。他平静地听完女儿的抱怨后，微微一笑，把女儿带进了厨房。父亲往三只大小一样的锅里倒进了一样多的水，然后将一根胡萝卜放进了第一个锅里，将一个鸡蛋放进了第二个锅里，又将一把咖啡豆放进了第三个锅里，最后他把三个锅放到三个火力一样大的炉子上烧。

女儿站在一边，疑惑地望着父亲，弄不清他的用意。

20分钟后，父亲关掉了火，让女儿拿来两个盘子和一个杯子。父亲将煮好的胡萝卜和鸡蛋分别装进了两个盘子里，然后将咖啡豆煮出的咖啡倒进了杯子里。他指着盘子和杯子问女儿："孩子，说说看，你见到了什么？"

女儿回答说："还能有什么，当然是胡萝卜、鸡蛋和咖啡了。"

父亲说："你不妨碰碰它们，看看有什么变化。"

女儿拿起一双筷子碰了碰胡萝卜，发现胡萝卜已经变得很软了。她又拿起鸡蛋，感觉到了蛋壳的坚硬。她在桌子上把蛋壳敲破，仔细地用手摸了摸里面的蛋白。然后她又端起杯子，喝了一口里面的咖啡。做完这些以后，女儿开始回答父亲的问题："这个盘子里是一根已经变得很软的胡萝卜，那个盘子里是一个壳很硬、蛋白也已经凝固了的蛋，杯子里则是香味浓郁、口感很好的咖啡。"说完，她不解地问父亲，"爸，您为什么要问我这么简单的问题？"

父亲看着女儿说："你看见的这三样东西是在一样大的锅里、一样多的水里、一样大的火上用一样多的时间煮过的。可它们的反应却迥然不同。胡萝卜生的时候是硬的，煮完后却变得那么软，甚至都快烂了；生鸡蛋是那样脆弱，蛋壳一碰就会碎，可是煮过后连蛋白都变硬了；咖啡豆没煮之前也是很硬的，虽然煮了一会儿就变软了，但它的香气和味道却溶进水里，变成了可口的咖啡。"

父亲说完之后接着问女儿："你像它们中的哪一个？"

现在，女儿更是有些摸不着头脑了，只是怔怔地看着父亲，不知如何回答。

父亲接着说："这三种东西其实代表了不同的人在困境中的不同表现。在困境中，有的人被打败，有的人通过磨练变得坚强，有的人则适应了环境，并改变了环境，在生活的压力下，我们应该像鸡蛋那样变得坚强起来，或者是像咖啡豆那样，融入环境，改变环境。既然生活的压力让我们无处躲闪，那我们就应该勇敢地去面对。只有经过痛苦的羽化，才能变成美丽的蝴蝶。不管生活是多么艰难，我们都不应该一味地抱怨，而要靠自己的努力，使自己变得坚强，来改变现状并获得幸福。"

1. 내용 분석

- 등장인물: 딸, 아버지(요리사)
- 발단: 딸은 삶이 힘들다며 불평했다.
- 전개: 아버지는 당근, 달걀, 커피를 끓여서 딸에게 그것들의 변화를 관찰하게 했다.
- 절정과 결말: 아버지는 딸에게 이 세 음식이 곤경에 처한 세 사람의 다른 모습을 대표하는 것이라고 설명함으로써 딸에게 용감하게 삶에 직면하도록 격려했다.

2. 요약 TIP

❶ 이 글의 핵심은 마지막 단락에 있으므로 이 부분을 중점적으로 기억해야 한다.

❷ 사건의 전개는 아버지의 실험과 질문, 딸의 반응과 태도로 이루어지며, 요약 시 인물의 주요 행동과 태도를 기억해야 한다. 예를 들어, 아버지의 경우 '**进入厨房**(주방에 들어가다)', '**倒水**(물을 붓다)', '**放入三种东西**(세 가지를 넣다)', '**相同火力煮20分钟**(같은 화력으로 20분을 삶다)', '**装盘**(접시에 담다)' 등을 기억해야 하고, 딸의 경우 '**碰**(건드리다)', '**摸**(만지다)', '**喝**(마시다)', '**回答变化**(변화에 대해 대답하다)', '**不解**(이해하지 못하다)' 등을 기억해야 한다.

❸ '**胡萝卜**(당근)', '**鸡蛋**(달걀)', '**咖啡豆**(원두)'의 특징과 변화도 잘 기억해 두어야 한다. 세 음식은 이 글의 핵심 소재이며 제목으로도 사용할 수 있다.

3. 요약 및 제목 정하기

STEP1 발단

一天，女儿~~满腹牢骚地~~向父亲抱怨~~起生活的~~艰难，她~~说自己~~不知~~道该~~如何应付~~生活，好像一个问题刚刚解决，新的问题又会出现。她有些厌倦了。~~	어느 날 딸은 ~~불만이 가득 차서~~ 아버지에게 삶의 어려움에 대해 투덜거리기 시작했는데, 어떻게 대처해야 할지 모르겠다며 ~~문제가 해결된 지 얼마 안 되어 또 새로운 문제가 나타나는 것 같다고 했다. 그녀는 약간 진저리가 났다.~~

요약 一天，女儿向父亲抱怨生活艰辛，她不知如何应对。

STEP2 중심사건(1)

父亲是一位著名的厨师。他平静地听完女儿的抱怨后，微微一笑，把女儿带进了厨房。父亲往三只大小一样的锅里倒进了一样多的水，然后将一根胡萝卜放进了第一个锅里，将一个鸡蛋放进了第二个锅里，又将一把咖啡豆放进了第三个锅里，最后他把三个锅放到三个火力一样大的炉子上烧。 女儿站在一边，疑惑地望着父亲，弄不清他的用意。 20分钟后，父亲关掉了火，让女儿拿来两个盘子和一个杯子。	아버지는 유명한 요리사이다. 그는 조용히 딸의 불평을 다 들은 뒤 빙긋 웃으며 딸을 부엌으로 데리고 갔다. 아버지는 똑같은 크기의 냄비 세 개에 똑같은 양의 물을 부었다. 그 다음 당근 한 개를 첫 번째 냄비에 넣고, 달걀 한 개를 두 번째 냄비에 넣고, 원두 한 줌을 세 번째 냄비에 넣었다. 마지막으로 그는 세 개의 냄비를 똑같은 화력의 가스레인지 위에 올려놓고 끓였다. 딸은 한편에 서서 의아한 듯 아버지를 바라보았으나 그의 의도를 알 수 없었다. 20분 뒤 아버지는 불을 끄고 딸에게 접시 2개와 컵 1개를 가져오라고 했다.

요약 父亲是个厨师。他把女儿带进厨房，在三个大小一样的锅里倒进了一样多的水，然后分别在三个锅里放入一根胡萝卜、一个鸡蛋、一把咖啡豆，最后再把锅放在三个火力一样的炉子上烧了20分钟。

해설 '将一根胡萝卜放进了第一个锅里，将一个鸡蛋放进了第二个锅里，又将一把咖啡豆放进了第三个锅里'는 반복되는 문장으로 '分别(각각)'를 활용하여 '分别在三个锅里放入……'로 축약했다.

STEP3 중심사건(2)

父亲将煮好的胡萝卜和鸡蛋分别装进了两个盘子里，然后将咖啡豆煮出的咖啡倒进了杯子里。他指着盘子和杯子问女儿："孩子，说说看，你见到了什么？" 女儿回答说："还能有什么，当然是胡萝卜、鸡蛋和咖啡了。" 父亲："你不妨碰碰它们，看看有什么变化。"	아버지는 삶은 당근과 달걀을 각각 두 접시에 담은 후, 원두로 만든 커피를 컵에 부었다. 그는 접시와 컵을 가리키며 딸에게 물었다. "얘야, 말해 봐, 무엇을 보았니?" 딸은 대답했다. "뭐가 더 있겠어요? 당연히 당근과 달걀, 커피죠." 아버지는 "그것들을 만져보고 무엇이 달라졌는지 봐봐."라고 했다.

요약 父亲把煮好的东西装进盘子和杯子里，让女儿看看它们有什么变化。

해설 당근, 달걀, 커피를 '东西(~것)'로 묶어서 표현할 수 있다. 하지만 당근과 달걀은 접시에 담아야 하고 커피는 컵에 부어야 하기 때문에 뒤 문장에 '盘子和杯子(접시와 컵)'라고 명확하게 제시해야 한다.

쓰기

STEP4 중심사건(3)

女儿拿起一双筷子碰了碰胡萝卜，发现胡萝卜已经变得很软了。她又拿起鸡蛋，感觉到了蛋壳的坚硬。她在桌子上把蛋壳敲破，仔细地用手摸了摸里面的蛋白。然后她又端起杯子，喝了一口里面的咖啡。做完这些以后，女儿开始回答父亲的问题："这个盘子里是一根已经变得很软的胡萝卜，那个盘子里是一个壳很硬、蛋白也已经凝固了的蛋，杯子里则是香味浓郁、口感很好的咖啡。"说完，她不解地问父亲，"爸，您为什么要问我这么简单的问题？"

딸이 젓가락을 들고 당근을 만져보니 당근이 많이 부드러워져 있었다. 그녀는 또 달걀을 집어들고 달걀 껍질의 단단함을 느꼈다. 그녀는 탁자에 달걀을 깨트려, 손으로 안의 흰자를 자세히 만져보았다. 그 다음 그녀는 컵을 들어서 안에 든 커피를 한 모금 마셨다. 이렇게 하고 난 뒤, 딸은 아버지의 질문에 대답했다. "이 접시에는 이미 부드러워진 당근이 있고, 저 접시에는 껍질이 단단하고 흰자도 응고된 달걀이 있고, 컵에는 짙은 향에 식감이 좋은 커피가 들어있어요." 말을 끝낸 후 그녀는 이해할 수 없다는 듯이 아버지에게 물었다. "아버지, 왜 이렇게 쉬운 질문을 하시는 거예요?"

요약 女儿碰了碰胡萝卜，胡萝卜变得很软。她敲破鸡蛋，蛋壳很坚硬，摸了摸蛋白，蛋白已经凝固了。她喝了一口咖啡，咖啡香味浓郁，口感很好。女儿不解地问为什么让她这样做。

해설 만져본 후의 변화를 서술하라고 했으므로 당근, 달걀, 커피의 변화를 각각 서술해야 한다.

STEP5 중심사건(4)

父亲看着女儿说："你看见的这三样东西是在一样大的锅里、一样多的水里、一样大的火上用一样多的时间煮过的。可它们的反应却迥然不同。胡萝卜生的时候是硬的，煮完后却变得那么软，甚至都快烂了；生鸡蛋是那样脆弱，蛋壳一碰就会碎，可是煮过后连蛋白都变硬了；咖啡豆没煮之前也是很硬的，虽然煮了一会儿就变软了，但它的香气和味道却溶进水里，变成了可口的咖啡。"

父亲说完之后接着问女儿："你像它们中的哪一个？"

아버지는 딸을 보며 말했다. "네가 본 이 세 가지는 동일한 크기의 냄비, 동일한 양의 물, 동일한 화력의 불 위에서 동일한 시간 동안 삶은 거야. 하지만 그것들의 반응은 확연히 달랐지. 당근은 날 것 일 때는 딱딱했는데 삶았더니 부드러워졌고 심지어는 물러 터질 정도였어. 날달걀은 너무 약해서 껍질을 건드리기만 해도 깨졌지만 삶고 나서는 흰자까지 딱딱해졌고, 원두도 끓이기 전에는 딱딱했는데, 잠시 끓이면 부드러워지지만 그 향과 맛이 물에 녹아 들어 맛있는 커피가 되었지."

아버지는 말을 마친 뒤 이어서 딸에게 물었다. "너는 그것들 중 어느 것과 같아?"

现在，女儿更是有些摸不着头脑了，只是怔怔地看着父亲，不知如何回答。	이제 딸은 더욱 어리둥절해져서 아버지를 물끄러미 바라볼 뿐 어떻게 대답해야 할지 몰랐다.

요약 父亲解释道："这三种东西是在一样的环境下煮出来的。生胡萝卜很硬，煮完后却变得很软；生鸡蛋很脆弱，煮过后却变得坚硬了；咖啡豆煮过后，香气和味道都溶进了水里，变成了可口的咖啡。

해설 '你看见的这三样东西是在一样大的锅里、一样多的水里、一样大的火上用一样多的时间煮过的'는 반복되는 문장으로 '环境(환경)'을 활용하여 '在一样的环境下……'로 축약했다.

STEP6 결말

父亲接着说："这三种东西其实代表了不同的人在困境中的不同表现。在困境中，有的人被打败，有的人通过磨练变得坚强，有的人则适应了环境，并改变了环境，在生活的压力下，我们应该像鸡蛋那样变得坚强起来，或者是像咖啡豆那样，融入环境，改变环境。既然生活的压力让我们无处躲闪，那我们就应该勇敢地去面对。只有经过痛苦的羽化，才能变成美丽的蝴蝶。不管生活是多么艰难，我们都不应该一味地抱怨，而要靠自己的努力，使自己变得坚强，来改变现状并获得幸福。"	아버지는 이어서 말했다. "이 세 가지는 사실 다양한 사람들이 곤경에 처했을 때 보이는 다른 행동을 대표한단다. 곤경 속에서 어떤 사람은 패배하고, 어떤 사람은 단련을 통해 강해지며, 어떤 사람은 환경에 적응하기도 하고 환경을 변화시키기도 하지. 생활 스트레스 속에서 우리는 달걀처럼 강해지거나 원두처럼 환경에 녹아 들고 환경을 변화시켜야 해. 생활 스트레스가 우리를 피할 곳이 없게 만든 이상 우리는 용감하게 맞서야 해. 고통스러운 날개의 변화 과정을 거쳐야만 아름다운 나비가 될 수 있어. 삶이 아무리 힘들어도 우리는 무조건 불평만 할 것이 아니라 자신의 노력으로 자신을 강하게 변화시켜야 현재의 상황을 바꾸고 행복을 얻을 수 있어."

요약 这三种东西代表了三种不同的人在困境中的不同表现。在困境中，有人被打败，有人变得坚强，有人适应了环境。我们应该像鸡蛋和咖啡豆那样，勇敢面对生活的压力，适应、融入环境，不要一味抱怨，而要努力改变，这样才能获得幸福。

해설 당근, 달걀, 원두가 대입되는 부분은 꼭 들어가야 하기 때문에 '有人(어떤 사람)'으로 시작하는 문장 3개는 어려워도 누락시키면 안 된다.

STEP7 제목 정하기

합격 점수 제목	胡萝卜、鸡蛋和咖啡豆 당근, 달걀과 원두 三样东西 세 가지 음식

쓰기

고득점 제목	
	如何面对生活 어떻게 삶을 직면할까
	父亲的回答 아버지의 대답
	你是哪种人 당신은 어떤 사람입니까

해설 이 글의 핵심 소재는 '**胡萝卜**', '**鸡蛋**', '**咖啡豆**'이다. 이를 활용하여 제목을 지으면 된다.

4. 모범답안

胡萝卜、鸡蛋和咖啡豆

一天，女儿向父亲抱怨生活艰辛，她不知如何应对。

父亲是个厨师。他把女儿带进厨房，在三个大小一样的锅里倒进了一样多的水，然后分别在三个锅里放入一根胡萝卜、一个鸡蛋、一把咖啡豆，最后再把锅放在三个火力一样的炉子上烧了20分钟。

父亲把煮好的东西装进盘子和杯子里，让女儿看看它们有什么变化。女儿碰了碰胡萝卜，胡萝卜变得很软。她敲破鸡蛋，蛋壳很坚硬，摸了摸蛋白，蛋白已经凝固了。她喝了一口咖啡，咖啡香味浓郁，口感很好。女儿不解地问为什么让她这样做。

父亲解释道：“这三种东西是在一样的环境下煮出来的。生胡萝卜很硬，煮完后却变得很软；生鸡蛋很脆弱，煮过后却变得坚硬了；咖啡豆煮过后，香气和味道都溶进了水里，变成了可口的咖啡。

这三种东西代表了三种不同的人在困境中的不同表现。在困境中，有人被打败，有人变

得	坚	强	，	有	人	适	应	了	环	境	。	我	们	应	该	像	鸡	蛋	和
咖	啡	豆	那	样	，	勇	敢	面	对	生	活	的	压	力	，	适	应	、	融
入	环	境	，	不	要	一	味	抱	怨	，	而	要	努	力	改	变	，	这	样
才	能	获	得	幸	福	。													

예제 3

东郭先生牵着毛驴在路上走。毛驴驮着个口袋，口袋里装着书。

忽然，从后面跑来一只狼，慌慌张张地说："先生，救救我吧！猎人快追上我了，让我在你的口袋里躲一躲吧。躲过了这场灾难，我永远忘不了你的恩情。"东郭先生犹豫了一下，看着狼那可怜的样子，心肠就软了，答应了狼的要求。他倒出口袋里的书，把狼往口袋里装。可是口袋不大，狼的身子很长，装来装去，怎么也装不下。

猎人越来越近了，已经听到马蹄声了。狼很着急，它说："先生，求求你快点儿！猎人一到，我就完了。"说着就躺在地上，把身子铺成一团，头贴着尾巴，并拢四条腿，叫东郭先生用绳子捆住。东郭先生把狼捆好，塞进口袋，又装上了书，扎紧了袋口。他把口袋放到驴背上，继续往前走。

猎人追上来找不着狼，就问东郭先生："你看见一只狼没有？它往哪里跑了？"东郭先生犹豫了一下，说："我没看见狼。这儿岔道多，它也许从岔道逃走了。"

猎人走了，越走越远，听不到马蹄声了。狼在口袋里说："先生，我可以出来了。"东郭先生就把它放了出来。狼伸伸腰，舔舔嘴，对东郭先生说："我现在饿得很，先生，如果找不到东西吃，我一定会饿死的。先生既然救了我，就把好事做到底，让我吃了你吧！"说着，就向东郭先生扑了过去。

东郭先生大吃一惊，只好绕着毛驴躲避。他躲到毛驴左边，狼就扑到左边，他躲到毛驴右边，狼又扑到右边。东郭先生累得直喘气，嘴里不住地骂着："你这没良心的东西！你这没良心的东西！"

正在危急的时候，有个老农扛着锄头走过来。东郭先生急忙上前拉住老农，把事情的经过告诉了他，然后问道："我应该让狼吃吗？"狼不等老农回答，抢着说："他刚才捆住我的腿，把我装进口袋，还压上了好多书，把袋口扎得紧紧的。这哪里是救我，分明是想闷死我。这样的坏人，不该吃吗？"

老农想了想，说："你们的话，我一点儿也不信。口袋那么小，装得下一只狼吗？我得看一看，狼是怎样装进去的。"

狼同意了。它又躺下来缩成一团，头贴着尾巴，并拢四条腿。东郭先生照样用绳子把它捆住，塞进口袋。东郭先生正准备再往口袋里装书，老农立即抢过去，把袋口扎得紧紧的。他对东郭先生说："对狼讲仁慈，你真是太糊涂了，应该记住这个教训。"说着，他抡起锄头，把狼打死了。

"东郭先生"在汉语里已成为固定词语，泛指不辨是非、滥施同情心、对坏人讲仁慈的糊涂人。

1. 내용 분석

- 등장인물: 동곽 선생, 늑대, 사냥꾼, 늙은 농부
- 발단: 사냥꾼이 늑대를 쫓자, 늑대는 동곽 선생에게 도움을 청했다.
- 전개: 동곽 선생은 늑대를 자루 안에 넣어 사냥꾼으로부터 숨겨주었는데, 늑대는 풀려나자 되려 동곽 선생을 잡아먹으려고 했다.
- 절정: 동곽 선생과 늑대는 농부에게 판단해 달라고 했고, 농부는 지혜를 발휘하여 늑대를 잡았다.
- 결말: 농부는 늑대를 때려죽였고, '**东郭先生**(동곽선생)'은 하나의 고사성어가 되었다.

2. 요약 TIP

❶ 두 차례 '늑대를 자루 안에 넣는' 과정은 이야기 전개의 핵심이라 반드시 기억해야 한다.

❷ 등장인물 외에도 이야기에 중요한 역할을 하는 사물도 기억해야 한다. 예를 들어, '**驴**(당나귀)', '**口袋**(자루)', '**书**(책)', '**绳子**(밧줄)', '**锄头**(호미)' 등이 있다.

❸ 원문에 '**把**'자문과 복합방향보어 구문이 많이 나오는데, 축약하여 쓸 때 어법상의 오류가 없도록 주의해야 한다.

❹ 일부 동사의 경우 다른 단어로 대체하기 힘든 것들이 있다. 예를 들어, '**牵**(끌다)', '**驮**(등에 업다)', '**装**(담다)', '**追**(쫓다)', '**躲**(숨다)', '**倒**(넘어지다)', '**扑**(덮치다)', '**绕**(돌아가다)', '**扛**(어깨에 짊어지다)', '**捆**(묶다)', '**缩**(웅크리다)', '**扎**(찌르다)' 등이 있다. 이러한 단어들은 어려워도 잘 숙지해 두어야 한다.

3. 요약 및 제목 정하기

STEP1 발단

东郭先生牵着毛驴在路上走。毛驴驮着个口袋，口袋里装着书。	동곽 선생이 당나귀를 끌고 길을 가고 있었다. 당나귀가 자루를 짊어지고 있었는데, 자루 안에는 책이 들어있었다.

요약 **东郭先生牵着驴在路上走**，驴驮着一个口袋，口袋里面装着书。

해설 이 이야기에서 '**口袋**(자루)'는 핵심 소재이므로 자루를 설명하는 부분은 생략하면 안 된다.

STEP2 중심사건(1)

忽然，从后面跑来一只狼，慌慌张张地说："先生，救救我吧！猎人快追上我了，让我在你的口袋里躲一躲吧。躲过了这场灾难，我永远忘不了你的恩情。"东郭先生犹豫了一下，看着狼那可怜的样子，心肠就软了，答应了狼的要求。他倒出口袋里的书，把狼往口袋里装。可是口袋不大，狼的身子很长，装来装去，怎么也装不下。	갑자기 뒤에서 늑대 한 마리가 달려와 허둥지둥하며 말했다. "선생님, 살려주세요! 사냥꾼이 곧 저를 따라잡을 거예요. 저를 당신의 자루에 숨을 수 있도록 해주세요. 이번 재앙을 모면한다면 당신의 은혜를 영원히 잊지 못할 거예요." 동곽 선생은 잠시 머뭇거리다가 늑대의 불쌍한 모습을 보고 마음이 약해져서 늑대의 요구를 들어주었다. 그는 자루 안에 있는 책을 쏟아 내고 늑대를 자루에 넣었다. 하지만 자루가 크지 않고 늑대의 몸은 길어서 이리저리 넣어봐도 도저히 넣을 수가 없었다.

요약 忽然，跑来一只狼，对东郭先生说，猎人追上它，让它在袋子里躲一躲。东郭先生见它可怜，就答应了。他倒出口袋里的书，想把狼装进去。可是狼的身子太长，怎么也装不下。

해설 '对……说(~에게 말하다)'와 '怎么也+부정형(아무리 ~해도 ~하지 않다)'은 빈출 표현이므로 암기해 두어야 한다.

STEP3 중심사건(2)

猎人越来越近了，已经听到马蹄声了。狼很着急，它说："先生，求求你快点儿！猎人一到，我就完了。"说着就躺在地上，把身子铺成一团，头贴着尾巴，并拢四条腿，叫东郭先生用绳子捆住。东郭先生把狼捆好，塞进口袋，又装上了书，扎紧了袋口。他把口袋放到驴背上，继续往前走。 猎人追上来找不着狼，就问东郭先生："你看见一只狼没有？它往哪里跑了？"东郭先生犹豫了一下，说："我没看见狼。这儿岔道多，它也许从岔道逃走了。"	사냥꾼이 점점 가까워지자 말발굽 소리가 들렸다. 늑대는 다급해하며 말했다. "선생님, 제발 서둘러 주세요! 사냥꾼이 오면 저는 끝장이에요." 그렇게 말하고는 땅바닥에 누워 몸을 동그랗게 만들어 머리는 꼬리에 붙이고 네 다리를 모아 동곽 선생에게 밧줄로 묶으라고 했다. 동곽 선생은 늑대를 묶어 자루에 쑤셔 넣었고 또 책을 넣어 자루 입구를 단단히 묶었다. 그는 자루를 당나귀 등에 올려놓고 계속 앞으로 나아갔다. 사냥꾼이 쫓아와 늑대를 찾지 못하자 동곽 선생에게 물었다. "늑대 한 마리를 못 보셨나요? 어디로 도망 간 거지?" 동곽 선생은 잠시 망설이다가 말했다. "늑대를 못 봤어요. 여기는 샛길이 많아서 아마 샛길로 도망갔을 수도 있어요."

요약 狼很着急，就铺成一团，叫东郭先生用绳子把它捆住，塞进袋子里。猎人追了上来找不着狼。东郭先生对他说自己没见过狼。

해설 직접 화법을 간접 화법으로 바꿀 때 대명사의 변화에 유의해야 한다. 원문 속 '我'를 '他/她/它' 혹은 '自己'로 바꿀 수 있다.

STEP4 중심사건(3)

猎人走了，越走越远，听不到马蹄声了。狼在口袋里说："先生，我可以出来了。"东郭先生就把它放了出来。狼伸伸腰，舔舔嘴，对东郭先生说："我现在饿得很，先生，如果找不到东西吃，我一定会饿死的。先生既然救了我，就把好事做到底，让我吃了你吧！"说着，就向东郭先生扑了过去。 东郭先生大吃一惊，只好绕着毛驴躲避。他躲到毛驴左边，狼就扑到左边，他躲到毛驴右边，狼又扑到右边。东郭先生累得直喘气，嘴里不住地骂着："你这没良心的东西！你这没良心的东西！"	사냥꾼이 가고, 점점 더 멀어져 말발굽 소리가 들리지 않게 되었다. 늑대는 자루 안에서 이렇게 말했다. "선생님, 저 나가도 될 것 같아요." 동곽 선생은 그것을 풀어주었다. 늑대는 허리를 펴고 입맛을 다시며 동곽 선생에게 말했다. "나 지금 몹시 배가 고파. 선생, 먹을 것을 찾지 못하면 나는 분명 굶어 죽을 거야. 선생이 나를 구했으니 끝까지 좋은 일을 좀 해. 내가 너를 잡아먹게 하는 일!" 하고 동곽 선생에게 덤벼들었다. 동곽 선생은 깜짝 놀라 당나귀를 돌며 피할 수밖에 없었다. 그가 당나귀 왼쪽으로 피하면 늑대가 왼쪽으로 덮치고, 그가 당나귀 오른쪽으로 피하면 늑대가 다시 오른쪽을 덮쳤다. 동곽 선생은 지쳐서 계속 숨을 헐떡였고 입으로는 계속 욕했다. "이 양심 없는 것! 이 양심 없는 것!"

요약 猎人走了以后，东郭先生把狼放了出来。狼却向东郭先生扑了过去。东郭先生大吃一惊，只好躲避，骂它没良心的东西。

해설 '却(오히려)'는 상반된 사실 혹은 예기치 못한 사건을 나타낼 때 많이 사용한다.

STEP5 중심사건(4)

正在危急的时候，有个老农扛着锄头走过来。东郭先生急忙上前拉住老农，把事情的经过告诉了他，然后问道："我应该让狼吃吗？"狼不等老农回答，抢着说："他刚才捆住我的腿，把我装进口袋，还压上了好多书，把袋口扎得紧紧的。这哪里是救我，分明是想闷死我。这样的坏人，不该吃吗？"	급박한 순간에 어떤 늙은 농부가 호미를 메고 걸어왔다. 동곽 선생은 급히 다가가 늙은 농부를 붙잡고 자초지종을 설명한 뒤 그에게 물었다. "제가 늑대에게 잡아 먹혀야 하나요?" 늑대는 늙은 농부의 대답을 기다리지 않고 앞질러 말했다. "그가 방금 내 다리를 묶어 나를 자루에 넣고 많은 책으로 누르고 자루 입구를 단단히 묶었어. 이게 어떻게 나를 구하는 거야, 분명 나를 숨막히게 해서 죽이려고 한 거지. 이런 나쁜 놈을 내가 안 잡아먹어야겠어?"

老农想了想，说："你们的话，我一点儿也不信。口袋那么小，装得下一只狼吗？我得看一看，狼是怎样装进去的。"	늙은 농부는 생각해 보더니 이렇게 말했다. "너희들의 말을 나는 조금도 못 믿겠어. 자루가 저렇게 작은데 늑대 한 마리를 넣을 수 있다고? 늑대가 어떻게 들어갔는지 직접 봐야겠어."

요약 正在危急的时候，有个老农扛着锄头走了过来。东郭先生把事情的经过告诉了他。狼也抢着对老农说，东郭才是坏人，应该被吃掉。老农不相信这么小的口袋能装下一只狼，他得看看狼是怎么进去的。

해설 '才'는 '~야말로 ~이다'라는 의미로 반박할 때 자주 사용한다. 이 한 단어로 '나쁜 놈은 내가 아니라 동곽이다'라는 의미를 효율적으로 나타낼 수 있다.

STEP6 중심사건(5)

狼同意了。它又躺下来缩成一团，头贴着尾巴，并拢四条腿。东郭先生照样用绳子把它捆住，塞进口袋。东郭先生正准备再往口袋里装书，老农立即抢过去，把袋口扎得紧紧的。他对东郭先生说："对狼讲仁慈，你真是太糊涂了，应该记住这个教训。"说着，他抡起锄头，把狼打死了。	늑대는 동의했다. 늑대는 다시 누워서 몸을 웅크리고 머리는 꼬리에 붙이고 네 다리를 모았다. 동곽 선생은 전처럼 밧줄로 늑대를 묶어 자루에 쑤셔 넣었다. 동곽 선생이 자루에 다시 책을 넣으려고 하자, 늙은 농부는 즉시 빼앗아 자루 입구를 단단히 묶었다. 그는 동곽 선생에게 말했다. "늑대에게 자비를 베풀다니, 당신은 정말 어리석군. 이 교훈을 기억하도록 해."하고 그는 호미를 휘둘러 늑대를 때려죽였다.

요약 狼同意了，又缩成一团。东郭先生把它捆住，塞进口袋，老农就立即把袋口扎紧，用锄头把狼打死了。

STEP7 결말

"东郭先生"在汉语里已成为固定词语，泛指不辨是非、滥施同情心、对坏人讲仁慈的糊涂人。	'동곽선생'은 중국어에서 이미 고정어가 되었으며, 일반적으로 옳고 그름을 분별하지 못하고, 동정심을 남발하며, 나쁜 사람에게 인자한 어리석은 사람을 가리킨다.

요약 "东郭先生"在汉语里已成为固定词语，泛指那些不辨是非、乱同情别人、对坏人讲仁慈的糊涂人。

해설 마지막 문단은 매우 중요하지만 어려운 단어와 표현이 집중되어 있는 경우가 많다. 이 부분은 특히 잘 기억해서 작성해야 한다.

STEP8 제목 정하기

합격 점수 제목	东郭先生 동곽 선생
고득점 제목	东郭先生 동곽 선생

해설 '东郭先生'은 이 글의 주인공이자 고사성어로 가장 핵심적인 단어이다.

4. 모범답안

								东	郭	先	生								
		东	郭	先	生	牵	着	驴	在	路	上	走	，	驴	驮	着	一	个	口
袋	，	口	袋	里	面	装	着	书	。										
		忽	然	，	跑	来	一	只	狼	，	对	东	郭	先	生	说	，	猎	人
追	上	它	，	让	它	在	袋	子	里	躲	一	躲	。	东	郭	先	生	见	它
可	怜	，	就	答	应	了	。	他	倒	出	口	袋	里	的	书	，	想	把	狼
装	进	去	。	可	是	狼	的	身	子	太	长	，	怎	么	也	装	不	下	。
狼	很	着	急	，	就	铺	成	一	团	，	叫	东	郭	先	生	用	绳	子	把
它	捆	住	，	塞	进	袋	子	里	。	猎	人	追	了	上	来	找	不	着	狼。
东	郭	先	生	对	他	说	自	己	没	见	过	狼	。	猎	人	走	了	以	后，
东	郭	先	生	把	狼	放	了	出	来	。	狼	却	向	东	郭	先	生	扑	了
过	去	。	东	郭	先	生	大	吃	一	惊	，	只	好	躲	避	，	骂	它	没
良	心	的	东	西	。														
		正	在	危	急	的	时	候	，	有	个	老	农	扛	着	锄	头	走	了
过	来	。	东	郭	先	生	把	事	情	的	经	过	告	诉	了	他	。	狼	也
抢	着	对	老	农	说	，	东	郭	才	是	坏	人	，	应	该	被	吃	掉	。
老	农	不	相	信	这	么	小	的	口	袋	能	装	下	一	只	狼	，	他	得
看	看	狼	是	怎	么	进	去	的	。	狼	同	意	了	，	又	缩	成	一	团。
东	郭	先	生	把	它	捆	住	，	塞	进	口	袋	，	老	农	就	立	即	把
袋	口	扎	紧	，	用	锄	头	把	狼	打	死	了	。						
		“	东	郭	先	生	”	在	汉	语	里	已	成	为	固	定	词	语	，

泛	指	那	些	不	辨	是	非	、	乱	同	情	别	人	、	对	坏	人	讲	仁
慈	的	糊	涂	人	。														

memo

쓰기

3 연습문제 3문항

실제 시험은 1문항으로 구성되어 있으나 본 연습문제에서는 3문항을 제공한다. 한 번에 풀기보다는 실제 시험처럼 1문항씩 3회차로 나누어 풀 것을 권장한다.

1. 缩写。

(1) 仔细阅读下面这篇文章，时间为10分钟，阅读时不能抄写、记录。

(2) 10分钟后，监考会收回阅读材料。请将这篇文章缩写成一篇短文，字数为400字左右，时间为35分钟。

(3) 标题自拟。只需复述文章内容，不需加入自己的观点。

(4) 请把短文直接写在答题卡上。

一次朋友聚会，有一位正在某个心理咨询培训班学习的朋友提出要和大家玩一个游戏。他发给每人一张纸片，请大家在上面写下五个自己认为最珍贵的东西，比如生命、爱情、朋友等。最后他再三强调：大家一定要以认真的态度对待它。

我认真地考虑了一下，在自己的纸片上写下了：丈夫、女儿、快乐、满足感和父母。这时，这位朋友请大家考虑放弃其中的一个。我轻轻地划去了“满足感”。我的“满足感”，其实是“事业有成”的代名词。从小所受的教育告诉我：碌碌无为是悲哀的。所以，尽管只是一个中学教员，我还是希望能从小事做起，在平凡的工作中做出一番成绩来。然而，工作上的“满足感”，并不是我生活的全部，就算工作上表现平平，我至少还拥有我的家人和快乐，他们对于我而言是何等重要……尽管这样宽慰自己，我心里隐隐约约地还是有些郁闷——毕竟我不是一个甘于平庸的人。我开始觉得这是一个不大好玩的游戏。

接下来，朋友请大家在剩下的四个中再放弃两个。我一下子愣住了，放弃哪一个好像都是不可能的。我请求说：“游戏可不可以就此结束了？”朋友说：“那哪行？哪有半途而废的道理？忍痛割爱吧。”我的心里好痛苦，好矛盾。划去“快乐”后，我以歉疚、负罪的心情划去了“父母”。亲爱的爸爸妈妈，如果你们看到这篇文章，请千万千万要原谅女儿，毕竟你们不可避免地要先我们而去。

然而这游戏还没有结束！朋友请大家在仅剩的两个中再划去一个，只保留最后一个。这真是太残忍了！我的丈夫和女儿，我怎么可能舍弃他们中的任何一个！我的丈夫，我生命中最亲密的伴侣，在我迷惘时为我指点迷津，在我失意时为我排忧解难，我的生命中不能没有他！而我的九个月大的小女儿，集聚了我所有希望的小精灵，她傻乎乎的笑脸，她无所顾忌的大哭，都是那样深切地牵扯着我的心，我的生命中也不能没有她！如果要选择舍弃他们中的哪一个，就让我先舍弃自己吧。

游戏结束了。朋友从心理学的角度讲述着这个游戏的现实意义，而我的头脑里却一片空白。原来，生命中的种种至爱，在我心中的分量都远远超过了我的想象，我的家人、我的事业、我的快乐心情，对我来说都是那么重要！以至于尽管只是一个个假想的“放弃”，仍然让我感到痛苦和沉重。

一个游戏参加者喃喃自语：什么呀，真是个无聊的游戏！我看了他一眼，不，朋友！这是我所参加的最有意义的游戏。让我们更诚挚地去爱、去珍惜吧，在我们还拥有着的时候！

2. 缩写。

(1) 仔细阅读下面这篇文章，时间为10分钟，阅读时不能抄写、记录。

(2) 10分钟后，监考会收回阅读材料。请将这篇文章缩写成一篇短文，字数为400字左右，时间为35分钟。

(3) 标题自拟。只需复述文章内容，不需加入自己的观点。

(4) 请把短文直接写在答题卡上。

他出生在纽约的布鲁克林，从小就是个不爱上学的坏小子,还经常受到其他小朋友的欺负。7岁时父母离婚，这给他幼小的心灵带来了伤害。叛逆的他经常逃学，离家出走，和狐朋狗友鬼混。

十几岁时，因为不遵守学校的规章制度，他被学校扫地出门。他经常出入一些俱乐部，喝酒、跳舞、玩摇滚，还学会了吸毒。彻夜不归的夜晚，他结交了一些艺术家、音乐家和歌手。其中，阿尔・迪亚兹成了他在涂鸦艺术上的引路人。自从第一次见到阿尔・迪亚兹的涂鸦作品，他就暗下决心，这一辈子都要为涂鸦而生存。从此，他跟随着阿尔・迪亚兹，经常在夜色的掩护下，在纽约的各大墙壁上，用喷雾罐或者粉笔，有时候还用油漆，画满五颜六色的图案。那些字母像一个个气泡，充满动感。第二天，他们会得意地躲在一边，看行人欣赏自己的作品。

爸爸知道儿子迷恋上涂鸦后暴跳如雷。在他看来，涂鸦不过是一些穷困潦倒的人在墙壁上的乱写乱画而已，根本不是什么正当职业，也难登大雅之堂。所以，爸爸威胁他，如果继续沉迷涂鸦，就和他断绝关系。他从家里搬了出去，开始独立生活，日子拮据。为了养活自己，他开始在T恤和明信片上画涂鸦作品出售。为了寻求灵感，他经常捧着一本解析图像符号的书，因此他的作品既充满了神秘感，又多了许多与现代社会相关的符号、文字。画面既有童画的纯真，又有讽刺现实的幽默。无论生活多么不堪，在他的心中，始终有一个达・芬奇、一个毕加索和一个王。

慢慢地，他找到了自己的风格，还设计出简笔小皇冠作为自己的签名。在T恤和明信片上涂鸦并不能让他解决温饱问题，很多时候，他连一瓶酒都买不起。很多朋友劝他别再沉迷涂鸦了，实际一点，找一份正经的工作干干。他根本不理会朋友的好意，只是生气地把朋友赶跑。

转机来自一位贵人的出现。一个偶然的机会，在一家餐馆里，一个艺术家买了一张他手绘的明信片。艺术家看上了这位少年的才华，带他参加了人生中的第一场艺术展。为了尽快打出名号，两个人联名创作了多幅作品，并且开办了展览。终于人们开始关注这个新人。外界的鼓励给了他信心，他更加疯狂地作画，几年中，他先后参加了二十多个展览，声名远播。25岁，他登上了《时代杂志》封面，被人称为新表现主义和原始主义的黑人画家。

时至今日，小皇冠历久弥新地流行于我们的日常之中，还成为许多欧美明星的心头爱，有人甚至把它纹在身上。人们不会忘记，这个符号的流行和一个励志故事有关。

哪怕处于最低的起点，也可以让自己的生命飞扬起来。只要你有梦想，有信念，有勇气，有坚持，你就可以穿透黑夜，看到星光。

3. 缩写。

(1) 仔细阅读下面这篇文章，时间为10分钟，阅读时不能抄写、记录。

(2) 10分钟后，监考会收回阅读材料。请将这篇文章缩写成一篇短文，字数为400字左右，时间为35分钟。

(3) 标题自拟。只需复述文章内容，不需加入自己的观点。

(4) 请把短文直接写在答题卡上。

九岁的时候，我第一次参加夏令营，与别人不同，我的行李箱里面塞满了书。然而，从第一天开始，老师就把我们集合在一起并告诉我们，在野营的每一天我们都要大声的，喧闹的，蹦蹦跳跳的，让“露营精神”深入人心。虽然这非我所愿，但我还是照做了，我尽了最大努力，等待离开这个聚会，好捧起我心爱的书。晚上，当我第一次拿出书的时候，一个女孩问我：“你为什么这么安静？”我第二次拿出书的时候，老师来了，重复着“露营精神”有多重要，并且说：“我们都应当努力变得外向一些。”于是我把书放在我的床底下，直到回家。我对此很愧疚，就好像是书本在呼唤我，我却放弃了它们。

要变得外向些，于是我的第一个职业是律师，而不是一心向往的作家。一部分原因是我想证明自己也可以变得更勇敢，所以做出了一些否认自我的决定。这就是很多内向的人正在做的事情，这是我们个人的损失，也是我们所在团队的损失，更是整个世界的损失。我没有夸大其词，因为内向的人本可以做得更好。

真正的“内向”与害羞是不同的。当内向性格的人处于更安静、更低调的环境时，才能把他们的天赋发挥到极致。然而我们最重要的体系，比如学校和工作单位，都是为性格外向者设计的，那里有着适合他们的刺激和鼓励方式。例如现在西方的典型教室，是让几个孩子面对面围坐在一起，他们要一起完成小组任务，甚至像数学、写作这些需要依靠个人闪光想法的课程也是如此。而那些喜欢独处，或是乐于自己一个人钻研的孩子，常常被视为局外人，甚至是问题儿童。而且大部分老师相信，最理想的孩子应该是外向的，甚至说外向的学生能够取得更好的成绩。

其实，历史上很多杰出的领袖都是内向的人，但他们依然可以站在聚光灯下，是真正的掌舵者。事实上，那些擅长变换思维、提出想法的人，有着极为显著的偏内向痕迹，而独处是非常关键的因素。没有谁会说社交技能不重要，也不是说我们都应该停止合作，我只是希望大家知道，越给内向者自由，让他们做自己，他们就会做得越好！

因此我写了一本关于性格的书，并通过演讲把它推荐给大家。这对我来说是有一点儿困难的，所以我花了一年的时间练习在公共场合发言，我把它称为“危险的发言的一年”，而今我做到了！

不论是内向者还是外向者，我有三个建议，希望对你有帮助：

第一，停止对团队协作的执迷与疯狂。碰撞思维、交换意见很棒，但是我们需要更多的隐私和更多的自主权。

第二，到自然中去打开思维，拥有你自己对事物的独到想法。这并不是纵容你的躲避，而是帮助你去除思维的障碍物，让你有机会思考得再深入一点儿。

第三，看看你的旅行箱内有什么东西。内向者很可能有保护一切的冲动，但是偶尔地，只是偶尔地，希望你们可以打开手提箱让别人看一看，因为这个世界需要你们，同样需要你们携带的特有事物。

정답은 부록에서 확인할 수 있습니다.
해설은 해설집 PDF 129p에 있습니다.
원고지는 해설집 PDF 파일과 함께 다운로드 가능합니다.

PART 2

HSK
실전 모의고사
1회

新汉语水平考试
HSK（六级）
模拟试题（一）

注意

一、　HSK（六级）分三部分：

1. 听力（50题，约35分钟）
2. 阅读（50题，50分钟）
3. 书写（1题，45分钟）

二、　听力结束后，有5分钟填写答题卡。

三、　全部考试约140分钟（含考生填写个人信息时间5分钟）。

一、听力

실전 모의고사 1회

第一部分

第1－15题：请选出与所听内容一致的一项。

1. A 水中不含营养物质
   B 纯净水比自来水好
   C 水的营养问题有争议
   D 人体应经常补充水分

2. A 绿色植物缓解温室效应
   B 绿色对情绪有正面影响
   C 产生焦虑时应及时宣泄
   D 上班族宜多进行室外活动

3. A 他们在银行
   B 店长很生气
   C 年轻人不想打扫
   D 年轻人工作好几天了

4. A 男人更容易冲动
   B 女人更善于表达情绪
   C 环境影响男女的情感
   D 男女的情绪表达方式不同

5. A 南极自然条件恶劣
   B 人类破坏南极环境
   C 南极生物正在减少
   D 南极旅游受到欢迎

6. A 兴趣给人工作的动力
   B 不要失去主见
   C 要善于听取他人意见
   D 做事不要半途而废

7. A 城乡贫富差距大
   B 沿海经济发展快
   C 外地户口影响就业
   D 户籍影响个体收入

8. A 戒指是假的
   B 强盗没有枪
   C 强盗要结婚了
   D 老板一点儿也不害怕

9. A 川菜分为八类
   B 川菜口味清淡
   C 川菜中外闻名
   D 川菜缺乏创新

10. A 跑步是复杂的运动
    B 跑步时间越长越好
    C 跑步可以放松眼睛
    D 跑步能够治疗心病

11. A 坚果容易变质
    B 苦味坚果有利于健康
    C 过量食用坚果会致癌
    D 应尽量避免接触外壳

12. A 年轻人很谦虚
    B 老人在讽刺年轻人
    C 大家都不相信年轻人
    D 年轻人买了一辆新车

13. A 实践出真知
B 应该知足常乐
C 失败是成功之母
D 灵感需要知识基础

14. A 各地救援号码不同
B 115是紧急救援号码
C 无信号地区也可以打112
D 遇到紧急状况要大声呼救

15. A 铁路春运为期30天
B 可在网上提前购票
C 12月底是抢票高峰
D 12月初开售春运票

第二部分

第16－30题：请选出正确答案。

16. A 时光飞逝
B 令人兴奋
C 获得成长
D 充满灵感

17. A 全国演出
B 拍摄广告
C 准备舞剧
D 开演唱会

18. A 大家不熟悉
B 是民间图腾
C 是想象出来的
D 女的去年才接触

19. A 创新精神
B 实事求是
C 悲欢离合
D 生命轮回

20. A 没有成长
B 独立创作
C 是舞蹈家
D 缺乏灵感

21. A 平静
B 羡慕
C 激动
D 失望

22. A 花坛
B 教学楼
C 游泳池
D 乒乓球台

23. A 总批评他
B 身体不好
C 特别漂亮
D 关爱学生

24. A 每天早起
B 坚持锻炼
C 不与人争吵
D 及时解决问题

25. A 多帮助别人
B 努力提高成绩
C 提前进入社会
D 多参与社会活动

26. A 文学
B 外语
C 心理学
D 建筑学

27. A 父母要求
B 赚的钱多
C 就业前景好
D 想帮助别人

28. A 贫富差距大
B 生活压力大
C 健康问题
D 环境问题

29. A 主观的
B 科学的
C 操作性强
D 凭经验的

30. A 做实验
B 找工作
C 通过考试
D 出国深造

第三部分

第31－50题：请选出正确答案。

31. A 金子
B 青春
C 美貌
D 快乐

32. A 出去旅行
B 造一艘船
C 拜访智者
D 潜心学习

33. A 到处寻找
B 不耻下问
C 充实生活
D 团结合作

34. A 细胞膜非常强韧
B 人体中存在大量水
C 水结冰时体积不变
D 冷冻组织可以复原

35. A 体积收缩
B 膨胀破裂
C 变得柔软
D 营养损失

36. A 水结冰的原理
B 制作冰块的方法
C 人体冷冻不简单
D 细胞的组成部分

37. A 黑色
B 蓝色
C 橘红色
D 粉红色

38. A 2个
B 3个
C 4个
D 5个

39. A 驾驶舱内
B 飞机前部
C 机翼附近
D 飞机尾部

40. A 录音
B 发射信号
C 分析事故
D 记录飞行数据

41. A 木匠
B 厨师
C 服务员
D 设计师

42. A 生意很好
B 环境不好
C 客人很少
D 位置偏僻

43. A 要精益求精
B 不要怨天尤人
C 学会吸取教训
D 选择适合的工作

44. A 左脑上半部分
B 左脑下半部分
C 右脑上半部分
D 右脑下半部分

45. A 模糊图像
B 清晰图像
C 识别系统
D 精确记忆

46. A 五官面容
B 身材特征
C 动作特征
D 声音特征

47. A 大脑中存在记忆影像
B 整容之后将无法辨认
C 人脑识别样貌需要2秒钟
D 易容术可以骗过熟悉的人

48. A 想奖赏他黄金
B 想和他比试一下
C 欣赏他的技艺
D 瞧不起他的水平

49. A 非常轻松
B 正中靶心
C 发挥稳定
D 失去水准

50. A 要积极乐观
B 要保持平常心
C 要乐于助人
D 要尊重别人

二、阅读

第一部分

第51－60题：请选出有语病的一项。

51. A 机舱后方是最颠簸的地方。
    B 武则天是中国历史上唯一的一位女皇帝。
    C 这篇文章构思很巧妙，而且语言表达不够深刻。
    D 经常被拥抱的儿童，心理素质要比缺乏拥抱的儿童好得多。

52. A 人们在为一位99岁的老人庆贺生日。
    B 每个人都应该坦然面对自己的缺点。
    C 他今天的表现一点儿反常，肯定出了什么问题。
    D 企业的生命周期可分为发展、成长、成熟、衰退几个阶段。

53. A 他这个人有不少值得表扬。
    B 不要让过去的错误成为明天的包袱。
    C 白杨树是西北最普通的一种树，它高大挺拔，适应性强。
    D 夫妻之间出现矛盾时，忍耐或吵架都不是解决问题的好办法。

54. A 音乐有舒缓情绪和缓解疼痛的作用。
    B 童话作品越是充满想象力，就越能激发读者阅读的热情。
    C 每次出差，他总会给孩子们带许多当地的风味小吃回来。
    D 彩虹是由于阳光在水滴中发生反射和折射而形成的自然现象的缘故。

55. A 看了这封信后，她显得非常激动。
    B 幸福是自己内心的感觉，而不是别人的评论。
    C 科学家认为，辣椒之所以辣，是出于保护自己的考虑。
    D 随着日益互联网普及，网购的便捷性等优势已经获得消费者的认同。

56. A 辽东半岛在于辽宁省南部，是中国的第二大半岛。
    B “主场焦虑”是指运动员在主场比赛时内心容易产生不安的情绪。
    C 黄土高原冬天十分寒冷，最低温度可达零下二三十摄氏度。
    D 人在情绪低落时不要勉强自己，可以先放下手头的事情，放松心情。

57. A 忘掉失败，不过要避免牢记失败中的教训。

B 考察的结果是，这里的自然环境非常适合大熊猫的成长。

C 体内的二氧化碳过多时，人体机能便会受到影响，我们就会感到疲倦。

D 成功对于每个人来说其实都只需两步，一步开始，一步坚持，功到自然成。

58. A 危机一方面能够使人对事物的复杂性有更深刻的理解，另一方面也可以磨炼人的意志。

B 有些蚂蚁在它们爬过的地面上会留下一种气味，在归途中只要沿着这种气味走，就不会“误入歧途”。

C 记者在此次投资贸易洽谈会上了解到，由于西部大开发战略的实施，使中国西部的基础设施、民生、生态都有了明显改善。

D 衡量一个员工价值的高低，决不能仅看表面，或仅依靠管理者一时的观察，而是应该进行持续不断的观察，这样才能正确评估一个人的价值。

59. A 昙花属于仙人掌科，它和家族中的大部分成员都有个特点，就是开花时间很短。

B 麦芽糖由小麦和糯米制成，香甜可口，营养丰富，具有健胃消食等功效和老少皆宜的产品。

C 零到六岁是儿童的行为习惯、情感等形成的重要时期，也是儿童养成良好的人格品质的关键时期。

D 多数人在自己不熟悉的领域会不自信，容易羡慕别人，当对这个领域熟悉了之后，羡慕的情绪就会消失，取而代之的是一种平静。

60. A 如果一直生活在同一个地方，对外面的世界充耳不闻，视野就会变得狭窄，人生就会变得无趣。

B 中国古代的“四大发明”——造纸术、指南针、火药、活字印刷术是对世界具有很大影响的四种发明。

C 向日葵生长相当迅速，通常种植两个月即可开花，花朵外形酷似太阳，它的种子还具有很高的经济价值。

D 倾听别人的建议，固然可以让自己少走弯路，所以如果一味地征求别人的意见，而没有任何主见，就可能在纷繁复杂的环境中迷失自己。

第二部分

第61－70题：选词填空。

61. 美国科学公共图书馆网站收录的一项研究表明，白天的______同样能让人巩固记忆。午睡______让大脑得到休息和恢复的功能，可以提高人的记忆力，帮助人们记住复杂的______。

A 睡觉　拥有　定义　　B 睡眠　具有　概念
C 睡着　拥护　结构　　D 安眠　具备　对象

62. ______所有动物都是雌性繁殖下一代，但海马却______，它是由雄性分娩出来的。雄性海马的肚子上有一个像袋鼠的“育儿袋”的孵卵囊，雌性海马会______卵子排到雄海马的孵卵囊中。

A 并非　众所周知　让　　B 大约　自力更生　被
C 几乎　与众不同　把　　D 虽然　一如既往　将

63. 试过一个人旅行的人______都会爱上那种自由自在的感觉。因为独自一人，你可以______地漫步，花一整天的时间坐在咖啡厅，______难得的安静，好好与内心的自己对话。

A 平常　理直气壮　体验　　B 普通　无忧无虑　投入
C 通常　随心所欲　享受　　D 普遍　津津有味　幻想

64. 美味的罐头食物，可以______很久而不易变坏。这是因为罐头是密封的，细菌无法进入。人们在______罐头食品时，把罐头里的空气全部抽出，然后将它封口。在没有空气的情况下，______里面的食物沾上少许细菌，它们也无法______或繁殖。

A 存放　制作　即使　生存　　B 保存　制造　无论　寿命
C 放置　创造　反而　生活　　D 储存　生产　何况　长寿

65. 丝绸的生产和使用在中国已有悠久的历史，早期它们也被用作书写材料。______丝绸价格______，它们只被用作特殊文本的书写材料。丝绸的使用一直______到纸张发明以后，当纸张成为最常用的书写材料之后，丝绸______被用于书籍装帧，如用作卷轴绑带、封套等。

A 从而　珍贵　陆续　才　　B 因而　宝贵　继续　却
C 因此　高贵　维持　还　　D 因为　昂贵　持续　仍

66. 如果窗帘颜色______深沉，时间久了，会使人心情抑郁；颜色太______也不好，时间一长，会造成视觉疲劳，使人心情烦躁。其实，不妨去繁就简，选择浅绿、淡蓝等______、清新的颜色，这些颜色能使人心情愉悦，容易失眠的人，可以尝试选用红、黑配合的窗帘，这样的窗帘有助于______入睡。

A 超过　鲜艳　平静　方便　　B 过于　鲜亮　自然　尽快
C 保持　明亮　冷静　尽量　　D 至于　显眼　舒适　快速

67. 意外______一树花开，那花苞次第打开的______让所有的乐器都屏息肃立。一棵树的随心之举，无意之中带来了绝美的画面和音乐，而这______成了那个散步的人的秘密，但永远无法影音重现地与人______，也无人能偷走。这样的秘密是美丽而不累人的秘密。

A 欣赏　美妙　迄今　展示　　B 观察　动作　以后　倾诉
C 目睹　声音　从此　分享　　D 观看　响声　随即　谈论

68. 人与人之间的交际往来必须要遵循一定的礼仪，在朋友之间，也______着这样的礼节或礼仪。______你事业多成功，长得多漂亮，穿得多______，如果缺乏这种朋友间的交际礼仪，肯定也不会有人愿意和你做朋友。也就是说，如果缺少这种礼仪，那么自身所具有的优点和魅力也会______。

A 联系　就算　华丽　自惭形秽　　B 希望　如果　富贵　无所遁形
C 遵守　无论　崭新　殊途同归　　D 存在　不管　时髦　荡然无存

69. “惊弓之鸟”指被弓箭吓怕了的鸟不______安定。现在“惊弓之鸟”常用来______受过惊吓的人______一点儿动静就非常害怕。反过来说，它______我们做人做事要光明磊落，品行端正，这样才能心安理得，问心无愧。俗话说的“未做亏心事，不怕鬼敲门”，就是这个道理。

A 容易　形容　碰到　启示　　B 一定　表示　遇到　启发
C 必要　比喻　遭遇　启蒙　　D 见得　说明　碰巧　启迪

70. 无论是美国还是欧盟，______均已通过对味精的安全监测。味精以及鸡精制造出来的“鲜美”味觉正是谷氨酸钠在起作用，这一成分______存在于食物中，______不放味精，食物吃起来也还是味道不错。到目前为止，还没有研究______，味精对人体有害。不过，味精中确实______一定量的钠，菜肴中加了味精之后，可以适当地少放些盐。

A 现在　大量　不管　证实　包括　　B 至今　稀有　加工　一旦　包含
C 目前　广泛　即使　证明　含有　　D 当前　平均　原始　不仅　容纳

第三部分

第71－80题：选句填空。

71－75.

春秋时期有一位名医叫扁鹊。他医术高明，经常出入宫廷为君王治病。有一天，（71）______，观察其面容之后，说道："我发现您的皮肤患有疾病。您应及时治疗，以防病情加重。"桓公不以为然地说："我一点儿病也没有，用不着治疗。"

10天以后，扁鹊第二次去见桓公。（72）______，说："您的病到肌肉里面去了。如果不治疗，病情还会加重。"桓公不信这话，他对"病情正在加重"的说法深感不快。

又过了10天，扁鹊第三次去见桓公。他看了看桓公，说道："您的病已经发展到肠胃里面去了。如果不赶紧医治，病情将会恶化。"桓公仍不相信。

扁鹊第四次去见桓公。两人刚一见面，（73）______。这一下倒把桓公搞糊涂了。他心想："怎么这次扁鹊不说我有病了呢？"（74）______。扁鹊说："一开始桓公皮肤患病，容易治愈。可是目前他的病已入骨髓，人间医术已经无能为力了。"（75）______。不久，他就在痛苦中死去了。

对于自身的疾病以及其他的坏事，不能讳疾忌医，而应正视问题，及早采取措施，予以妥善解决。否则，等到病入膏肓，酿成大祸之后，将会无药可救。

A 扁鹊就扭头走了
B 桓公这时才后悔莫及
C 扁鹊巡诊去见蔡桓公
D 他察看了桓公的脸色
E 桓公派人去找扁鹊问原因

76－80.

光伏发电就是太阳光照射在硅材料上产生电流直接发电，也就是将太阳光能转换为电能。光伏发电的重要条件就是太阳能资源，（76）______。

光伏发电可以追溯到上个世纪的70年代，（77）______，光伏发电在发达国家受到高度重视，发展较快。自1969年法国建成世界上第一座太阳能发电站后，太阳能发电的比例在欧美国家逐渐提高，太阳能光伏技术也得到了不断发展。

在太阳能发电系统中，并网发电和独立式发电应用系统已经实实在在地出现在我们的生活之中。在很多大中型城市甚至一些偏远地区，太阳能路灯的使用已经很普及，还有住宅区的照明、机场照明、医院照明、公交站牌指示灯等，（78）______，只需用太阳能电池组件将光能直接转换成电能，而多余的电量可以储存在蓄电池里，待需要时再释放出来。

（79）______，光伏发电的独特优势更是显现无遗。由于各个组成部分相对密闭，且在生产时大都进行了抗强风、暴雨、地震、雪压等极端恶劣天气的试验，在面对灾害时，光伏独立发电产品往往能够平安度过。当传统电力系统无法供电时，（80）______，成为救命的能源。

A 这些太阳能发电设备却可以迅速恢复供电

B 而太阳能资源则具有永不枯竭的优势

C 当特殊天气和自然灾害出现时

D 都可以不依赖城市电网供电

E 由于两次石油危机的影响

第四部分

第81－100题：请选出正确答案。

81－84.

前往火星的计划目前只有美国宇航局有能力进行，该机构也正在积极推进载人登陆火星的计划。飞往火星具有较大的难度，主要涉及如何选择轨道，因为这关系到火星任务需要携带多少补给货物。如果宇航员需要花500天完成火星任务，就需要带上足够的粮食和燃料。那么是否有更简便的方法达到相同的目的呢？

日前，科学家通过数学计算发现了一条前往火星的捷径，即先将探测器部署在类火星轨道上，再通过火星的引力将其减速并使其成为火星的卫星。该理论在1990年曾用于日本的月球探测器，科学家设计出一种弹道捕获轨迹，让缺乏燃料的探测器进入月球轨道。本次科学家提出的方案也使用类似的轨道设计，这为今后探索火星提供了一种可能。

从某种意义上看，科学家试图让火星飞船利用火星的引力逐渐“漂移”到火星轨道上，而不是使用自身携带的助推器。弹道式的捕获能够让我们开启更多的火星任务，向火星派遣更多的探测器，甚至在载人登陆火星时，我们也能够利用这种方法。

传统的使用火箭前往火星的飞船需要进入转移轨道，而新方法的特点在于不需要使用复杂的地火轨道，也不需要进行发动机点火减速，这就大大降低了前往火星的复杂程度，而我们获得的则是更加简单的轨道设计以及更加便宜的探索火星的途径。

81. 完成载人登陆火星任务的关键是？

A 飞船质量　B 选择轨道　C 新宇航服　D 传输信号

82. 弹道捕获轨迹最早用于：

A 月球探测　B 发送卫星
C 载人技术　D 气象监控

83. 传统方法中，飞船是怎样登陆火星的？

A 飞船减速　B 派遣探测器
C 进入转移轨道　D 成为其卫星

84. 关于新的轨迹设计，下列哪项不正确？

A 利用火星引力　B 不需要助推器
C 比传统轨道简单　D 航行成本增加

85－88.

在原始大森林里，到处都生长着高大挺拔、郁郁葱葱的乔木。它们枝繁叶茂，遮天蔽日，令人望而生畏。有一种善于飞腾、跳跃的灵猿，生活在这原始大森林里，如鱼得水。它们在这些又粗又直的乔木之间轻盈敏捷地攀援，时而跃上，时而落下，不时还会扯住一根藤蔓，荡到另一棵大树的树杈上去小憩片刻。它们在大森林里嬉戏玩耍，逍遥自得，神气活现，好不威风，俨然就像这深山老林中的君王一般，谁也奈何它们不得。它们身体灵巧，行踪无定，就算是枪法最精准的猎人，恐怕也没有办法瞄准它们。

然而，若是将这群灵猿赶到一片荆棘丛生的灌木林中去生活，那就会变成另一番景象。在这些浑身长刺的低矮的灌木丛中，灵猿再也不敢轻举妄动了，它们无树可攀，无枝可跳，善于腾跃的本领无法施展，稍有行动，就会被繁枝利刺扎得疼痛难忍，真可谓是危机四伏。因此，它们只能小心谨慎地在林间东张西望，左顾右盼，它们战战兢兢地爬行，时常全身紧张得直打哆嗦，好不凄惶。

同样是这群灵猿，为什么在乔木林和灌木丛中的表现有天壤之别呢？这并不是因为灵猿的筋骨突然得了什么急病而变僵硬了，而只是因为它们后来所处的环境不能使它们充分施展攀援腾越的本领！

要想充分施展本领，除主观努力外，客观环境也是重要影响因素，有时甚至还会起决定性的作用。

85. 第一段中“如鱼得水”是什么意思？

A 获得许多利益　　B 环境适合自己
C 物资十分充足　　D 自身充满信心

86. 灵猿有什么本领？

A 飞翔　　B 躲藏
C 腾跃　　D 爬行

87. 灌木林有什么特点？

A 高大挺拔　　B 遮天蔽日
C 长满利刺　　D 果实累累

88. 为什么灵猿在灌木丛中的表现与在乔木林中的有天壤之别？

A 身体状况不好　　B 受到猎人的威胁
C 不熟悉陌生的环境　　D 无法施展攀援腾越的本领

89－92.

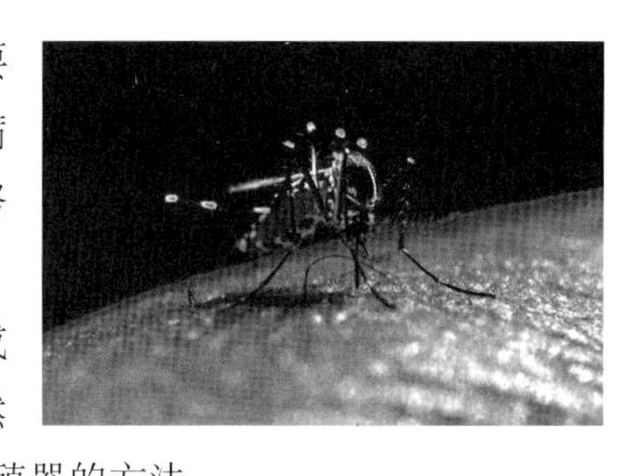

对一些人来说，蚊子仅仅是一个日常小困扰，只要打死它就行了。但是在全球很多地方，蚊子携带致命的病毒，成为当地人的主要健康威胁。这些年来人们一直在努力解决这个问题。

研究人员试图找到蚊子的基因“开关”，把雌蚊变成雄蚊。因为雌蚊是叮人的，它需要不断吸血来产卵。虽然研究人员还未完全成功，不过他们确实找到了改变蚊子生殖器的方法。

科学家们在埃及伊蚊身上发现，决定其为雄性的基因是“Nix”基因。埃及伊蚊并不携带疟疾病毒，但是它们传播如黄热病、登革热和切昆贡亚热等致命疾病。研究组成员之一、计算生物学家布兰特利说：“我们把Nix基因注入到蚊子的胚胎中，我们发现，超过三分之二的雌蚊长出了雄性生殖器和睾丸。”然后研究小组又把Nix基因从雄蚊身上移除，之后它们长出了雌性生殖器。

虽然这些年来科学家们培养出大量无繁殖能力的雄蚊并释放了它们，但这种做法效率很低，还花钱不少。他们还需要数年时间来完善这一方法。现在他们仅仅能够通过改变蚊子胚胎来激活雄性基因，但这种基因不会遍布所有细胞，因此，成年蚊子不会完全变成雄蚊。该小组希望最终能通过基因转移的方法来利用这种决定蚊子为雄性的基因，也就是从细胞层面改变蚊子的这种特殊基因，并让蚊子把这种基因传给下一代。

89. 科学家们打算如何解决蚊子问题？

A 发明灭蚊剂　　B 防止蚊子繁殖
C 改变蚊子的性别　　D 消除它携带的病毒

90. 埃及伊蚊不会传播哪种疾病？

A 疟疾　　B 黄热病
C 登革热　　D 切昆贡亚热

91. 关于Nix基因，下列哪项正确？

A 所有的蚊子都有　　B 存在于雌性蚊子体内
C 携带致命病毒　　D 可以被移除

92. 关于基因转移，下列哪项不正确？

A 效率不高　　B 费用不少
C 尚未完善　　D 可以遗传

93－96.

妄下结论，不经过实际验证便迅速武断地得出负面结论，常常是你负面情绪的罪魁祸首。

假设你正在演讲而且讲得非常精彩，此时你注意到前排有个人却在打盹。其实他前一晚纵情狂欢，几乎没睡什么觉，但显然你不知道。你可能会这样想："这位听众觉得我烦。"假设你的朋友在街上与你擦身而过，没和你打招呼，其实是他当时想事情想得太专注没看到你，但你可能会错误地下结论："他对我视而不见，肯定是不喜欢我了。"某个夜晚，你爱人由于在工作中受到了批评，郁闷得不想说话，对你有些爱理不理，你的心情便开始下沉，于是对沉默做出这样的解释："对方在生我的气，我哪里做错了？"

由于这些想当然的负面反应，你可能会采取疏离态度或予以反击。这种自寻烦恼的行为模式可能会形成自证预言，使人际关系中出现负面交流，尽管在一开始其实什么事也没有。假设你打电话给一位朋友，但过了相当长的一段时间，他都没回你的电话。然后你心烦意乱，以为这位朋友很可能已经收到留言，但就是不想回电话。然后你更恼火，决定再也不打电话给他，也不再追究真相，你对自己说："如果我再打电话给他，他会认为我纠缠不休，我可丢不起这个人。"由于这种消极的预言，你便躲着朋友。三个星期后，你听说这位朋友其实从来就没有收到过你的留言。原来，所有的折磨都是自找的。

你每次心情低落时，几乎都是情绪化推理在使坏。在你看来，事情是这样不顺心，实际肯定就是如此。你甚至没有想到去质疑导致这种感觉的假设是否成立。

93. 第一段中的"罪魁祸首"是什么意思？

A 负面的行为　　B 坏情绪的原因

C 最糟糕的结果　　D 对未来的设想

94. 妄下结论会导致什么结果？

A 验证事实　　B 忽视他人

C 自寻烦恼　　D 吸取教训

95. 喜欢妄下结论的人可能在人际关系中采取怎样的策略？

A 寻求关注　　B 进行反击

C 追究责任　　D 积极改善

96. 这篇文章想告诉我们什么道理？

A 照顾他人情绪　　B 学会与人沟通

C 客观分析事实　　D 避免负面假设

97－100.

历史上的杭州，城市的发展始终围绕着西湖进行，杭州城和西湖相辅相依，百姓生活与西湖密不可分，城湖关系的密切程度远超中国其他城市。当代杭州城的发展，也大体承袭着古人的思路。杭州与西湖共同营建了一个理想的山水城市，将历史、景观与现代和谐地融于一体，是中国城市发展的典范。

“山水城市”模式是近年兴起的理想生活模式，旨在把城市营建在自然山水中，让自然山水融化在城市生活里，城市建筑和自然山水融为一体，是老百姓最向往的居住生活环境。然而这似乎是一个奢望，在当今城市开发常常要以破坏自然山水为代价的模式下，“山水城市”离我们的视线很是遥远。

但是梦想成为现实也并非不可能，当我们步入杭州这座城市，行走在西湖边的花丛树荫里，体验杭州居民的生活方式，便会欣喜地发现这里是最适宜居住的地方。秀美和舒适，温润和开远，宁静和沉稳，健康和发展所组合起来的城市品格，使我们清晰地感受到幸福生活的底蕴。而杭州并不是一个年轻的城市，西湖也不是现在才真正美丽，千百年来杭州人对西湖的营建和保护，恪守着自然与人合二为一的理念。杭州西湖，是历史奉献的人间天堂，是生活提供给我们思考和学习的一个典范。

我们翻阅西湖的历史，那就是一部保护与治理的历史，就是城市建设与景观建设相辅相成的历史。这其中一脉相承地贯穿了中国传统山水文化的精神和理念，体现了天人合一的历史文化的延续性。这种天人合一的延续性，是中国的其他城市所普遍缺失的。

97. 杭州城的发展围绕的中心是什么？

A 历史　　B 西湖

C 精神　　D 生活

98. 当今常见的城市开发模式是什么？

A 继承古代　　B 适宜居住

C 破坏自然　　D 健康发展

99. 画线句使用了哪种修辞手法？

A 比喻　　B 拟人

C 夸张　　D 双关

100. 对于“山水城市”的模式，作者的态度是什么？

A 赞同　　B 中立

C 存疑　　D 批评

三、书写

第101题：缩写。

（1）仔细阅读下面这篇文章，时间为10分钟，阅读时不能抄写、记录。

（2）10分钟后，监考会收回阅读材料。请将这篇文章缩写成一篇短文，字数为400字左右，时间为35分钟。

（3）标题自拟。只需复述文章内容，不需加入自己的观点。

（4）请把短文直接写在答题卡上。

小时候我很喜欢看电视，觉得那个小小的箱子里面很神奇，他们的生活都好精彩。而小小年纪的我，也梦想着有一天可以走到箱子里面，有着跟他们一样不平凡的人生。

我报读了戏剧系。在大学三年级的时候，我有机会参演了人生的第一部电影，凭借这部电影，我拿到了第十届香港电影金像奖最佳女配角奖和最佳新人奖。当时很多人都以为我会前途无量，如果留在电影圈发展，肯定可以发展得很好。可是我却选择了回到电视台，当一个电视演员，可能就是因为我小时候的一个小小的心愿——走进箱子里面，拥有不平凡的人生。

我放下了所有的荣誉，踏踏实实地去当一个演员，不能够当主角就去做配角，我要让观众记得我演的每一个角色。那个时候时间过得很快，我用了十年的时间，用配角让大家都认识我。我很开心，因为虽然演的是配角，可是这证明了我的实力。

然后我觉得自己准备好了，我的时间到了，应该可以当主角了，我应该像他们一样做炙手可热的明星，大红大紫。我已经准备了十年了。可是命运就是这么捉弄人。我没有准备好的时候，它给了我那么高的荣誉；可是当我苦苦追求了十年之后，它没有给我一点儿希望。身边的人已经成为了明星，成为了耀眼的主角，而我呢，还在那里当配角。我羡慕、嫉妒、害怕、愤怒，我害怕别人在背后谈论我，害怕别人知道我拿过奖，然后我开始抗拒演戏，甚至恐惧“演员”这个身份。

然后我去学习了很多别的技能，我去学美容、学医疗、学保险，我对所有人说我要转行。我解除了和电视台合作多年的关系，我现在不用演戏了，自由了。可是当我真正要自由的那一刻，我却犹豫了。我问自己，你舍得吗？好的，我再演一遍，就最后一遍。

当我用演人生中最后一次戏的心态走进片场的时候，我发觉一切都不一样了，以前觉得烂烂的剧本、烂烂的词，现在背起来却觉得津津有味，以前为了快点儿收工拍一次就能够过的镜头，我现在希望导演能够多拍几遍。能够站在聚光灯底下，跟所有的同事有说有笑地开工，是多么幸福的一件事情。

突然之间，我好像明白了什么，我是演员，不是明星。明星天生丽质，一出来就能得到很多人的关注，可是我不是，演员的责任就是要把戏演好，把角色演好，要无条件地通过剧本和角色，把自己的人生经验分享给观众，如果演员愿意的话，可以演到八十岁。

当我考进演艺学院，当我拿着金像奖奖杯的时候，所有人都以为我已经梦想成真了。可是只有我自己知道，当我认可演员的身份的时候，当我现在快五十岁，仍然愿意重新出发的时候，我才可以跟所有人说，那天站在别人家门口，偷偷看电视的小女孩，她的演员梦想实现了。

정답과 듣기 스크립트는 부록에서 확인할 수 있습니다.
해설은 해설집 PDF 140p에 있습니다.

PART 2

HSK
실전 모의고사

2회

新汉语水平考试
HSK（六级）
模拟试题（二）

注意

一、　HSK（六级）分三部分：

1. 听力（50题，约35分钟）

2. 阅读（50题，50分钟）

3. 书写（1题，45分钟）

二、　听力结束后，有5分钟填写答题卡。

三、　全部考试约140分钟（含考生填写个人信息时间5分钟）。

一、听力

실전 모의고사 2회

第一部分

第1－15题：请选出与所听内容一致的一项。

1. A 要保持笑容
B 家庭比工作重要
C 人生有许多支撑点
D 事业是生活的目标

2. A 用冷水洗澡有益健康
B 洗热水澡可消除疲劳
C 洗热水澡对皮肤不好
D 洗澡主要是心理效应

3. A 丈夫在炒菜
B 妻子爱唠叨
C 丈夫不会开车
D 妻子不会做菜

4. A 选择人少的景点
B 避开交通高峰出行
C 自助游要做好计划
D 旅游应咨询专业向导

5. A 腊八是道教节日
B 腊八是正月初八
C 腊八是外来节日
D 腊八有喝粥的习俗

6. A 坚持就是胜利
B 时间影响心态
C 好与坏不是绝对的
D 人无远虑必有近忧

7. A 海水能够反射绿光
B 海水能吸收蓝光
C 海水是有颜色的
D 海水和自来水没有分别

8. A 车坏了
B 车上没有人
C 乘客在追车
D 司机不在车上

9. A 月牙泉鲜为人知
B 月牙泉在敦煌市内
C 月牙泉因形状得名
D 月牙泉周围是河流

10. A 人们容易迷信
B 迷信是不科学的
C 数字能给人带来好运
D 吉祥数字是一种文化传统

11. A 金融打击后果严重
B 市场经济存在风险
C 行业需要国家支持
D 金融也是一种战争

12. A 昨晚朋友来了
B 邻居不讲道理
C 邻居来拜访男人
D 男人半夜制造噪音

13. A 音乐影响情绪
B 摇滚乐令人焦虑
C 音乐影响工作效率
D 舒缓的音乐有益健康

14. A 今天有降雪
B 前日刮大风
C 昨日冷空气来袭
D 今天气温比前天低

15. A 代沟与社会环境无关
B 代沟是一种沟通障碍
C 父子之间最容易产生代沟
D 代沟也会发生在同龄人身上

第二部分

第16－30题：请选出正确答案。

16. A 昂贵的
    B 精致的
    C 饥饿时吃的
    D 没有绝对答案

17. A 早上
    B 中午
    C 下午
    D 半夜

18. A 充满乐趣
    B 品尝美食
    C 招待朋友
    D 妻子不会做

19. A 高级的
    B 讲究的
    C 街边的
    D 菜式多的

20. A 在餐厅工作
    B 母亲不会做饭
    C 很少出门吃饭
    D 最擅长做面食

21. A 公司要求
    B 传记很流行
    C 怀念张国荣
    D 能赚很多钱

22. A 胸有成竹
    B 精益求精
    C 不耻下问
    D 不言而喻

23. A 复杂
    B 认真
    C 善良
    D 骄傲

24. A 快餐文化
    B 感官刺激
    C 供人娱乐的
    D 让人思考的

25. A 是个演员
    B 是个作家
    C 不赞同娱乐
    D 得到过张国荣的帮助

26. A 少食多餐
    B 尽量少吃
    C 不要节食
    D 多补充蛋白质

27. A 不为人所接受
    B 时常被人改造
    C 无法传授给别人
    D 一出现便得到认同

28. A 容易操作
B 节省时间
C 缺少针对性
D 适合所有人

29. A 控制饮食
B 了解原理
C 明确目标
D 加大运动量

30. A 照片里的效果是假的
B 他的动作不正确
C 需要长时间锻炼
D 他的身体条件不好

第三部分

第31－50题：请选出正确答案。

31. A 外卖送餐
B 电子科技
C 金融投资
D 广告创意

32. A 农民
B 大学生
C 投资者
D 专业人士

33. A 抢占先机
B 不易失败
C 快速增长
D 竞争众多

34. A 尽可能摘更多的果实
B 不要摘果林里的果子
C 摘一枚自己最满意的果子
D 用最短的时间穿过果林

35. A 又大又好
B 比别人的好
C 都不是最满意的
D 没有更好的选择

36. A 给他们奖励
B 教他们尊重别人
C 让他们学会劳动
D 让他们吸取教训

37. A 知足才能常乐
B 人生没有回头路
C 要学会精打细算
D 要乐于与他人分享

38. A 避难
B 蓄水
C 储物
D 祭祀

39. A 年代久远
B 管理不善
C 有了替代品
D 使用不方便

40. A 引入地下水
B 拆除地下建筑
C 开凿地下河道
D 往内填充泥沙

41. A 阶梯天井是现代建筑
B 阶梯天井无法被修复
C 印度存在水资源问题
D 夏季天井里温度很高

42. A 猫
B 狗
C 鱼
D 老鼠

43. A 令人上瘾
B 使细胞兴奋
C 产生条件反射
D 传递愉快的感觉

44. A 降低成本
B 令人愉快的食物
C 一致的顾客体验
D 利用色彩给人暗示

45. A 蛇是神圣的象征
B 赢的人有酒喝
C 想看看谁的画最好
D 赢的人可以得到黄金

46. A 蛇也有脚
B 节省时间
C 想象力丰富
D 显示自己的本事

47. A 同情
B 赞同
C 嫉妒
D 讽刺

48. A 春节
B 清明节
C 中秋节
D 端午节

49. A 木头
B 石头
C 泥巴
D 布料

50. A 浪漫幽默
B 斤斤计较
C 性情温顺
D 默默无闻

二、阅读

第一部分

第51－60题：请选出有语病的一项。

51. A 英国是最早举办成人礼舞会的国家。
B 他不识字，但是喜欢听别人谈论古往今来的事情。
C 始建于明永乐十八年的天坛，是世界建筑艺术的珍品。
D 市长能否下河游泳，成了一些市民检验河道水质达标的标准。

52. A 环境专家试图向湖里放鱼的方法治理湖水污染。
B 书的封面必须结合书的内容特点和读者对象进行构思。
C “细雨湿衣看不见，闲花落地听无声”是唐诗中的名句。
D 本届奥运会参加的运动员人数和比赛单项数目，均超过以往各届。

53. A 人生在世上，不但有身体，还有头脑和心胸。
B 远处连绵的山峰上一道残破的城墙依稀可见。
C 高额利息使该集团在资金运转上所承受的压力越来越大。
D 童年时代小伙伴们快乐的歌声和身影，至今还时时浮现在我的眼前。

54. A 这个公司拥有先进的网上订餐平台和专业的外卖送餐团队，可以信赖。
B 不同场合说的话不一样，掌握这些是需要花时间学习的。
C 老师采纳并征求了同学们关于如何进一步办好文学社的意见。
D 要减少电视屏幕中的错别字，关键在于加强制作人员的精品意识。

55. A 有追求是好的，但是有追求不等于过于放大自己的期望值。
B 很多人整夜不睡觉，等候新年的到来，这种习俗叫“守岁”。
C 父母对子女的教育不限于子女的年幼时期，而是贯穿子女的终身。
D 不仅他们的研究课题受到经费的限制，而且还面临实验系统方面的困难。

56. A 经济学家主要用基尼系数来衡量一个国家的贫富差距。
B 《骆驼祥子》是老舍的代表作，也代表了老舍创作的最高水平作品。
C 根据针灸的观点，人体有十二条看不见的通道，这些通道叫作“经络”。
D 经过特殊的加工，松花蛋会变得黝黑光亮，特殊的香气扑鼻而来。

57. A 两位老人下棋的速度非常慢，围观的人都感到不耐烦了。

B 秋季天气凉快，空气也好，相比室内运动，做户外运动更有乐趣。

C 金枪鱼的肉色为红色，这是因为金枪鱼的肌肉中含有大量肌红蛋白。

D 福州是中国著名的侨乡，祖籍福州的海外华侨、华人多达到300余万人。

58. A 葡萄酒的品种很多，因葡萄栽培条件和葡萄酒生产工艺条件的不同，产品风格各不相同。

B 毛绒玩具表面极易隐藏灰尘和细菌，容易使人流泪，甚至还会引起呼吸道和皮肤感染。

C 朝夕相处，谁也不能保证发生矛盾，但一发生矛盾，就各执己见，争吵不休，这其实是一种最愚蠢的见解。

D 位于内蒙古自治区内的大草原是中国最大的草场和天然牧场，独特的饲草、饲料资源富含多种营养素，为奶牛提供了最优质的营养 。

59. A 从白日做梦到梦想成真，需要的不仅仅是勇气、决心，更重要的是接下来的行动和坚持。

B 茶马市场在云南兴起，来往穿梭云南与西藏之间的马帮如织，在茶道沿途，聚集而形成了许多城市。

C 当一个生命降临到这个世界，便开始了一场修行，学习、工作都是帮助这场修行的方式，而不是目的。

D 试睡师，顾名思义就是试睡全国各地的床垫，体验并研究床垫的性能与舒适度，为顾客研发更适宜睡眠的床垫。

60. A 地震又称地动，是地壳快速释放能量过程中造成振动，期间会产生地震波的一种自然现象的缘故。

B 随着中国传统节日不断升温，被称为“中国的情人节”的七夕节越来越受到人们尤其是年轻人的热捧。

C 我对未来的时光，总是有一种不确定感，伴随而来的是偶发性的慌张和无措，有人告诉我，这源于你内心缺乏安全感和归属感。

D 千里河西走廊，在我身临其境之前，我总以为那里是黄尘弥漫、寂静荒凉的，这次实地一看才了解，原来河西走廊竟是甘肃最富庶的地区。

第二部分

第61－70题：选词填空。

61. 猜灯谜是元宵节的一项______，出现在宋朝。开始时是好事者把谜语写在纸条上，贴在五光十色的彩灯上供人猜。因为谜语能______智慧又很有意思，所以______过程中受到了社会各阶层的欢迎。

A 环节 启蒙 传染　　B 活动 启迪 流传
C 事务 启示 传达　　D 庆祝 启发 传播

62. 塔克拉玛干沙漠是中国热量条件最好的沙漠，日照时间也长。有人______塔克拉玛干是“死亡之海”或“生命禁区”，这是错误的。这里沙丘______复杂多样，几乎无所不有，______。

A 宣扬 样式 深不可测　　B 宣布 种类 络绎不绝
C 宣传 类型 变幻莫测　　D 宣誓 形式 莫名其妙

63. 人一旦形成了思维定式，就会习惯______着定式的思维思考问题，不愿也不会转个方向、换个角度想问题。______看魔术表演，不是魔术师有什么特别______之处，______我们的思维过于因袭习惯之势，想不开，所以“上当”了。

A 按 因此 高尚 总之　　B 沿 如果 高超 因而
C 靠 倘若 明智 就是　　D 顺 比如 高明 而是

64. 蛇的身上有很多鳞片，这是它们身上的一层盔甲。鳞片不但用来______身体，还是它们的“脚”。蛇向前爬行时，每一片在外边的鳞片都会翘起来，帮助蛇______住不平的路面。这些鳞片跟蛇的肌肉互相______，______身体向前爬行。

A 保护 抓 配合 推动　　B 保持 扑 配套 带领
C 保卫 逮 合作 推进　　D 保障 贴 反应 促使

65. 指路标志可以算是路上最常见的路牌了，它们通常是蓝底或绿底的，再加上白色图文。很多人觉得这种路牌非常好懂，______识字就行，对于______的路段，这样的标志还是非常有用的。有一些非常______的路标指示，不仅会______方向及地点，还会标注距离等信息，______较多，需要驾驶者迅速捕捉信息。

A 因为 熟悉 细节 指示 概念　　B 只要 陌生 详细 提示 内容
C 即使 模糊 仔细 表示 记忆　　D 只有 复杂 精细 显示 情节

66. 说起喝茶，许多人有自己的习惯和______。要用好壶好水，壶要“养”过一段的紫砂陶，水要活的山泉水。头道茶水不能喝，要______掉，还要涤器、闻香、观色、细细______，______的是一种闲适的生活态度。

A 规则 扔 品尝 试图　　B 规矩 弃 品位 追究
C 常识 漏 分辨 要求　　D 讲究 倒 品味 追求

67. 人类在精神上的回溯，不能只凭______上的感受，而须通过历史、艺文、习俗______生活记忆，去汇合命脉中的源头。乡愁是一种文化心灵的______，也是驱使一个漂泊者反省______的基本力量。

A 本质 何况 独立 反思　　B 本身 以致 孤独 返回
C 本领 至于 寂静 回忆　　D 本能 甚至 寂寞 回顾

68. 很多现代人的知识几乎全部______于书本和校园，严重______他们对生活的理解。如果我们想得到真情实感和真知灼见，当然要寄希望于那些在生活中摸爬滚打过的知识分子，______他们的立场观点与我们的______不一样。

A 源自 压抑 恐怕 相对　　B 来自 压制 反而 全面
C 来源 限制 哪怕 完全　　D 起源 控制 无论 分别

69. 有人说，生命______运动。因为运动能促进______，给人以活力。有人说，生命需要静养。看看那些从来都慢吞吞的龟，却可以活上个千年百年。这两种观点看上去都不无道理，但也______有失偏颇。运动也好，静养也好，______还是掌握好平衡。平衡得当，便是适合自己，适合自己就舒坦了。

A 处于 有条不紊 互相 重心　　B 意味 朝气蓬勃 各个 重要
C 在于 新陈代谢 各自 关键　　D 重视 循序渐进 难免 重点

70. 整个人类的生活与山有着______的关系，登山也就由此而______得到了发展。在中国，民间还流传着许多登山的传统______，如人们利用九月九日重阳节登高来进行健身活动和旅游活动，许多文人墨客也非常热爱______名山：登山以尽情享受“会当凌绝顶，一览众山小”之______。

A 密切 不断 习俗 游览 壮观　　B 亲密 陆续 习惯 游玩 壮丽
C 紧密 继续 风俗 观赏 壮烈　　D 亲切 连续 节日 展览 状况

第三部分

第71－80题：选句填空。

71－75.

从前，有位老汉住在与胡人相邻的边塞地区，来来往往的过客都尊称他为“塞翁”。塞翁生性达观，为人处世的方法与众不同。

有一天，塞翁家的马不知什么原因，在放牧时竟迷了路，回不来了。邻居们得知这一消息以后，（71）______。可是塞翁却不以为意，（72）______：“丢了马，当然是件坏事，但谁知道它会不会带来好的结果呢？”

果然，没过几个月，那匹迷途的老马又从塞外跑了回来，（73）______。于是，邻居们一齐来向塞翁道喜，并夸他有远见。然而，这时的塞翁却忧心忡忡地说：“唉，谁知道这件事会不会给我带来灾祸呢？”

塞翁家平添了一匹胡人骑的骏马，使他的儿子喜不自禁，于是就天天骑马兜风，乐此不疲。终于有一天，儿子因得意而忘形，（74）______，摔伤了一条腿，造成了终生残疾。邻居们闻讯后，赶紧前来慰问，而塞翁却还是那句老话：“谁知道它会不会带来好的结果呢？”

又过了一年，胡人大举入侵中原，（75）______，结果十有八九都在战场上送了命。而塞翁的儿子因为腿伤，免服兵役，所以他们父子躲过了这场生离死别的灾难。

“塞翁失马，焉知非福。”人世间的好事与坏事都不是绝对的，在一定的条件下，坏事可以引出好的结果，好事也可能会引出坏的结果。

A 竟从飞驰的马背上掉了下来
B 他反而劝慰大伙儿
C 纷纷表示惋惜
D 身强力壮的青年都被征去当了兵
E 并且还带回了一匹胡人骑的骏马

76－80.

清明节是中国最重要的传统节日之一。它不仅是人们祭奠祖先、缅怀先人的节日，（76）______，更是一个远足踏青、亲近自然、催护新生的春季仪式。

祭拜，有的给先人叩头行礼，有的围坐聚餐饮酒，有的则放起风筝，甚至互相比赛，进行娱乐活动。（77）______，将撤下的蒸食供品用柳条串起来。有的则把柳条编成箩圈状，戴在头上。这既是扫墓又是郊游，兴尽方归。踏青，又叫探春、郊游，（78）______，在郊野游玩，观赏春色。四月清明，春回大地，自然界到处呈现出一派生机勃勃的景象，正是郊游的大好时光，因而民间长期保持着清明踏青的习惯。

清明时节，江南一带有吃青团子的风俗。（79）______，接着将这种汁同晾干后的水磨纯糯米粉拌匀揉和，再开始制作。团子的馅心是用细腻的糖豆沙制成的，在包馅时，还要放入一小块糖猪油。团坯制好后，将它们入笼蒸熟，出笼时用毛刷将熟菜油均匀地刷在团子的表面，这便大功告成了。青团子油绿如玉，糯韧绵软，清香扑鼻，（80）______。青团子还是江南一带人祭祀祖先的必备食品，正因为如此，青团子在江南一带的民间饮食风俗中显得格外重要。

A 其含义就是脚踏青草

B 也是中华民族认祖归宗的纽带

C 吃起来甜而不腻

D 妇女和小孩儿还要就近折些杨柳枝

E 制作青团子时，要先将一种名叫“浆麦草”的野生植物捣烂，挤压出汁

第四部分

第81－100题：请选出正确答案。

81－84.

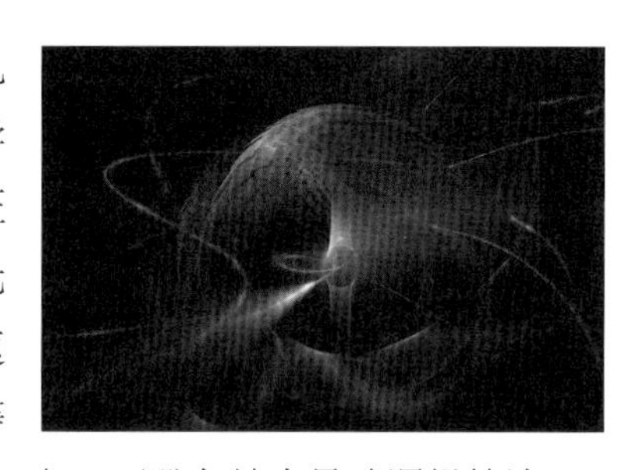

穿越时空回到过去，是科幻电影、科幻小说的常见题材。穿越小说在网上也非常流行。科幻小说家和物理学家还给时间旅行找科学依据，试图用爱因斯坦相对论来证明时间倒流是可能的。根据狭义相对论，如果速度超过光速，时间将不是实数，于是有人认为如果能建一个超光速的时间机器，就能回到过去。理论上有可能出现的，不等于实际上就能发生。即便时间旅行在物理学上有可能发生，也不可避免地会导致逻辑悖论。

经常被提到的是“祖父悖论”：时间旅行者穿越到过去，杀死自己的祖父，此时祖父还未生下时间旅行者的父亲，时间旅行者就不能出世，而他不出世的话，就不可能穿越回去杀死祖父。为了解决祖父悖论，出现了一些假说。一个常见的假说是认为时间旅行者不能干预历史进程，即使他想要杀死祖父，也会因为种种原因无法杀死，他的祖父还是会生下时间旅行者的父亲，父亲再生下时间旅行者，这样就没有悖论了。

另一个假说是认为存在多个宇宙或多条时间线，如果时间旅行者的祖父被杀死了，历史发生了改变，就衍生出了一个与原来的宇宙平行发展的新的宇宙，在那里是没有时间旅行者的。但是正如上面所说，并不是只有祖父被杀死才叫改变历史，从时间旅行者回到过去的那一瞬间开始，他的任何举动都在改变着历史，在物理学上都是等价的，都要出现一个新宇宙：一挥手，一个新宇宙出现了，再一抬脚，又一个新宇宙出现了……如果觉得这太荒诞的话，那还是相信时空穿越不可能发生比较好，穿越只是不合逻辑的文学幻想。

81. 为什么时间旅行实际上不可能发生？
A 时间不是实数　　B 导致逻辑悖论
C 违反物理学定律　　D 速度不能超越光速

82. 假说是如何解决“祖父悖论”的？
A 时间旅行者不能干预历史　　B 不存在多个宇宙
C 历史进程被改变　　D 时间旅行者不能出世

83. 根据第三段，时间旅行者如何改变历史？
A 杀死祖父　　B 认识父亲　　C 回到过去　　D 改变结果

84. 本文主要谈的是什么？
A 穿越小说　　B 如何回到过去
C 存在不止一个宇宙　　D 穿越时空为何不可能

85－88.

城市里有一条商业步行街，一个老板在这里经营着一家颇具规模的化妆品专卖店。由于这里人流量大，他的生意一直不错。可是半年后，这条街上突然冒出了几家化妆品店，这让他的生意大受影响。

一天上班前，老板遇到了正在店门前打扫卫生的保洁员。由于地砖之间的空隙较大，一些纸屑、食品碎末等垃圾都嵌在缝隙里，打扫的时候很费劲，保洁员看到老板走过来，就对他说："老板，能不能把这些地砖重新铺一下？"老板正为商店的经营发愁呢，就没好气地说："我没有那笔钱做这些，如今来买东西的顾客那么少，即使铺好了又能怎样？"没想到保洁员一本正经地说："我告诉你一个好主意，没准儿还能把顾客给引来呢。"听了保洁员的建议，老板马上采取了行动。

于是，他把通往商店门口的行人过道全部换上了彩色的地砖，只是这些地砖不在一个平面上，挨着商店门口的这边要比另一边低上5厘米，从街边到商店，一块比一块低。

经过一番改造之后，商店的顾客一天比一天多了。原来，微微倾斜的地砖，使过往的行人毫无察觉，走着走着就来到了商店的门口，走进了商店。既然进去了，看到门类齐全、质量可靠的化妆品，他们就很少空着手出来了。

85. 为什么这家店的生意受到了影响？

A 人流量减少了　　B 地砖不平

C 同类商店增多　　D 商店环境不好

86. 他们采取了什么办法吸引顾客？

A 让地砖倾斜　　B 提高产品质量

C 把门口打扫干净　　D 把地砖换成彩色的

87. 根据上文，下列哪项正确？

A 顾客被欺骗了　　B 保洁员很有智慧

C 老板不肯接受建议　　D 保洁员很了解化妆品

88. 下列哪项最适合做上文的标题？

A 知错能改　　B 采取行动

C 改变需要勇气　　D 成功需要创意

89－92.

一向低调的马三立，被内外行一致尊为相声艺术的一面旗帜。

他以老者的神态、语气讲笑话，往往从大家熟悉的生活琐事说起，乍听起来茫无头绪，可就在你不知不觉的时候，他便转入了正题，他不慌不忙，循循善诱，直至“包袱”设就，从容“抖”开，让你先怔一下才幡然醒悟，忘情失笑，而且越笑越有味道，有时还会依稀咀嚼出一丝哲理来，这就是大师的功力和境界。

大师的幽默又是不受舞台限制的，晚年的马三立似乎随时随地能够抓出笑料，足迹所到之处信手拈来，激起笑声一片。接受采访或出席活动，往往有人要求拍照，当时还没有数码相机，人家刚把照相机举起来，他随意问道：“胶卷是正品吗？”没等对方反应过来，接着要求：“现在骗人的事太多，不行，先打开看看！”拍照者急了：“一打开胶卷不就……”话到半截，他和在场的人就都乐了。去劳教所向失足少年讲话，走下汽车就有两位女警察从两边搀扶，记者一路追随着照相。走着走着，马三立忽然温和地对女警察说：“能不能由一位扶着我？”女警察不解：“马老，您年纪大了，两人扶着走不是更稳当吗！”他显出为难的样子：“是，这样是稳当，可你们看这么多记者照相，明天一准见报，群众看见我让俩警察架着往里走，会说马三立这么大年纪还犯案，这不，被警察押着进监狱了！”

马三立在台上说相声时常自称“马大学问”，其实生活中的他确实爱读书，到老仍手不释卷，并且兴趣广泛，博闻强识。他早年的名作多是“文段子”，内容离不开引经据典。他说来流畅自如，一气贯通，断句、语气准确妥帖，和他在古书上下过的深功夫是分不开的。他读书涉猎的面很广，从古诗文到演义、平话、野史、传奇、志异以至科普读物，他都读。他认为相声演员“肚子是杂货铺”，为此他一直见缝插针，勤读不已。

89. 第二段主要描述马三立相声的：

A 内容　　B 特点　　C 意义　　D 成就

90. 为什么马三立不希望两位警察扶他走路？

A 他感到紧张　　B 女警察不好意思
C 由一个人扶更方便　　D 别人会把他当成罪犯

91. 关于马三立的性格，下列哪项不对？

A 幽默　　B 朴实　　C 勤奋　　D 善变

92. 第四段中，“文段子”指的是：

A 相声中典故很多　　B 相声很难懂
C 相声比较短　　D 相声内容都是古代的

93－96.

从古至今，有了战争，动物就不由自主地身陷其中，同人类一起冲锋陷阵，驰骋沙场。世界上有不少为动物建造的纪念碑，这些纪念碑是表彰它们为人类做出的重大贡献的。

英国一个名叫“战争中的动物”的网站上面记载了这样一些动物的故事：一个名叫“罗伯”的伞兵军犬曾在非洲和意大利战场上独自执行了超过20次的跳伞任务，完成了一名优秀士兵都无法完成的任务；一只叫“玛丽”的鸽子，在执行完任务返回后，人们在它小小的身体里找到了3颗子弹；参加过一战的英国老兵还记得在黑暗、阴冷的壕沟里，他们是靠抓来的一种身体能发光的软体虫子照亮战情地图的……

在伦敦海德公园旁的一片绿地上，有一座特殊的纪念碑，是专门纪念战争中的动物的。这座纪念碑的主体结构由两面呈弧形的白色墙体组成，墙体上的战马、鸽子及大象等动物雕塑栩栩如生。2004年，英国政府为这些特殊的战争英雄举行了盛大的纪念活动，并竖立起了一座“动物英雄纪念碑”。人们一看见它，便会想起那些为英国而战的动物们。石质纪念碑上刻有碑文：战争中的动物。谨以此碑献给历史上所有在战争中死亡及为英国和盟军做出贡献的动物们。这座纪念碑的落成，显示出英国政府对战争中为英军服务的所有动物，包括马、狗、大象、鸽子等的永久性纪念。据专家统计，仅在第一次世界大战中，就有800万匹负责传递信息、运输装备和弹药的马死于饥饿或疾病。而两次世界大战中，都有成千上万的信鸽为英军传递秘密信函，死亡数量更是难以估计。建造这一纪念碑是为了让人们了解那些动物的英雄事迹。

93. “战争中的动物”网站向人们传达了什么信息？

A 动物很可怜　　B 动物是无辜的

C 动物的本领很大　　D 动物是人类的盟友

94. 一战时，士兵捉虫子是为了：

A 传递信息　　B 释放粘液　　C 照明　　D 填饱肚子

95. 这座动物英雄纪念碑上有什么？

A 动物名字　　B 两条弧线

C 动物雕刻　　D 战争奖章

96. 根据上文，下列哪项正确？

A 马常被用于运输弹药　　B 军犬必须独自执行任务

C 800万信鸽在战争中死亡　　D 人类无法胜任动物的工作

97－100.

转基因作物最初是作为具有无限前景的“高科技”新秀被推广宣传的。但生物公司随即发现，这一项高科技与历史上以往的高科技所受到的待遇不同，比如对于一系列新兴的电子产品，人们是欢迎和推崇的，但是对于转基因农作物，人们却强烈地反对。于是，生物公司继而改变其宣传策略，指出：转基因其实是“自然”的，并不违背自然规律。

转基因专家喜欢引用的一个例子是：自然界的农杆菌可以将细菌的基因转入高等植物中，在树干上形成冠瘿瘤。所以转基因是自然界中本身就可能发生的，并不是对自然规律的违背。但转基因专家们忽略了一个事实：冠瘿瘤是在植物组织受伤后，因农杆菌的侵入而引发的，通常都被视为“植物的感染”。首先，这些植物有伤在身，这才给了细菌以可乘之机；其次，植物在转入基因后是生了病，才长出了冠瘿瘤，这些植物已经不健康了，它们生长受限，产量也相应降低。当转基因专家说，转基因其实在自然界也会发生时，他们忘了这样一个事实：自然界的转基因是深受制约的。所有的有机体和细胞都有着自然的防御机制。这些形形色色的防御机制能够摧毁侵入的异类基因，或使它们处于不活动状态，或将它们的活动区域限制住。实际上，植物只是在受伤状态下“被动”接受了细菌的侵袭并形成了肿瘤，但它们并没有放弃抵抗，相反，它们还对冠瘿瘤采取了多种监视手段。

到目前为止，这个地球上的生命所进行的进化活动是极其缓慢的，变异所出现的新的形式有着充裕的时间纳入与生命相关的体系。可是现在，蛋白质们会在一夜间被调度到之前未曾到过的相互关联的位置中，它可能导致的后果是任何人都无法预言的。

97. 人们对转基因农产品的态度是怎样的？

A 欢迎　　B 新鲜　　C 追捧　　D 反对

98. 转基因专家认为植物长出冠瘿瘤属于：

A 植物感染　　B 自然现象
C 防御机制　　D 不健康的表现

99. 自然界的转基因与人工转基因有什么不同？

A 会受到制约　　B 所需时间更短
C 会导致生物患病　　D 异类基因活动不受限制

100. 本文主要谈了什么？

A 转基因农作物　　B 生命的变异活动
C 细胞的防御机制　　D 转基因是非自然的

三、书写

第101题：缩写。

（1）仔细阅读下面这篇文章，时间为10分钟，阅读时不能抄写、记录。
（2）10分钟后，监考会收回阅读材料。请将这篇文章缩写成一篇短文，字数为400字左右，时间为35分钟。
（3）标题自拟。只需复述文章内容，不需加入自己的观点。
（4）请把短文直接写在答题卡上。

这一年，举国上下都在关注着这样一个让人惊心动魄的冒险活动——独舟冒险穿越大西洋。这是一个勇敢者的游戏，与大海搏斗就是一场生死未卜的赌博，许多人都望而生畏。然而，一批批勇士，陆陆续续，还是奋不顾身地踏上了冒险的征程。

人们在钦佩这些勇士的过人勇气之余，无不期待着他们能够平安归来。可随着活动的开展，人们还是失望和痛苦起来，因为噩耗总是不断传来。在这次冒险活动中，已经有100多名勇士相继丧生。冒险活动最终以失败告终。这次活动的最终结果，似乎在向人们昭示着这样一个不容质疑的残酷现实：独舟穿越凶险难测的大西洋，绝不可能。一时，舆论哗然，大家纷纷出来指责，一致认为，这项事业纯属胡来，人的体力根本不可能应对这样的远洋横渡。人们都沉浸在悲痛与失望之中，无不慨叹这件事情的荒谬。这时，一位年轻人却挺身而出，提出截然相反的观点——独舟冒险穿越大西洋是完全可能的。在他看来，那些勇士之所以不能成功，不是肉体上不能应对，而是败在了精神上。他坚信，一个人，只要有足够的信心，就完全可以完成这次冒险活动。

这位提出相反观点的年轻人是一名从事精神病防治的医学博士。他在治疗精神病的实践中发现：许多精神病患者都是丧失了信心、缺乏毅力、感情脆弱的人，他们受不了外界的压力，从而导致了心理上的紊乱。甚至是身体健康的人，由于心理上的问题，也会使自身产生生理和心理上的各种疾病。最后，他立下这样一个结论：一个人只要对自己永远有信心，就能保持精神和肌体上的健康。

他的观点提出后，人们大为震惊和不解，更是难以相信和接受。为了验证自己的观念，说服人们，年轻人不顾亲人和朋友的坚决反对，决定亲自做一次横渡大西洋的尝试。于是，年轻人独自一人架着一叶小舟驶进了波涛汹涌的大西洋，开始了他独舟横渡大西洋的伟大壮举。航行很快就遇到了困难。大西洋上，不时巨浪滔天，狂风大作，将他的小船打得摇摇晃晃。后来，小船的桅杆折断了，船舷被海浪打裂了，船舱进水了，眼看船就要沉没了。船舱内，只见年轻人一边把舵把紧紧地系在腰际，一边腾出手来舀船舱里的水……面对着惊涛骇浪，他神情坚毅，毫无畏惧。这次航行，他遇到了难以想象的困难，多次濒临死亡，眼前时常出现幻觉，甚至连身体某些部位也处于麻木状态。有时，他真的绝望了，但每当这个不好的念头在心中闪现的时候，他就马上大声自责："懦夫，你想重蹈覆辙，葬身此地吗？不，我一定能够成功！"生的希望和求胜的无比坚定的信心，让他无比坚强，他克服了重重困难，最终成功地横渡了大西洋。

试验取得了让人难以置信的成功，许多人都被他的精神所感动。他成功归来后，向人们这样诉说他内心的真实感受："我从内心深处相信我一定会成功。这个信念在艰难中与我自身融为一体，它充满了我周身的每一个细胞……结果，我成功了。"

一个人只要对自己不失望、不放弃，永远对自己充满信心，精神就不会崩溃，就有可能战胜一切困难，取得成功。信念无敌！

정답과 듣기 스크립트는 부록에서 확인할 수 있습니다.
해설은 해설집 PDF 188p에 있습니다.

PART 2

HSK
실전 모의고사

3회

新汉语水平考试
HSK（六级）
模拟试题（三）

注意

一、　HSK（六级）分三部分：

1. 听力（50题，约35分钟）
2. 阅读（50题，50分钟）
3. 书写（1题，45分钟）

二、　听力结束后，有5分钟填写答题卡。

三、　全部考试约140分钟（含考生填写个人信息时间5分钟）。

一、听力

실전 모의고사 3회

第一部分

第1－15题：请选出与所听内容一致的一项。

1. A 园林的历史不长
   B 园林有不同的风格
   C 园林的风景是自然的
   D 人们不理解中国园林

2. A 穿山甲的尾巴很弱
   B 穿山甲来源于中国
   C 穿山甲的身体可以卷曲
   D 穿山甲会保护其他动物

3. A 孩子很调皮
   B 他们要换座位
   C 他们坐在最前面
   D 他们有两个孩子

4. A 人不都是感情动物
   B 人与人之间存在隔阂
   C 人不能决定他人的想法
   D 善待他人就是善待自己

5. A 法国举办薰衣草节
   B 薰衣草节6月开始
   C 薰衣草节持续一个月
   D 薰衣草节每年举办两次

6. A 最好饭前吃水果
   B 水果不容易消化
   C 吃水果应选合适的时间
   D 食物进入胃里要1小时

7. A 中国人很恋家
   B 春节回家非常困难
   C 中国文化都与家有关
   D 许多年轻人被迫离开家乡

8. A 一次性物品污染环境
   B 塑料杯会造成水土流失
   C 饭店禁止使用一次性筷子
   D 白色污染主要出现在城市

9. A 中国的婚礼常用白色
   B 红色在中国代表吉祥
   C 红色也可以表示危险
   D 红色在不同国家有不同含义

10. A 能力不能决定一切
    B 有些工作需要天赋
    C 专业技能决定工作表现
    D 成功的商人都有音乐才能

11. A 王羲之是唐朝人
    B 王羲之是书法家
    C 王献之写了《兰亭集序》
    D 王献之是王羲之的父亲

12. A 学前教育是热门专业
    B 当幼儿教师要求不高
    C 未来教师人数会下降
    D 学前教育专业较难就业

13. A 士兵不识字
B 这封信是空白的
C 家人希望士兵回去
D 士兵不明白信的意思

14. A 逆境也可以使人成功
B 人要学会把握机会
C 环境影响人的性格
D 好的机遇作用一定很大

15. A 麻婆豆腐中外闻名
B 麻婆豆腐是宫廷菜肴
C 麻婆豆腐最初是不辣的
D 麻婆豆腐有一千年历史

第二部分

第16－30题：请选出正确答案。

16. A 比较自由
B 无忧无虑
C 待遇丰厚
D 毫无规矩

17. A 突出品牌特色
B 合理利用媒体
C 帮助客户盈利
D 了解消费需求

18. A 1个
B 2个
C 3个
D 4个

19. A 工作优先
B 照顾家庭
C 管理时间
D 搁置问题

20. A 锻炼统筹能力
B 关注最新领域
C 多向其他人学习
D 找准自己的定位

21. A 师生平等
B 因材施教
C 学生比较被动
D 尊重学生的兴趣

22. A 越早越好
B 考大学前
C 有条件后
D 根据情况而定

23. A 生活习惯
B 学习习惯
C 好恶习惯
D 思考习惯

24. A 孩子的兴趣容易消失
B 双语环境会产生混淆
C 沟通能力促进语言学习
D 5岁孩子的大脑已发育完全

25. A 老师
B 家长
C 博士
D 学生

26. A 第6届
B 第8届
C 第18届
D 第20届

27. A 举办交流论坛
B 取消了舞台展示
C 赛事将在夜间举行
D 裁判来自世界各地

28. A 打造了中国知名企业
B 促进行业合作与发展
C 推动落实了相关法规
D 为消费者提供直接购买渠道

29. A 硬件产品缺乏标准
B 从业人员素质较低
C 知识产权体系缺失
D 缺乏正确的养宠物的理念

30. A 受到轻视
B 还在发展中
C 号召力很强
D 处于领先地位

第三部分

第31－50题：请选出正确答案。

31. A 河边
B 沙漠
C 山顶
D 森林

32. A 根不够深
B 缺乏水源
C 树叶太茂盛
D 生长时间短

33. A 温暖
B 肥沃
C 贫瘠
D 冷清

34. A 月球
B 水星
C 火星
D 木星

35. A 宇航员
B 志愿者
C 运动员
D 百万富翁

36. A 气候寒冷
B 空气稀薄
C 环境逼真
D 有许多岩石

37. A 招揽人才
B 测试设备
C 获得关注
D 吸取经验

38. A 理解
B 赞同
C 疑惑
D 反对

39. A 书
B 笔
C 帽子
D 泥土

40. A 细节决定成败
B 要学会关心他人
C 成功需要等待机遇
D 经验在招聘中不重要

41. A 提供营养
B 吸引昆虫
C 传递信息
D 自我保护

42. A 香味
B 颜色
C 声音
D 种子

43. A 没有味觉
B 喜欢辣味
C 消化系统不好
D 对辣味不敏感

44. A 分泌激素
B 赶走天敌
C 消化种子
D 传播种子

45. A 去集市
B 吃猪肉
C 养小猪
D 待在家

46. A 信任
B 鼓励
C 欺骗
D 严厉

47. A 坚持原则
B 不守信用
C 见利忘义
D 舍生取义

48. A 3天内的
B 一周内的
C 30天后的
D 15到30天的

49. A 比较精确
B 比较低
C 无法探测
D 范围太大

50. A 预报天气的方法
B 天气预报是否可信
C 最新的天气预报产品
D 人们如何看待天气预报

二、阅读

第一部分

第51－60题：请选出有语病的一项。

51. A 年味就是过去遗留下来的过年文化。
    B 人的一生大约有三分之一的时间是在睡眠中度过的。
    C 母亲经常跟我唠叨，埋怨自己不能掌控家里的大事。
    D 每当我们想去做一件事情之前，我们充分务必做好的准备工作。

52. A 琵琶是一种弹拨乐器，已有两千多年的历史。
    B 人很难在一生的所有时间内都保持清醒的存在意识。
    C 身型庞大的驼鸟是鸟类的一种，但却不会飞上天的动物。
    D 不可再生能源就是那些一旦被消耗，在短时间内不可能再恢复的能源。

53. A 《红楼梦》是清代作家曹雪芹创作的小说。
    B 它忽然警觉起来，走到门边，发出呜呜的叫声。
    C 蜘蛛丝具有很强的亲水性，极易吸收雾气中的水分。
    D 人的成功与否固然有机遇的因素，那么更多还是取决于自身。

54. A 熟悉他的人都知道，他不喜欢出去应酬。
    B 经济学告诉我们，欲望越大，幸福指数则越低。
    C 要让多功能幻灯片真正发挥作用，使用者具备一定的驾驭力。
    D 在不同的时代，大批重复出产的名字差别也很大，取名也是跟着时尚走的。

55. A 生活就像一杯酒，需要细细来品尝。
    B 天气晴和，他们把这些花一盆一盆抬到院子里。
    C 电子烟的出现对国际控烟组织内部引发了激烈争论。
    D 由于这里地理位置特殊，靠南边的地方有一天两次日出日落的奇妙景观。

56. A 成长是一件最漫长的事情，漫长至终生。
    B 坚定的信念能将你所有的力量集中到一个方向。
    C 现代魔术家以特殊的艺术手段在观众面前进行表演，制造幻觉的技巧。
    D 过去，鄂温克人将驯鹿作为运输工具，但近年来，驯鹿遭遇了生存危机。

실전 모의고사 3회

57. A 面对大多数人来说，房产是一个家庭最大的财产。

B 最能表现一个国家的形象的往往是这个国家的图腾和象征物。

C 在夏日正午的阳光下给一些植物浇水，植物的叶子可能会被烧伤。

D 耳机声音过大，会对青少年听力造成不可逆的伤害。

58. A 五彩缤纷的戏曲脸谱是中国特有的一种独具风格的造型艺术，受到了世界各国人民的赞誉。

B 轻度中毒时，病人头晕、乏力、恶心、呕吐、面色苍白，可给他喝热茶，做深呼吸，比如迅速送往医院抢救。

C 善于欣赏他人的人，有一种容得下他人才华和长处的胸襟，他们将这些才华、长处为己所用，从而成就一番事业。

D 北京新机场将成为国内一次性建成的最大规模的机场，长远来看，将超越北京首都国际机场，成为国内吞吐量最大的机场。

59. A 拥有一颗谦卑的心不会让你低人一等，它反而会使你更加高贵，赢得更多人的尊敬。

B 据历史学家统计，科举制度实行后的一千多年中，中状元榜的进士一向以江浙人为主。

C 很长一段时间内，许多人对他的有机农庄不以为然，认为那是对高效、高产的“现代”农业的否定。

D 犯罪分子在作案时总会在他触摸过的东西上留下指纹，警察可以用特殊方法收集到这种指纹，并把它作为罪犯特征的一种重要依据。

60. A 独处，是人的一种生存能力，缺乏独处能力的人，归根到底是缺乏思考的内在需求。

B 昙花享有“月下美人”之誉，当花渐渐展开后，过1到2小时又慢慢地枯萎了，故被称为“昙花一现”之说。

C 研究发现，在装满了镜子的屋里运动会让女性对自己身材的不完美处倍感焦虑，而不看镜子锻炼效果会更好。

D 齐白石是近现代中国绘画大师，擅画花鸟、虫鱼、山水、人物，著名的京剧大师梅兰芳也是齐白石的学生。

第二部分

第61－70题：选词填空。

61. 中秋节是中国的传统佳节。中秋节的主要活动都是______“月”进行的。中秋节月亮圆满，______团圆。民间要______赏月、祭月、吃月饼等一系列活动。

A 包围　意味　开展　　B 按照　思想　开辟
C 围绕　象征　举行　　D 关于　暗示　举办

62. 为什么中国瓷器先出现青瓷而不是白瓷呢？因为要烧制______洁白的白瓷，首先要有合适的瓷土，特别是含铁量比较低的瓷土。古代由于地理上的______及科学技术的落后，只能就地取材，______当地含铁量较高的原料来制造瓷器。

A 容貌　界限　运用　　B 外表　偏僻　采集
C 样式　障碍　采取　　D 外观　限制　利用

63. 成功可以______人的意志，失败可以锻炼人的意志。成功时，人们常常会骄傲自大，不思进取。时间一长，就会______斗志。俗话说“好汉不______当年勇”，就是为了警戒那些只要在某件事上取得一点点成功，就______的人。

A 消除　丢失　夸　理直气壮　　B 消磨　丧失　提　得意扬扬
C 消费　失去　秀　一丝不苟　　D 消灭　忘记　说　欣欣向荣

64. 将一大盆热气腾腾的食物______放进冰箱很可能会造成食物中毒。______这盆食物的热量会让冰箱里的温度升高，______细菌滋生。所以食物做好后最好在桌上______1小时，或将它分成小份再放进冰箱。

A 即便　由于　吸引　冷静　　B 立即　因此　调动　安置
C 直接　因为　导致　冷却　　D 瞬间　等于　传染　陆续

65. ______一种表演艺术，如果没有年轻观众的______参与，是没有生命力的，其前途堪忧。传统戏曲到底该如何传承呢？在世界上每一个______，充满活力和激情的年轻人都是最受______的。他们加入戏曲演员行列，可以为戏曲争取到更多的观众。______，年轻人的态度是戏曲传承的最大正能量。

A 任何　积极　角落　关注　总之　　B 任意　兴奋　角度　关心　总算
C 任性　热情　国度　关怀　总结　　D 任命　鼓舞　处境　关照　总共

실전 모의고사 3회

66. 随着经济的发展和______的加剧，人们的生活与工作______也越来越快，这让我们每一个人感受到了______的心理压力，“心理健康”这个词也越来越得到人们的重视。一项调查报告显示，1/6以上的中国人存在不同______的心理问题。

A 斗争 气氛 迄今为止 区域　　B 竞赛 环境 滔滔不绝 形态
C 竞争 节奏 前所未有 程度　　D 拼搏 规律 名副其实 状态

67. 目前租赁市场中，“廉价合租”______比较普遍。不过看似廉价的合租却存在诸多______，如人际关系紧张、财物安全难以______等等。对于缺乏社会经验的毕业生而言，很容易在租房时______各种问题。

A 特点 隐蔽 保护 出生　　B 习惯 隐私 保持 诞生
C 情况 隐瞒 保证 发生　　D 现象 隐患 保障 遇到

68. ______是春夏，还是秋冬，他经常去竹林里______竹子的生长变化情况，琢磨竹枝的长短粗细，叶子的形态、颜色等，竹子的各种形象都深深地印在他的心中。有新的感受后他就回到书房，把心中______的画在纸上。所以每次画竹，他都显得非常______。

A 与其 目睹 主张 坦白　　B 无论 观察 所得 从容
C 无非 描绘 定义 乐意　　D 哪怕 发觉 动态 斯文

69. 八仙过海是一个流传很广的民间______。相传曾有一个神仙，在仙岛牡丹盛开的时候，邀请八仙一起来参加聚会。______之后，八仙没有搭船，而是按照自己的方式从海上回来。这就是“八仙过海、各显神通”的______。后来，人们用这句谚语来比喻各自有一套办法，或各自施展______，互相竞赛。

A 传说 结束 起源 本领　　B 说法 完毕 缘故 本来
C 传统 完成 本质 本身　　D 词汇 结局 原理 本色

70. 教师采用强制的手段只能得到学生______的表面上的顺从。若将一部分权力分给学生，让他们在集体中参与一定的组织和______工作，与学生共同商量决定集体中的一些问题，能增强教师在集体中的威信，______明显地减少师生之间、学生之间的______。这样集体就会出现团结合作、互相信任、气氛愉快和谐的______。

A 临时 决策 原先 压迫 样子　　B 暂时 领导 从而 冲突 局面
C 况且 纪律 足以 矛盾 演绎　　D 暂且 选拔 以致 遗憾 循环

第三部分

第71－80题：选句填空。

71－75.

通常的印象，（71）______，特别是李白，他的《将进酒》中说“将进酒，杯莫停”，杜甫也在《饮中八仙歌》中说“李白一斗诗百篇”。可见李白是很爱喝酒的，（72）______，是不是一喝就是“一斗”呢?

我们曾经见过的“斗”，一般是称量粮食的工具，现在已经没人用了。一斗大约是50斤粮食。（73）______，酒量自然是大得惊人。古时候量酒用的也是斗，但是跟称粮食的斗并不是一回事。那时的斗就是喝酒的杯子，可以随身带着，体积也不是很大。（74）______，喝上一斗酒是很容易的事，也就跟现在的一杯啤酒差不多。只有李白喝酒的记录，而没有发现李白一口气喝上几斗酒的记录，估计李白的酒量是不大的。

杜甫说他“一斗诗百篇”，实际意思是，李白只要喝上一斗酒，（75）______。只喝那么一杯啤酒，就上了诗情，显然是酒精起了作用，这正说明了他酒量并不大。从李白的诗作来看，他喝酒的目的并不是为了求醉，更不追求喝进肚里多少，而是借酒抒情，借酒发泄。

A 而且古代酒的度数很低

B 就能够写出许多诗来

C 谁要是能喝一斗酒

D 仿佛古代的诗人都挺能喝酒

E 但是他是不是真的能够喝很多酒

76－80.

一位心理学家发明了一种自测人缘好坏的便捷方法。（76）______，在你的寝室里还住着另外三个同学，在这个小环境中，如果你想知道自己受欢迎程度如何，你不必委托第三者搞问卷调查，只要问问自己——三个同学中，我喜欢或者讨厌几个人？你喜欢的人越多，（77）______，你的人缘就越好；反过来，你讨厌的人越多，你的人缘就越差。

也许有人不理解，明明是要调查我自己的受欢迎程度，现在却问我究竟喜欢或者讨厌多少人，这不是南辕北辙吗？（78）______，他们认为，在交际中，人的情感是可以相互作用的：当你真心喜欢一个人时，即使你不对他说出来，也没有为他做过什么特别的事，但时间久了，对方就能感觉到，（79）______；如果你心中很讨厌一个人，哪怕你将这种情感隐匿得很深，从未给对方什么脸色，最终也会被他感知，回击。

在物理学上，有一个牛顿第三定律：任何作用力，都会有一个与之相等的反作用力。在交际中，似乎也有这样的一个“牛顿定律”：你喜欢别人，别人最终也会喜欢上你；你讨厌别人，（80）______。

A 就会以同样的情感回报你
B 心理学家却不这样看
C 表明你的受欢迎程度越高
D 假如你是一个大学生
E 别人有一天一定也会嫌弃你

第四部分

第81－100题：请选出正确答案。

81－84.

古时候，齐国的国君齐宣王爱好音乐，尤其喜欢听人吹竽，他手下有300个善于吹竽的乐师。齐宣王喜欢热闹，爱摆排场，总想在人前显示做国君的威严，所以每次听人吹竽的时候，总是叫这300个人在一起合奏给他听。

有个南郭先生听说了齐宣王的这个爱好，觉得有机可乘，就跑到齐宣王那里去，吹嘘自己说："大王啊，我是个有名的乐师，听过我吹竽的人没有不被感动的，就是鸟兽听了也会翩翩起舞，花草听了也会合着节拍颤动，我愿把我的绝技献给大王。"齐宣王听了很高兴，不加考察，很痛快地就收下了他，把他也编进那支300人的吹竽队中。这以后，南郭先生就随那300人一块儿合奏给齐宣王听，和大家一样拿着优厚的薪水和丰厚的赏赐，心里得意极了。

其实南郭先生撒了个大谎，他压根儿就不会吹竽。每逢演奏的时候，南郭先生就捧着竽混在队伍中，人家摇晃身体他也摇晃身体，人家摆头他也摆头，脸上装出一副动情忘我的样子，看上去和别人一样，都吹奏得挺投入。

过了几年，爱听合奏的齐宣王死了，他的儿子齐湣王继承了王位。齐湣王也爱听人吹竽，可是他和齐宣王不一样，认为300人一块儿吹实在太吵，不如独奏来得悠扬逍遥。于是齐湣王下了一道命令，要这300人一个个地轮流吹竽给他听。乐师们知道命令后都积极练习，想一展身手，只有那个滥竽充数的南郭先生急得像热锅上的蚂蚁，惶惶不可终日。他想来想去，觉得这次再也混不过去了，只好连夜收拾行李逃走了。

81. 齐宣王喜欢什么？

A 乐器合奏　B 翩翩起舞　C 独自吹竽　D 安静的音乐

82. 南郭先生吹竽的技术怎么样？

A 非常动人　B 十分高超　C 吹得投入　D 根本不会

83. 知道齐湣王要听独奏之后，南郭先生是怎么做的？

A 努力练习　B 心里得意　C 连忙逃走　D 专心演出

84. 这个故事主要想告诉我们什么道理？

A 要学会独立　B 骗子总会被揭穿

C 人应适应时代变化　D 团队中容易出现短板

85－88.

不少司机平时斯文有礼，但一开起车来就变得暴躁易怒。一项研究显示，驾车时听一些忧伤的慢歌或有助于熄灭司机心中的怒火。当然，司机要注意不可戴耳机或是将音量调得过大。

研究人员设计了一项测试，用虚拟实景让志愿者驾驶大型车辆通过狭窄迂回的道路，其间司机需应付不同的限速提示，且1分钟大约会有至多40辆车逼近他们。志愿者开始时会先听到一些情绪高昂的歌曲，8分钟后歌曲会变成曲调忧伤的抒情慢歌。同时，研究人员在他们的皮肤表面连接电极，以测定驾车时他们的压力情况。结果显示，大声播放音乐会让司机心情愉悦，但开车时却心不在焉，而司机听忧伤慢歌则有助减压，超速、偏离车道和轻微剐蹭的情况都有所减少。研究人员说："越是感受到活力，越会分散驾车时的注意力。这在复杂的驾车环境下尤其危险，因为那容易让司机达到注意力极限。"

路怒症是指在交通阻塞的情况下，开车压力与挫折感所导致的愤怒情绪，是常见的新型汽车综合症。路怒症发作的人经常口出狂言，动粗甚至损毁他人财物。研究人员从交通安全、应激反应、精神疾患等方面对路怒症展开了一定研究，认为这是一种心理障碍。心理学研究人员曾招募30名志愿者，让他们分别用自驾以及搭乘公交车两种方式前往同一目的地，在旅途中监测他们的心率以及皮肤对焦虑和压力的反应。监测结果显示，乘坐公共交通工具时，人所感受到的平均压力较开车时少33%。事后的问卷调查还显示，93%的人认为开车时压力更大。

85. 什么样的音乐有助于司机平静心情?

A 活泼的　　B 忧伤的
C 激昂的　　D 古典的

86. 模拟测试的道路状况怎么样?

A 笔直的　　B 岔路多
C 比较窄　　D 不平坦

87. 情绪高昂的音乐会使司机:

A 减少事故　　B 压力变大
C 注意力分散　　D 产生心理障碍

88. 人在什么情况下容易产生"路怒症"?

A 交通堵塞　　B 听音乐驾驶
C 精神不正常　　D 乘坐公共交通工具

89－92.

有一天，一家餐馆的老板在家里吃饭的时候，不小心把一瓶草莓酱打翻了。顿时空气中弥漫着一股香甜的草莓香味，久久不散。老板胃口大开，只觉得饭菜从来没有这么好吃过，他很快就把饭菜吃得一干二净。“难道加果酱的菜特别好吃？”他试着在做菜时加入不同的果酱，不过最终效果都不好，美味的菜肴和可口的果酱就是凑不到一块，多数情况下，果酱会影响菜肴的口感，让菜肴的美味度大打折扣。

他非常疑惑，不知道问题到底出在哪儿。于是，他带着疑问，查阅了相关书籍，并咨询了一些美食行家，最终找到了问题的根源所在。原来，人的舌头只可以品尝出酸、甜、苦、辣、咸5种味道，而研究表明，嗅觉却能分辨出不计其数的香味，这些香味会刺激人的神经中枢，对食欲、满足感产生影响，甚至食物味道的8成都取决于香味！

于是，他找到一家香料厂，制作生产了各种芳香液，香味类型包括咖啡、水果、香草等等，涵盖了各种常见的、被人们喜爱的香味。为了让香味被顾客闻到而又不把芳香液掺进菜肴里面，他设计了一款特殊的叉匙，叉匙的柄端贴上特制纸片，只要往上面滴几滴易挥发的芳香液，顾客每次享用食物时就可以闻到各种诱人的香味。自从用上了这种特殊的“芳香匙”，短短两个多月，这家餐馆生意越做越红火，它也成为了最受顾客欢迎的餐馆之一。

89. 打翻草莓酱以后，老板觉得：

A 非常浪费　　B 味道有点刺激
C 饭菜特别好吃　　D 果酱不适合混入菜里

90. 与第一段中的“大打折扣”意思最接近的一项是：

A 便宜很多　　B 失去特色
C 保留原味　　D 大幅降低

91. 这家餐馆是如何使用芳香液的？

A 掺进菜肴里　　B 滴在餐具上
C 散在空气中　　D 洒在桌布上

92. 根据上文，下列哪项正确？

A 老板没有创新意识　　B 香味总会迅速消失
C 人的味觉比嗅觉灵敏　　D 香味会影响人的食欲

93－96.

唐代是中国封建社会的鼎盛时期，经济上繁荣兴盛，文化艺术上群芳争艳。三彩釉陶始于南北朝盛于唐，它以造型生动逼真、色泽艳丽和富有生活气息而著称，因为常用三种基本色，又在唐代发展成熟，所以被后人称为“唐三彩”。

唐三彩是一种低温铅釉陶器，陶坯的色釉中加入了不同的金属氧化物，这些物质在烘制过程中发生化学变化，便形成多种色彩，但多以黄、红、绿三色为主。唐三彩色彩自然协调，花纹流畅，是一种具有独特风格的传统工艺品。唐三彩在色彩的相互辉映中，显出堂皇富丽的艺术魅力。唐三彩多用于随葬，因为它的质地松脆，防水性能差，所以实用性远不如当时已经出现的青瓷和白瓷。

唐三彩的造型丰富多彩，一般可以分为动物、生活用具和人物三大类，而其中尤以动物居多。这可能和当时的时代背景有关，在中国古代，马是重要的交通工具之一，战场上需要马，农民耕田需要马，交通运输也需要马，所以出土的唐三彩中马比较多。其次就是骆驼，这可能和当时中外贸易有关，骆驼是长途跋涉的交通工具之一，也是丝绸之路沿途的交通工具，所以说，匠人们把它反映在了工艺品上。而人物类一般以宫廷侍女居多，这个反映的就是当时的宫廷生活了。

93. “唐三彩”这个名字是怎么来的?

A 只用三种颜色　　B 以三种颜色为主

C 与人的名字有关　　D 主要有三种造型

94. 从第二段可以知道:

A 唐三彩色彩丰富　　B 唐三彩实用性强

C 唐三彩经过高温灼烧　　D 烧制过程不发生任何变化

95. 第三段主要谈什么?

A 唐三彩的颜色　　B 唐三彩的造型

C 唐三彩的用途　　D 唐三彩的历史

96. 在唐三彩的各种造型中，哪一种动物比较多?

A 狗　　B 龙

C 马　　D 骆驼

97－100.

一些野生动物研究者装扮成各种野生动物的模样，几乎可以以假乱真。这当然不是图的自娱自乐或者吸引别人的眼球，而是想获得动物们的好感。伪装不是穿上夸张的动物服装那么简单。真正的伪装，不仅外观可以迷惑对方，连气味、习性和行动方式也会被动物视为同类。伪装成动物的至高境界是掩盖人类属性。

人类最容易在动物面前露馅的是气味。卧龙自然保护区中国大熊猫研究与保护中心的饲养员，会在身上喷洒臭烘烘的熊猫粪便和尿液，用以掩盖人的气味。当饲养员和熊猫“臭味相投”时，那些熊猫幼崽就会感到毫无压力，也不会害怕这些“大熊猫”的“嘘寒问暖”了。

仅仅盖住气味还是不够的。美国动物学家曾经伪装成鳄鱼，深入坦桑尼亚河岸的泥巴洞穴，想接近一群尼罗鳄。他穿戴的鳄鱼头套由玻璃纤维材料制成，身体部分是一个铝制防护框。正当他觉得万无一失时，却犯下了一个致命错误——他不是模仿鳄鱼缓慢爬行，而是快速移动了一下。一只大鳄鱼察觉出异样，猛地转过身来，把头凑到他跟前，直盯着这个“同类”。

如果想打入动物群体内部，而不被凶险的它们灭掉，动物之间的排斥感就是天然的自我保护利器。一名博士生想要查清楚，是否所有的河马粪便都会引起鱼类的死亡。但问题是，采集水样要冒着被一头或几头4吨重的庞然大物压扁的危险。于是他定制了一艘遥控小船，用仿制的尼罗鳄鱼头做了巧妙的伪装，船里满载着测量水质用的传感器和声呐装置。河马和鳄鱼一直以来都是“井水不犯河水”，所以这个伪装奏效了：小船成功穿越了被河马占据着的溪流。

97. 研究者伪装成动物是为了：

A 自娱自乐　B 引起注意　C 接近它们　D 远离人类

98. 根据第二段可知，动物对什么很敏感？

A 颜色　B 温度　C 风向　D 气味

99. 第三段中，鳄鱼为什么识破了人的伪装？

A 外观有差别　B 人缺乏警惕
C 气味不一样　D 行动方式不同

100. 下列哪项最适合做上文的标题？

A 别激怒动物　B 伪装不简单
C 寻找野生动物　D 动物们的伪装

三、书写

第101题：缩写。

（1）仔细阅读下面这篇文章，时间为10分钟，阅读时不能抄写、记录。

（2）10分钟后，监考会收回阅读材料。请将这篇文章缩写成一篇短文，字数为400字左右，时间为35分钟。

（3）标题自拟。只需复述文章内容，不需加入自己的观点。

（4）请把短文直接写在答题卡上。

有一个小男孩名叫瑞恩。有一天，他在电视上看到非洲有成千上万的儿童没有水喝，他们渴急了就只能去喝残留在水洼里的脏水。6岁的瑞恩瞪大了眼睛，他根本不相信这世上居然会有人没有干净的水喝，而且会因此死去。他难过极了。忽然，电视中传出来这样一句话——“70块钱可以挖一口井”，这话让瑞恩激动不已。他想，我一定要为他们挖一口井，明天就要带70块钱去。

电视节目结束后，他迫不及待地向妈妈伸出手：“妈妈，给我70块钱。”面对瑞恩的请求，妈妈根本没当回事。瑞恩只好沮丧地走开了，可是一整天，电视中那些非洲孩子因没水喝而死去的画面都充斥在他的脑海中。晚饭时，瑞恩又向爸爸、妈妈提起了这件事。“不，”妈妈说，“70块钱是不能解决那里的问题的。况且你还是个孩子，你没有这个能力！”瑞恩把求助的目光投向了爸爸。“这是个可笑的想法，瑞恩……”爸爸还想说下去，瑞恩哭了起来。

从此，瑞恩每天都向父母请求，好像不给他这70块钱，他就没办法生活下去一样。瑞恩的爸爸、妈妈不得不认真地讨论这件事，然后他们告诉瑞恩：“如果你真想要，你可以自己赚，比如为家里打扫房间，清理垃圾，我们会给你报酬。”这一天，瑞恩干了两个多小时，经过妈妈的“验收”后，他的储蓄罐里多了两块钱。此后，瑞恩经常利用业余时间做家务。

渐渐地，家族里的人都知道了瑞恩的这个梦想。瑞恩的爷爷责问儿子说：“为什么不直接给他70块钱？”瑞恩的爸爸说：“孩子的想法太可笑了，根本就不可能实现，这样做主要是锻炼他的劳动能力。他很快就会厌烦的。”瑞恩的妈妈也附和道：“这肯定是一个梦，一个6岁孩子的梦，谁会认真对待这种胡思乱想呢？”

可半年过去了，瑞恩非但没有放弃，反而干得更加卖力了。每当爸爸、妈妈劝他停止时，瑞恩就说：“让我再干一会儿吧，我一定要赚取足够的钱，为非洲的孩子挖一口井。”

附近的邻居们知道了瑞恩的梦想，都被瑞恩的执着感动了，纷纷加入到“为非洲孩子挖一口井”的活动中。不久，瑞恩的故事出现在了当地的报纸上，题目就叫《瑞恩的井》。随后瑞恩的故事迅速传遍整个国家，不断有电视台要求采访这个执着的孩子。一周后，在瑞恩家的邮筒里出现了一封来信，信封上写着“瑞恩的井”，里面有一张25万元的支票，还有一张便条：“但愿我可以做得更多。”五年过去了，这个梦想竟成为上万人参加的一项事业。如今，在缺水最严重的非洲乌干达地区，也已经有56%的人能够喝上纯净的井水了。

有记者问瑞恩：“是什么让你坚持做这件事情的？”瑞恩说：“我梦想着有一天非洲的人都能喝上干净的水。虽说当时这件事对我有难度，但是我一定要为他们挖一口井。”

정답과 듣기 스크립트는 부록에서 확인할 수 있습니다.
해설은 해설집 PDF 237p에 있습니다.

■ 汉语水平考试 HSK（六级）答题卡 ■

請填寫考生信息

按照考試證件上的姓名填寫：

姓名	

如果有中文姓名，請填寫：

中文姓名	

考生序號		
		[0] [1] [2] [3] [4] [5] [6] [7] [8] [9]
		[0] [1] [2] [3] [4] [5] [6] [7] [8] [9]
		[0] [1] [2] [3] [4] [5] [6] [7] [8] [9]
		[0] [1] [2] [3] [4] [5] [6] [7] [8] [9]
		[0] [1] [2] [3] [4] [5] [6] [7] [8] [9]

請填寫考點信息

考點代碼		
		[0] [1] [2] [3] [4] [5] [6] [7] [8] [9]
		[0] [1] [2] [3] [4] [5] [6] [7] [8] [9]
		[0] [1] [2] [3] [4] [5] [6] [7] [8] [9]
		[0] [1] [2] [3] [4] [5] [6] [7] [8] [9]
		[0] [1] [2] [3] [4] [5] [6] [7] [8] [9]
		[0] [1] [2] [3] [4] [5] [6] [7] [8] [9]
		[0] [1] [2] [3] [4] [5] [6] [7] [8] [9]

國籍		
		[0] [1] [2] [3] [4] [5] [6] [7] [8] [9]
		[0] [1] [2] [3] [4] [5] [6] [7] [8] [9]
		[0] [1] [2] [3] [4] [5] [6] [7] [8] [9]

年齡		
		[0] [1] [2] [3] [4] [5] [6] [7] [8] [9]
		[0] [1] [2] [3] [4] [5] [6] [7] [8] [9]

性別	男 [1]	女 [2]

注意	请用2B铅笔这样写：▬

一、听力

1. [A] [B] [C] [D]	6. [A] [B] [C] [D]	11. [A] [B] [C] [D]	16. [A] [B] [C] [D]	21. [A] [B] [C] [D]
2. [A] [B] [C] [D]	7. [A] [B] [C] [D]	12. [A] [B] [C] [D]	17. [A] [B] [C] [D]	22. [A] [B] [C] [D]
3. [A] [B] [C] [D]	8. [A] [B] [C] [D]	13. [A] [B] [C] [D]	18. [A] [B] [C] [D]	23. [A] [B] [C] [D]
4. [A] [B] [C] [D]	9. [A] [B] [C] [D]	14. [A] [B] [C] [D]	19. [A] [B] [C] [D]	24. [A] [B] [C] [D]
5. [A] [B] [C] [D]	10. [A] [B] [C] [D]	15. [A] [B] [C] [D]	20. [A] [B] [C] [D]	25. [A] [B] [C] [D]
26. [A] [B] [C] [D]	31. [A] [B] [C] [D]	36. [A] [B] [C] [D]	41. [A] [B] [C] [D]	46. [A] [B] [C] [D]
27. [A] [B] [C] [D]	32. [A] [B] [C] [D]	37. [A] [B] [C] [D]	42. [A] [B] [C] [D]	47. [A] [B] [C] [D]
28. [A] [B] [C] [D]	33. [A] [B] [C] [D]	38. [A] [B] [C] [D]	43. [A] [B] [C] [D]	48. [A] [B] [C] [D]
29. [A] [B] [C] [D]	34. [A] [B] [C] [D]	39. [A] [B] [C] [D]	44. [A] [B] [C] [D]	49. [A] [B] [C] [D]
30. [A] [B] [C] [D]	35. [A] [B] [C] [D]	40. [A] [B] [C] [D]	45. [A] [B] [C] [D]	50. [A] [B] [C] [D]

二、阅读

51. [A] [B] [C] [D]	56. [A] [B] [C] [D]	61. [A] [B] [C] [D]	66. [A] [B] [C] [D]	71. [A] [B] [C] [D] [E]
52. [A] [B] [C] [D]	57. [A] [B] [C] [D]	62. [A] [B] [C] [D]	67. [A] [B] [C] [D]	72. [A] [B] [C] [D] [E]
53. [A] [B] [C] [D]	58. [A] [B] [C] [D]	63. [A] [B] [C] [D]	68. [A] [B] [C] [D]	73. [A] [B] [C] [D] [E]
54. [A] [B] [C] [D]	59. [A] [B] [C] [D]	64. [A] [B] [C] [D]	69. [A] [B] [C] [D]	74. [A] [B] [C] [D] [E]
55. [A] [B] [C] [D]	60. [A] [B] [C] [D]	65. [A] [B] [C] [D]	70. [A] [B] [C] [D]	75. [A] [B] [C] [D] [E]
76. [A] [B] [C] [D] [E]	81. [A] [B] [C] [D]	86. [A] [B] [C] [D]	91. [A] [B] [C] [D]	96. [A] [B] [C] [D]
77. [A] [B] [C] [D] [E]	82. [A] [B] [C] [D]	87. [A] [B] [C] [D]	92. [A] [B] [C] [D]	97. [A] [B] [C] [D]
78. [A] [B] [C] [D] [E]	83. [A] [B] [C] [D]	88. [A] [B] [C] [D]	93. [A] [B] [C] [D]	98. [A] [B] [C] [D]
79. [A] [B] [C] [D] [E]	84. [A] [B] [C] [D]	89. [A] [B] [C] [D]	94. [A] [B] [C] [D]	99. [A] [B] [C] [D]
80. [A] [B] [C] [D] [E]	85. [A] [B] [C] [D]	90. [A] [B] [C] [D]	95. [A] [B] [C] [D]	100. [A] [B] [C] [D]

三、书写

101.

100

接背面

절취선

汉语水平考试 HSK（六级）答题卡

不要寫到框綫以外!

절취선

汉语水平考试 HSK（六级）答题卡

請填寫考生信息

按照考試證件上的姓名填寫：

姓名	

如果有中文姓名，請填寫：

中文姓名	

考生序號		
		[0] [1] [2] [3] [4] [5] [6] [7] [8] [9]
		[0] [1] [2] [3] [4] [5] [6] [7] [8] [9]
		[0] [1] [2] [3] [4] [5] [6] [7] [8] [9]
		[0] [1] [2] [3] [4] [5] [6] [7] [8] [9]
		[0] [1] [2] [3] [4] [5] [6] [7] [8] [9]

請填寫考點信息

考點代碼		
		[0] [1] [2] [3] [4] [5] [6] [7] [8] [9]
		[0] [1] [2] [3] [4] [5] [6] [7] [8] [9]
		[0] [1] [2] [3] [4] [5] [6] [7] [8] [9]
		[0] [1] [2] [3] [4] [5] [6] [7] [8] [9]
		[0] [1] [2] [3] [4] [5] [6] [7] [8] [9]
		[0] [1] [2] [3] [4] [5] [6] [7] [8] [9]
		[0] [1] [2] [3] [4] [5] [6] [7] [8] [9]

國籍		
		[0] [1] [2] [3] [4] [5] [6] [7] [8] [9]
		[0] [1] [2] [3] [4] [5] [6] [7] [8] [9]
		[0] [1] [2] [3] [4] [5] [6] [7] [8] [9]

年齡		
		[0] [1] [2] [3] [4] [5] [6] [7] [8] [9]
		[0] [1] [2] [3] [4] [5] [6] [7] [8] [9]

性別	男 [1]	女 [2]

注意	请用2B铅笔这样写：▬

一、听力

1. [A] [B] [C] [D]	6. [A] [B] [C] [D]	11. [A] [B] [C] [D]	16. [A] [B] [C] [D]	21. [A] [B] [C] [D]
2. [A] [B] [C] [D]	7. [A] [B] [C] [D]	12. [A] [B] [C] [D]	17. [A] [B] [C] [D]	22. [A] [B] [C] [D]
3. [A] [B] [C] [D]	8. [A] [B] [C] [D]	13. [A] [B] [C] [D]	18. [A] [B] [C] [D]	23. [A] [B] [C] [D]
4. [A] [B] [C] [D]	9. [A] [B] [C] [D]	14. [A] [B] [C] [D]	19. [A] [B] [C] [D]	24. [A] [B] [C] [D]
5. [A] [B] [C] [D]	10. [A] [B] [C] [D]	15. [A] [B] [C] [D]	20. [A] [B] [C] [D]	25. [A] [B] [C] [D]
26. [A] [B] [C] [D]	31. [A] [B] [C] [D]	36. [A] [B] [C] [D]	41. [A] [B] [C] [D]	46. [A] [B] [C] [D]
27. [A] [B] [C] [D]	32. [A] [B] [C] [D]	37. [A] [B] [C] [D]	42. [A] [B] [C] [D]	47. [A] [B] [C] [D]
28. [A] [B] [C] [D]	33. [A] [B] [C] [D]	38. [A] [B] [C] [D]	43. [A] [B] [C] [D]	48. [A] [B] [C] [D]
29. [A] [B] [C] [D]	34. [A] [B] [C] [D]	39. [A] [B] [C] [D]	44. [A] [B] [C] [D]	49. [A] [B] [C] [D]
30. [A] [B] [C] [D]	35. [A] [B] [C] [D]	40. [A] [B] [C] [D]	45. [A] [B] [C] [D]	50. [A] [B] [C] [D]

二、阅读

51. [A] [B] [C] [D]	56. [A] [B] [C] [D]	61. [A] [B] [C] [D]	66. [A] [B] [C] [D]	71. [A] [B] [C] [D] [E]
52. [A] [B] [C] [D]	57. [A] [B] [C] [D]	62. [A] [B] [C] [D]	67. [A] [B] [C] [D]	72. [A] [B] [C] [D] [E]
53. [A] [B] [C] [D]	58. [A] [B] [C] [D]	63. [A] [B] [C] [D]	68. [A] [B] [C] [D]	73. [A] [B] [C] [D] [E]
54. [A] [B] [C] [D]	59. [A] [B] [C] [D]	64. [A] [B] [C] [D]	69. [A] [B] [C] [D]	74. [A] [B] [C] [D] [E]
55. [A] [B] [C] [D]	60. [A] [B] [C] [D]	65. [A] [B] [C] [D]	70. [A] [B] [C] [D]	75. [A] [B] [C] [D] [E]
76. [A] [B] [C] [D] [E]	81. [A] [B] [C] [D]	86. [A] [B] [C] [D]	91. [A] [B] [C] [D]	96. [A] [B] [C] [D]
77. [A] [B] [C] [D] [E]	82. [A] [B] [C] [D]	87. [A] [B] [C] [D]	92. [A] [B] [C] [D]	97. [A] [B] [C] [D]
78. [A] [B] [C] [D] [E]	83. [A] [B] [C] [D]	88. [A] [B] [C] [D]	93. [A] [B] [C] [D]	98. [A] [B] [C] [D]
79. [A] [B] [C] [D] [E]	84. [A] [B] [C] [D]	89. [A] [B] [C] [D]	94. [A] [B] [C] [D]	99. [A] [B] [C] [D]
80. [A] [B] [C] [D] [E]	85. [A] [B] [C] [D]	90. [A] [B] [C] [D]	95. [A] [B] [C] [D]	100. [A] [B] [C] [D]

三、书写

101.

100

接背面

절취선

汉语水平考试 HSK（六级）答题卡

不要寫到框綫以外！

절취선

汉语水平考试 HSK（六级）答题卡

请填寫考生信息

按照考試證件上的姓名填寫：

姓名	

如果有中文姓名，請填寫：

中文姓名	

考生序號	
	[0] [1] [2] [3] [4] [5] [6] [7] [8] [9]
	[0] [1] [2] [3] [4] [5] [6] [7] [8] [9]
	[0] [1] [2] [3] [4] [5] [6] [7] [8] [9]
	[0] [1] [2] [3] [4] [5] [6] [7] [8] [9]
	[0] [1] [2] [3] [4] [5] [6] [7] [8] [9]

請填寫考點信息

考點代碼	
	[0] [1] [2] [3] [4] [5] [6] [7] [8] [9]
	[0] [1] [2] [3] [4] [5] [6] [7] [8] [9]
	[0] [1] [2] [3] [4] [5] [6] [7] [8] [9]
	[0] [1] [2] [3] [4] [5] [6] [7] [8] [9]
	[0] [1] [2] [3] [4] [5] [6] [7] [8] [9]
	[0] [1] [2] [3] [4] [5] [6] [7] [8] [9]
	[0] [1] [2] [3] [4] [5] [6] [7] [8] [9]

國籍	
	[0] [1] [2] [3] [4] [5] [6] [7] [8] [9]
	[0] [1] [2] [3] [4] [5] [6] [7] [8] [9]
	[0] [1] [2] [3] [4] [5] [6] [7] [8] [9]

年齡	
	[0] [1] [2] [3] [4] [5] [6] [7] [8] [9]
	[0] [1] [2] [3] [4] [5] [6] [7] [8] [9]

性别	男 [1]	女 [2]

注意　请用2B铅笔这样写：■

一、听力

1. [A] [B] [C] [D]	6. [A] [B] [C] [D]	11. [A] [B] [C] [D]	16. [A] [B] [C] [D]	21. [A] [B] [C] [D]
2. [A] [B] [C] [D]	7. [A] [B] [C] [D]	12. [A] [B] [C] [D]	17. [A] [B] [C] [D]	22. [A] [B] [C] [D]
3. [A] [B] [C] [D]	8. [A] [B] [C] [D]	13. [A] [B] [C] [D]	18. [A] [B] [C] [D]	23. [A] [B] [C] [D]
4. [A] [B] [C] [D]	9. [A] [B] [C] [D]	14. [A] [B] [C] [D]	19. [A] [B] [C] [D]	24. [A] [B] [C] [D]
5. [A] [B] [C] [D]	10. [A] [B] [C] [D]	15. [A] [B] [C] [D]	20. [A] [B] [C] [D]	25. [A] [B] [C] [D]
26. [A] [B] [C] [D]	31. [A] [B] [C] [D]	36. [A] [B] [C] [D]	41. [A] [B] [C] [D]	46. [A] [B] [C] [D]
27. [A] [B] [C] [D]	32. [A] [B] [C] [D]	37. [A] [B] [C] [D]	42. [A] [B] [C] [D]	47. [A] [B] [C] [D]
28. [A] [B] [C] [D]	33. [A] [B] [C] [D]	38. [A] [B] [C] [D]	43. [A] [B] [C] [D]	48. [A] [B] [C] [D]
29. [A] [B] [C] [D]	34. [A] [B] [C] [D]	39. [A] [B] [C] [D]	44. [A] [B] [C] [D]	49. [A] [B] [C] [D]
30. [A] [B] [C] [D]	35. [A] [B] [C] [D]	40. [A] [B] [C] [D]	45. [A] [B] [C] [D]	50. [A] [B] [C] [D]

二、阅读

51. [A] [B] [C] [D]	56. [A] [B] [C] [D]	61. [A] [B] [C] [D]	66. [A] [B] [C] [D]	71. [A] [B] [C] [D] [E]
52. [A] [B] [C] [D]	57. [A] [B] [C] [D]	62. [A] [B] [C] [D]	67. [A] [B] [C] [D]	72. [A] [B] [C] [D] [E]
53. [A] [B] [C] [D]	58. [A] [B] [C] [D]	63. [A] [B] [C] [D]	68. [A] [B] [C] [D]	73. [A] [B] [C] [D] [E]
54. [A] [B] [C] [D]	59. [A] [B] [C] [D]	64. [A] [B] [C] [D]	69. [A] [B] [C] [D]	74. [A] [B] [C] [D] [E]
55. [A] [B] [C] [D]	60. [A] [B] [C] [D]	65. [A] [B] [C] [D]	70. [A] [B] [C] [D]	75. [A] [B] [C] [D] [E]
76. [A] [B] [C] [D] [E]	81. [A] [B] [C] [D]	86. [A] [B] [C] [D]	91. [A] [B] [C] [D]	96. [A] [B] [C] [D]
77. [A] [B] [C] [D] [E]	82. [A] [B] [C] [D]	87. [A] [B] [C] [D]	92. [A] [B] [C] [D]	97. [A] [B] [C] [D]
78. [A] [B] [C] [D] [E]	83. [A] [B] [C] [D]	88. [A] [B] [C] [D]	93. [A] [B] [C] [D]	98. [A] [B] [C] [D]
79. [A] [B] [C] [D] [E]	84. [A] [B] [C] [D]	89. [A] [B] [C] [D]	94. [A] [B] [C] [D]	99. [A] [B] [C] [D]
80. [A] [B] [C] [D] [E]	85. [A] [B] [C] [D]	90. [A] [B] [C] [D]	95. [A] [B] [C] [D]	100. [A] [B] [C] [D]

三、书写

101.

100

接背面

절취선

汉语水平考试 HSK（六级）答题卡

不要寫到框綫以外!

절취선

汉 语 水 平 考 试
Chinese Proficiency Test

HSK（六级）成绩报告
HSK (Level 6) Examination Score Report

姓名：
Name ________________

性别： ________ 国籍： ________________
Gender Nationality

考试时间： ____________ 年 ________ 月 ________ 日
Examination Date Year Month Day

编号：
No. ________________

准考证号：
Admission Ticket Number ________________

	满分 Full Score	你的分数 Your Score
听力 Listening	100	
阅读 Reading	100	
书写 Writing	100	
总分 Total Score	300	

听力 Listening	阅读 Reading	书写 Writing	总分 Total Score	百分等级 Percentile Rank
100	98	90	279	99%
93	87	77	252	90%
88	80	71	234	80%
83	74	66	220	70%
79	69	63	208	60%
74	65	60	197	50%
70	60	56	187	40%
65	56	53	175	30%
60	50	49	162	20%
52	42	40	144	10%

主 任
Director ________ 国 家 汉 办
Hanban

中国 · 北京
Beijing · China

成绩自考试日起2年内有效

memo

memo

memo

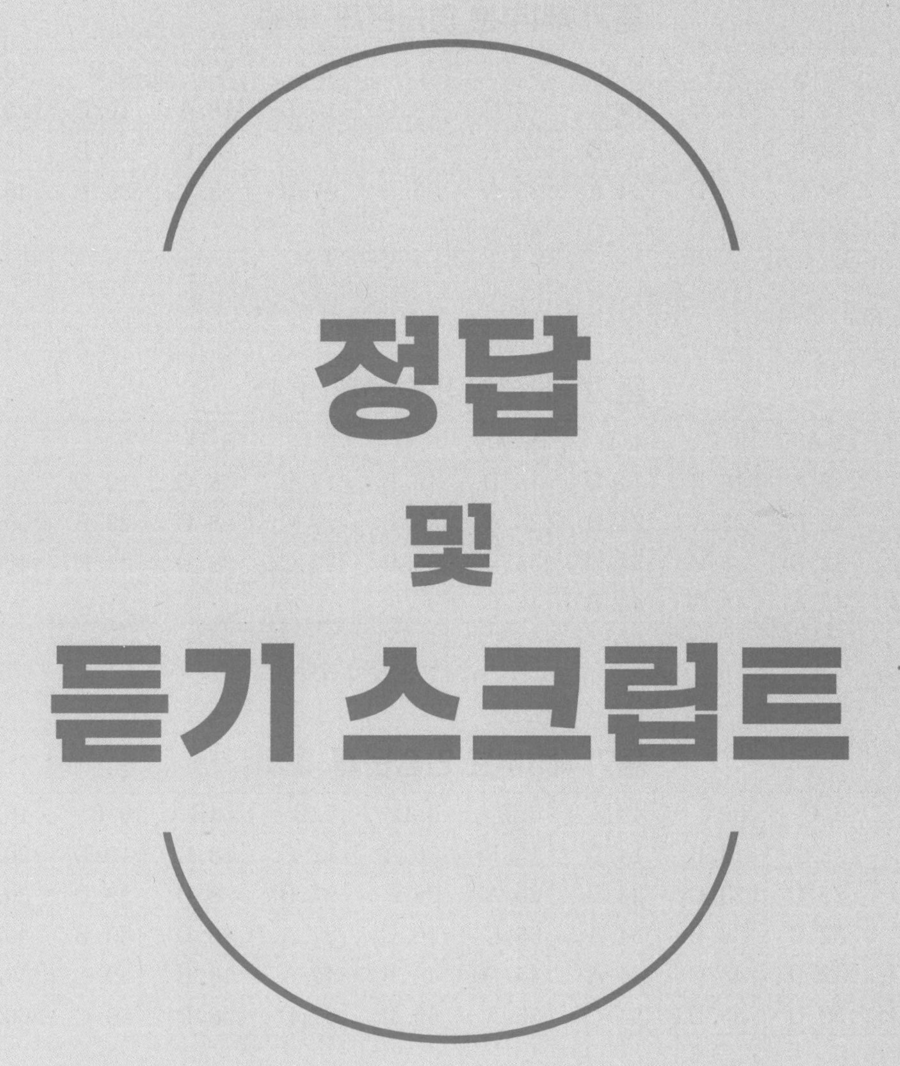
정답
및
듣기 스크립트

정답

듣기

듣기 제1부분 연습문제 P.30

1. C	2. B	3. A	4. C	5. D	6. D	7. A	8. B	9. B	10. C
11. D	12. B	13. C	14. A	15. C	16. C	17. D	18. A	19. C	20. B
21. D	22. B	23. A	24. D	25. A	26. B	27. A	28. C	29. B	30. C
31. C	32. C	33. D	34. A	35. A	36. B	37. C	38. C	39. B	40. C
41. B	42. D	43. D	44. C	45. D					

듣기 제2부분 연습문제 P.42

1. B	2. A	3. C	4. D	5. B	6. D	7. C	8. D	9. A	10. D
11. C	12. A	13. B	14. D	15. D	16. B	17. B	18. C	19. D	20. D
21. C	22. D	23. A	24. B	25. A	26. B	27. C	28. C	29. B	30. A
31. A	32. D	33. C	34. C	35. B	36. B	37. C	38. D	39. D	40. B
41. B	42. A	43. D	44. B	45. C					

듣기 제3부분 연습문제 P.53

1. C	2. C	3. A	4 C	5. B	6. D	7. B	8. B	9. C	10. C
11. C	12. A	13. B	14. D	15. B	16. A	17. C	18. C	19. D	20. D
21. D	22. C	23. C	24. B	25. A	26. A	27. B	28. D	29. D	30. C
31. C	32. C	33. B	34. A	35. C	36. C	37. A	38. D	39. B	40. C
41. D	42. D	43. C	44. A	45. D	46. B	47. A	48. B	49. A	50. B
51. B	52. D	53. D	54. C	55. A	56. B	57. D	58. D	59. C	60. B

독해

독해 제1부분 연습문제 P.69

1. A	2. C	3. D	4. C	5. B	6. A	7. D	8. C	9. D	10. D
11. B	12. B	13. A	14. B	15. C	16. D	17. C	18. D	19. C	20. A
21. C	22. C	23. A	24. B	25. C	26. D	27. A	28. B	29. D	30. C

독해 제2부분 연습문제 P.81

1. C	2. D	3. A	4. B	5. D	6. D	7. B	8. B	9. A	10. C
11. B	12. C	13. A	14. B	15. D	16. C	17. B	18. A	19. D	20. B
21. A	22. C	23. D	24. B	25. C	26. B	27. D	28. A	29. C	30. C

독해 제3부분 연습문제 P.95

1. D	2. C	3. E	4. A	5. B	6. A	7. D	8. B	9. C	10. E
11. D	12. B	13. E	14. C	15. A	16. D	17. A	18. E	19. C	20. B
21. D	22. E	23. A	24. C	25. B	26. D	27. C	28. B	29. A	30. E

독해 제4부분 연습문제 P.110

1. B	2. A	3. B	4. D	5. C	6. A	7. B	8. D	9. C	10. C
11. B	12. C	13. D	14. D	15. B	16. B	17. C	18. A	19. C	20. D
21. B	22. C	23. D	24. D	25. A	26. C	27. C	28. D	29. B	30. D
31. C	32. C	33. B	34. C	35. D	36. B	37. B	38. D	39. C	40. A
41. D	42. B	43. A	44. D	45. B	46. C	47. D	48. D	49. B	50. C
51. B	52. C	53. C	54. A	55. B	56. B	57. C	58. A	59. D	60. C

쓰기

쓰기 연습문제 P.146

1.

					一	次	最	有	意	义	的	游	戏						
		一	次	朋	友	聚	会	，	有	一	位	朋	友	要	和	大	家	玩	一
个	游	戏	。	他	发	给	每	人	一	张	纸	片	，	在	上	面	写	下	五
个	自	己	认	为	最	珍	贵	的	东	西	。								
		我	认	真	地	写	下	了	：	丈	夫	、	女	儿	、	快	乐	、	满
足	感	和	父	母	。	这	时	，	这	位	朋	友	请	大	家	放	弃	其	中
的	一	个	。	我	划	去	了	“	满	足	感	”	。	工	作	上	的	“	满
足	感	”	，	并	不	是	我	生	活	的	全	部	。	接	下	来	，	朋	友
请	大	家	再	放	弃	两	个	。	我	一	下	子	愣	住	了	，	放	弃	哪
一	个	好	像	都	是	不	可	能	的	。	我	的	心	里	好	痛	苦	，	好
矛	盾	。	划	去	“	快	乐	”	后	，	我	划	去	了	“	父	母	”	。
然	而	这	游	戏	还	没	有	结	束	！	朋	友	请	大	家	再	划	去	一
个	，	只	保	留	最	后	一	个	。	这	真	是	太	残	忍	了	！	我	的
丈	夫	和	女	儿	，	我	的	生	命	中	不	能	没	有	他	们	！		
		游	戏	结	束	了	。	朋	友	讲	述	着	这	个	游	戏	的	现	实
意	义	。	原	来	，	生	命	中	的	种	种	至	爱	，	在	我	的	心	中
的	分	量	都	远	远	超	过	了	我	的	想	象	，	我	的	家	人	、	我
的	事	业	、	我	的	快	乐	心	情	，	对	我	来	说	都	是	那	么	重
要	！	这	是	我	所	参	加	的	最	有	意	义	的	游	戏	。	让	我	们
更	诚	挚	地	去	爱	、	去	珍	惜	吧	，	在	我	们	还	拥	有	着	的
时	候	！																	

2.

有志者事竟成

他从小就是个不爱上学的坏小子。父母的离婚给他带来了伤害，让他经常离家出走。十几岁时，因为不遵守学校的制度，被学校扫地出门。他在俱乐部结交了一些艺术家。自从第一次见到阿尔·迪亚兹的作品，他就下决心，为涂鸦而生存。从此，他跟随着阿尔·迪亚兹，经常在晚上，在纽约的各大墙壁上，画满五颜六色的图案。第二天，看行人的反应。

在他爸爸看来，涂鸦不过是在墙壁上乱写乱画而已。如果不放弃，爸爸就和他断绝关系。为了养活自己，他开始在T恤和明信片上画涂鸦作品出售。慢慢地，他找到了自己的风格，还设计出自己的签名。在T恤和明信片上涂鸦并不能让他解决温饱问题。

一个偶然的机会，在一家餐馆里，一个艺术家看上了这位少年的才华，带他参加了人生中的第一场艺术展。为了尽快打出名号，两个人联名创作了多幅作品，并且开办了展览。终于人们开始关注这个新人，他更加疯狂地作画，几年中，他声名远播，还登上了《时代杂志》封面。

哪怕处于最低的起点，只要你有梦想，有坚持，你就可以看到星光。

3.

给内向者自由

九岁时，我第一次参加夏令营，我的行李箱里面却塞满了书。第一天，老师告诉我们，每天我们都要大声的，蹦蹦跳跳的，让“露营精神”深入人心。我尽了最大努力，等待离开这个聚会。晚上，我第一次拿出书时，一个女孩问我，我为什么这么安静。我第二次拿出书时，老师重复着“露营精神”有多重要。于是我把书放在床底下，直到回家。

要变得外向些，于是我当了律师。一部分原因是我想证明自己也可以变得更勇敢，所以做出了一些否认自我的决定。这就是很多内向的人正在做的事情，这是我们个人的、团队的损失，更是整个世界的损失。

当内向性格的人处于更安静的环境时，才能把他们的天赋发挥到极致。其实，历史上很多杰出的领袖都是内向的人。没有谁会说社交技能不重要，我只是希望大家知道，越给内向者自由，他们就会做得越好！

我有三个建议。第一，停止对团队协作的执谜与疯狂。第二，到自然中去打开思维，拥有你独到想法。第三，偶尔地打开手提箱让别人看一看你们携带的特有事物。

실전 모의고사 1회 P.150

听力

第一部分

1. C	2. B	3. C	4. D	5. B	6. A	7. D	8. C	9. C	10. C
11. A	12. B	13. D	14. C	15. B					

第二部分

16. A	17. C	18. B	19. D	20. C	21. C	22. A	23. D	24. D	25. D
26. C	27. D	28. B	29. B	30. C					

第三部分

31. D	32. B	33. C	34. B	35. B	36. C	37. C	38. A	39. D	40. B
41. B	42. C	43. B	44. D	45. A	46. D	47. A	48. C	49. D	50. B

阅读

第一部分

51. C	52. C	53. A	54. D	55. D	56. A	57. A	58. C	59. B	60. D

第二部分

61. B	62. C	63. C	64. A	65. D	66. B	67. C	68. D	69. A	70. C

第三部分

71. C	72. D	73. A	74. E	75. B	76. B	77. E	78. D	79. C	80. A

第四部分

81. B	82. A	83. C	84. D	85. B	86. C	87. C	88. D	89. C	90. A
91. D	92. D	93. B	94. C	95. B	96. D	97. B	98. C	99. B	100. A

书写

我是演员

小时候我很喜欢看电视。小小年纪的我梦想着有一天可以走到箱子里面，有着跟他们一样不平凡的人生。

大三的时候，我凭借我人生的第一部电影，我获得了不少荣誉。很多人都以为肯定发展得很好，可我却选择了踏踏实实地去当一个电视演员。我用了十年的时间，用配角让大家都认识我。这让我非常开心。

可是命运跟我开玩笑。身边的人已经成为了明星，而我还当配角。我开始抗拒演戏，甚至恐惧“演员”这个身份。然后我对所有人说我要转行，可是当我真正要自由的那一刻，我却犹豫了。我问自己，你舍得吗？我再演一遍，就最后一遍。当我用这样的心态走进片场的时候，我发觉一切都不一样了。原来，演戏是多么幸福的一件事情。

突然之间，我好像明白了什么，我是演员，不是明星。演员的责任就是无条件地通过剧本和角色，把自己的人生经验分享给观众。当我现在快五十岁，仍然愿意重新出发的时候，我才可以跟所有人说，那天偷偷看电视的小女孩，她的演员梦想实现了。

실전 모의고사 2회

P.174

听力

第一部分

1. C	2. B	3. B	4. C	5. D	6. C	7. A	8. D	9. C	10. D
11. A	12. D	13. A	14. C	15. B					

第二部分

16. D	17. D	18. A	19. C	20. C	21. C	22. B	23. D	24. D	25. B
26. C	27. B	28. C	29. B	30. A					

第三部分

31. A	32. B	33. D	34. C	35. C	36. D	37. B	38. B	39. B	40. A
41. C	42. B	43. D	44. C	45. B	46. D	47. D	48. C	49. C	50. A

阅读

第一部分

51. D	52. A	53. D	54. C	55. D	56. B	57. D	58. C	59. D	60. A

第二部分

61. B	62. C	63. D	64. A	65. B	66. D	67. D	68. C	69. C	70. A

第三部分

71. C	72. B	73. E	74. A	75. D	76. B	77. D	78. A	79. E	80. C

第四部分

81. B	82. A	83. C	84. D	85. C	86. A	87. B	88. D	89. B	90. D
91. D	92. A	93. D	94. C	95. C	96. A	97. D	98. B	99. A	100. D

书写

信心无敌

这一年，一个冒险活动——独舟冒险穿越大西洋受到人们的关注。很多勇士的冒险活动最终以失败告终。大家一致认为，人的体力根本不可能应对这样的冒险。这时，有一位医学博士却提出截然相反的观点。他在治疗精神病的实践中发现：由于心理上的问题，许多人产生生理和心理上的各种疾病。最后，他立下这样一个结论：一个人只要对自己永远有信心，就能保持身心健康。

他的观点让人们百思不得其解。为了验证自己的观念，年轻人不顾别人的反对，决定亲自做一次尝试。于是，年轻人开始了他独舟横渡大西洋的伟大事业。这次航行，他遇到了难以想象的困难，多次濒临死亡。每当这个不好的念头闪现的时候，他就马上大声自责。希望和坚定的信心，让他克服重重困难，最终成功地横渡了大西洋。

许多人都被他的精神所感动。他成功归来后，对人们说：“我从内心深处相信我一定会成功。结果，我成功了。”

一个人只要对自己充满信心，就有可能战胜一切困难，取得成功。信念无敌！

실전 모의고사 3회

P.198

听力

第一部分

1. B	2. C	3. A	4. D	5. C	6. C	7. A	8. A	9. B	10. C
11. B	12. A	13. B	14. A	15. A					

第二部分

16. A	17. D	18. B	19. C	20. D	21. C	22. A	23. D	24. C	25. B
26. C	27. A	28. B	29. D	30. B					

第三部分

31. B	32. A	33. C	34. C	35. B	36. C	37. D	38. C	39. A	40. A
41. D	42. B	43. D	44. D	45. A	46. C	47. A	48. D	49. B	50. B

阅读

第一部分

51. D	52. C	53. D	54. C	55. C	56. C	57. A	58. B	59. D	60. B

第二部分

61. C	62. D	63. B	64. C	65. A	66. C	67. D	68. B	69. A	70. B

第三部分

71. D	72. E	73. C	74. A	75. B	76. D	77. C	78. B	79. A	80. E

第四部分

81. A	82. D	83. C	84. B	85. B	86. C	87. C	88. A	89. C	90. D
91. B	92. D	93. B	94. A	95. B	96. C	97. C	98. D	99. D	100. B

书写

瑞恩的井

　　有一个小男孩名叫瑞恩。有一天，他在电视上看到非洲的很多孩子没有水喝。忽然，电视中传出来这样一句话——“70块钱可以挖一口井”，这话让瑞恩激动不已。此后，瑞恩每天都向父母提起了这件事，但都遭到了强烈的反对。有一天，他的父母告诉瑞恩如果他真想要，他可以做一些家务自己赚70块钱。此后，瑞恩经常利用业余时间做家务。

　　渐渐地，家族里的人都知道了瑞恩的这个梦想。瑞恩的爷爷问儿子为什么不给他70块钱。瑞恩的爸爸说孩子的想法根本就不可能实现。

　　半年过去了，瑞恩还是坚持走自己的路。后来，附近的邻居们知道了瑞恩的梦想，纷纷加入到他的活动中。不久，瑞恩的故事出现在了当地的报纸上，题目就叫《瑞恩的井》。随后瑞恩的故事迅速传遍整个国家。几年后，这个梦想竟成为上万人参加的一项事业。

　　有记者问瑞恩是什么让他坚持做这件事情的。瑞恩说他梦想着有一天非洲的人都能喝上干净的水。虽说当时这件事对他有难度，但是他一定要为他们挖一口井。

듣기 스크립트

영역별 훈련

第一部分

1. 毕业典礼上，校长宣布全年级第一名的同学上台领奖，可是连续叫了几声之后，那个学生才慢慢走上台。后来，老师问他：“刚才你怎么了？生病了，还是没听清楚？”学生说：“我没生病，我是怕其他同学没听清楚。”
2. 一项调查研究表明，伴侣和友人的评价会影响女性的身材。若女性收获了另一半的正面评价，如“你这样很好，不需要减肥”，则会有助于她们保持健康的体型或成功减肥。而那些收到负面评价的女生，体重反而会增加。
3. 姚明的影响力超越了国界和篮球。他是全世界知名度最高的体育明星之一。前NBA总裁斯特恩赞扬说：“姚明进入NBA以来极大地促进了世界篮球运动的发展，为中美球员架起一座互相了解的桥梁。”
4. 中国的方言极为复杂，且种类繁多。据不完全统计，在七大方言体系下，存在着众多的小方言，因而有“十里不同音”之说。而随着社会发展，越来越多的人带着乡音走出了村庄，走出了国门。
5. 小李出门办事，到了目的地发现没有停车位，只好把车停在马路边。他在玻璃上留了一张纸条，上面写着：“我来此办事。”回来的时候，玻璃上多了一张警察的罚单，而且那张纸条下多了一行字：“我也是。”
6. 在有的国家，宴会结束时，还有一个告别仪式。男士之间的告别仪式一般来说简单一些，握握手就可以了。女士和女士之间、男士和女士之间就要互相拥抱、贴脸，贴脸时还必须伴随亲吻的声音。
7. 给中国人送礼一般不能送钟表，因为“送钟”与“送终”发音相同，而“送终”的意思是在年老的长辈临终前照顾他们，或者为长辈办丧事。夫妻或情人之间不能送梨，因为“梨”与“分离”的“离”谐音，也是不吉利的。
8. 6000多年前，生活在黄河流域的人们用泥土制作各种形状的陶器，用火烧制各种生活用具，如盆、罐、瓶等等。由于当时陶器上多画着黑、白、红的纹饰和图案，所以人们把这种陶器叫作“彩陶”。
9. 大熊猫尾巴很短，四只脚和肩膀是黑的，其余地方都是白的。几百万年以前，大熊猫是吃肉的，后来由于环境的变化，它的生活习性才发生了变化。现在它们很少吃肉，主要是吃竹子，每天能吃三四十斤的竹子。
10. 飓风激起的海浪会在海底产生压强扰动，将能量传递给固体地球，从而产生微弱的地震波。科学家可以通过提取地震信号，迅速定位震源位置并测量其强度，从而使实时监测飓风成为可能。
11. 常说“谢谢”，对自己的身心很有好处。处处心怀感激的人，除了有更高的幸福感、更加健康的身体，与他人相处时也会更加融洽。感恩的心态，使他们有着积极乐观的生活态度，面对压力与困难时也能平稳度过。
12. 一对夫妻吵架后好几天都不说话。这天，丈夫想和妻子说话，可妻子不理他。于是丈夫就在家里到处乱翻。妻子最后忍不住了：“你到底在找什么呀？”“谢天谢地，”丈夫高兴地说，“终于找到你的声音了。”

13. 在浙江有这样一种风俗，谁家生了孩子，就要选一些好酒，埋在地下，一直等到孩子长大结婚时，再把酒取出来，招待客人。如果是为女儿储存的酒，就叫“女儿红”；如果是为儿子储存的酒，就叫“状元红”。
14. 与睡8小时的人相比，只睡4小时的人更想吃垃圾食品，比如香肠、披萨、蛋糕、芝士汉堡等。这很有可能是因为大脑渴望快速摄入能量。因此，应尽量保证睡眠质量，从而避免养成不好的饮食习惯。
15. 不少人戴墨镜驾车，看上去很时髦，实际上却并不利于安全驾驶。墨镜的暗色会延迟眼睛把影像送往大脑的时间，造成速度感觉失真，使戴墨镜的司机做出错误的判断。过深的墨镜还会延长司机对情况的反应时间。
16. 喝啤酒是否会有啤酒肚，这取决于喝啤酒的量的大小。每日成年男性喝750毫升啤酒，女性喝450毫升啤酒，且喝了啤酒之后，只吃清淡的菜，同时减少食物摄取，少吃零食或高能量食物，使机体能量保持平衡，这样的情况下一般是不会有啤酒肚的。
17. 很多人跑步的时候，喜欢戴上耳机，一边跑步一边听歌。跑步时听一些节奏感十足的歌曲，能够让跑步者的节奏比较稳定，同时还可以提高速度。但是，跑步的时候戴耳机听歌，会使人不易察觉周围的声音，让坏人有机可乘。
18. 树木的自燃，对森林来说，也不完全是坏事。自燃，不仅可以控制森林幼树生长的数量和速度，而且能淘汰一些病树、枯枝，为森林中各种树木的快速成材提供适合的空间。草木的自燃，不是我们表面上看到的自我毁灭，而是一种更有意义的重生。
19. 一个大学生去一家公司应聘，老板问他想要什么待遇。那个人说：“我要月薪10万，还有公费租房。”老板说：“我给你20万，再送你一套房子。”大学生惊讶地说：“这么好！该不会是跟我开玩笑吧？”老板说：“是你先跟我开玩笑的。”
20. 具有宽容之心的人，懂得换位思考，他们总是站在别人的立场上看问题，想事情，时时处处替别人着想，这样的人用自己的宽容赢得了别人的真诚。懂得宽容，不但能使身边的人感受到温暖，也能使自己心情舒畅。
21. 真画值钱，假画不值钱，这点道理人人皆知。即使假画比真画画得还要好，但因为它是假的，也一样不值钱。真品里面又存在原作和新作的问题。在特定背景、特定情绪下创作出来的作品和后来创作的作品，其收藏价值也是不一样的。
22. 对一个人、一个项目的成功起着重要作用的，一是信念，要相信自己和团队的能力，二是对自己所从事的事业要有自豪感。一个人只有信心百倍地去干自己感到骄傲的事，才会取得自己想要的成果。
23. 一天傍晚，丈夫带着妻子散步，路过一家餐馆，迎面飘来饭菜的香味。妻子赞叹道：“真香啊！我太喜欢这个味道了。”囊中羞涩的丈夫很绅士地说：“如果你喜欢，我们再绕着餐馆走一圈怎么样？”
24. “春捂秋冻”的“秋冻”说的是秋季气温稍凉，不要过早过多地增加衣服，适宜的凉爽，有助于锻炼耐寒能力。在温度逐渐降低的环境中，经过一定时间的锻炼，可以促进体内的物质代谢，提高对低温的适应力。
25. 天坛建筑群的一个突出特征就是有大量的圆的造型。圜丘、皇穹宇、祈年殿都是圆形的，每一个建筑又形成很多同心圆。在中国古代美学中，圆代表着生命轮转，蕴含着宇宙万物，体现了一种“天行健”的思想。

26. 喝牛奶之前最好吃些其他食物，像一些含淀粉较多的食物，如馒头、面包、饼干等，或者一边吃这些食物一边喝牛奶，这样可以延长牛奶在胃里停留的时间，降低体内的乳糖浓度，从而使牛奶中的营养成分得到全面吸收。
27. 一个病人将在第二天做一个小手术，他问一位漂亮的女护士："下星期六我身体恢复后，能否邀请你共进晚餐？"护士小姐甜甜地一笑，答道："先生，我也不知道。你最好还是问问我的未婚夫，他就是明天给你做手术的大夫。"
28. 太极拳，是综合了各家拳法，结合了古代的导引术和吐纳术，吸取了古典哲学思想和传统中医理论后形成的一种内外兼练、柔和、缓慢、轻灵的拳术。太极拳可以强身健体，现在，它的医疗保健价值越来越受到人们的重视。
29. 人的失败、失意、失恋，有许多的原因，但其中一个很常见的原因是，说话时不注意自己的身份与对方的身份，因而常常造成隔阂，造成误会，造成不良效果，让人十分后悔与不安。所以，说话时要认清自己的身份、角色，学会妥当地交流。
30. 伊斯坦布尔是土耳其的旅游重镇，这里有顺着海峡地形蜿蜒开来的古老街道，有现代化的宽敞大道，大道两旁还建有现代化大厦。市内的建筑也颇具特色，非常引人注目，尤其是那些哥特式建筑的红屋顶及古色古香的伊斯兰屋宇。
31. 岳阳楼位于洞庭湖畔，整座建筑都是木头打造的，没用一钉一铆，仅靠木制构件彼此相连。岳阳楼的楼顶是层叠托举的盔顶式的，形状酷似古代将军的头盔，这样的屋顶结构在古代汉族的建筑史上是独一无二的。
32. 一个男人去医院看大夫，"大夫，我总掉头发，不知道是什么原因。"大夫回答："一般情况，这是焦虑过度所引起的。说说看，最近你总在焦虑什么问题呢？"男人说道："我总在想，我的头发为什么掉得这么厉害。"
33. 东北虎是世界上最大的猫科动物，起源于亚洲东北部。为了适应多雪的栖息地环境，东北虎冬季的毛色较白，不像温暖地区的老虎那样有红色的条纹。东北虎长着厚厚的皮毛，可以抵御零下45度的低温。
34. 微笑是一种无声的语言，它是沟通的开端，是人际交往的魔力开关，只要轻轻一笑，就胜过万语千言。微笑是一种特殊的情绪语言，它能够消除双方的某些偏见和隔阂，使双方关系更加融洽，在很多时候，它甚至可以代替语言。
35. 长白山，位于吉林省东南部，是松花江和鸭绿江的发源地。长白山风光秀丽，景色迷人，因其主峰多白色浮石与积雪而得名。著名的长白山天池位于主峰火山锥体的顶部，是中国最大的火山口湖，像一块瑰丽的碧玉镶嵌在群峰之中。
36. 快走是近年来倍受推崇的健身方式，但却并不适合于老人。老年人关节、韧带功能已开始衰退，走路过猛过快容易摔倒。中老年人的运动应以舒缓的、持续的有氧运动为主。关节不好的老人，可以快慢结合地走。
37. 故宫里使用的巨石据说多达数万块，其中最大一块是摆放在保和殿后面的九龙石雕，这块重约300吨的巨石是利用冰道进行运输的。在建造紫禁城时，车辆和旱船都曾被使用过，但百吨以上的巨石则需要通过其他方式运输。
38. 在全球变暖的背景下，目前世界各地极端天气的出现频次与强度都有升级的趋势，全球大气环流异常现象也在增加。总体来看，今年多地的气象活动显示出了非正常的轨迹，例如北美遭遇极寒天气，欧洲地区明显偏暖，亚洲地区冷气流活动偏弱等。
39. 社交网络不仅改变了中国网民平时的生活方式，也改变了传统的春节红包习俗。上亿的中国网民开始习惯在春节期间，一边看着央视春晚，一边拿出手机在微博、微信、支付宝上刷红包，收发祝福。

40. 蚌无法改变沙子嵌入体内的遭遇，这些沙子就是蚌的苦难，但它通过自身的努力，把这些“苦难”变成了闪亮的珍珠。人生也无法避免遭受苦难和挫折，但只要积极努力，这些苦难和挫折就会变成人生成功的台阶。
41. 青花瓷又称白地青花瓷，是中国瓷器的主流品种之一。青花瓷是运用天然材料在白泥上进行绘画装饰，再罩以透明釉，然后在高温下一次烧成，这样色料可以充分渗透，从而呈现出青翠欲滴的蓝色花纹。自古以来，景德镇所产的青花瓷器倍受国内外人们的喜爱。
42. 两军对峙时，战败的一方如果准备投降，就要打出白旗，战胜的一方见到白旗后则会停止使用武力，同意投降。在战争中使用白旗起源于远古时代，但当时白色旗帜所代表的意思是要求先休战进行谈判，而不是表示投降。
43. 老王闲来无事训练蚂蚁，蚂蚁可在他的指令下倒立、翻跟头。于是老王迫不及待地去酒吧炫耀他的绝活，他点了一杯啤酒，然后掏出蚂蚁放在桌上对服务员说：“看，这只蚂蚁……”没等老王说完，服务员一掌拍死了蚂蚁，抱歉地对他说：“对不起先生，我马上给您换一杯。”
44. 人的成功，需要各种内在因子和外在因子的共同作用。有时我们以为所需要的各种因素都已经具备了，可成功却还是迟迟未至。究其原因，一定是在某个方面我们还做得不够好，哪怕只差一点点的坚持与思考、耐心与积累，也无法收获成功。
45. 燕麦中含有丰富的维生素以及锌、铁等微量元素，摄入这些营养物质，可以提高身体的免疫力。研究指出，早餐吃燕麦的人患感冒的几率比不吃燕麦的人的几率要低。

第二部分

第1到5题是根据下面一段采访：

女：今天我们请到的嘉宾是被誉为“中国天然气之父”的戴金星先生。戴先生，您好！

男：您好。

女：您长期从事天然气地质和地球化学的研究，最大的成果是什么？

男：以往认为石油和天然气只是由低等的生物生成的，然而我在研究中发现，高等植物遗体也能生成工业性油和气，产生煤的地方也是找气和发现气田的理想地区。我们是1979年提出在煤系中寻找天然气的，现在回想起来，其实是很简单的，只是在此之前没有想到而已。

女：真理往往就是这样，看似简单，而寻找、总结却不知要付出多少代价、心血。您当时是怎么会想到研究这个课题的？

男：1961年我从南京大学毕业后，来到江汉油田工作。在那里我发现，无论在中国，还是在世界其他国家，几乎都没有系统研究天然气勘探的人。于是我决定选择天然气地质和地球化学专业作为自己的专业方向和目标。从1975年到1995年，我与同事以及学生们走遍了除西藏、台湾外的各地，积累了大量的数据。

女：您对“气”情有独钟，是否从小就喜欢呢？您的成长道路是如何走过来的？

男：记得小学有一次上地理课时，老师要求我们用石膏制作一个展示全国主要煤、铁、铜等矿产分布情况的模型。我认真地做了一个，现在想想那时做的是很粗糙的，但却得到了老师的表扬，从此我的心中就萌发了为祖国找矿藏的想法。

女：如今报考地质专业的学生不多了，原因就是读地质专业毕业后工作艰苦。您是如何看待这个问题的？

男：当年新中国第一代地质勘探科技人员和石油工人，白手起家，是很艰苦的。如今我们的石油工业是赢利大户。目前大学毕业生就业难，而读地质专业的就业就很容易，如西北地区还可以达到百分之百。我希望年轻人能够前仆后继，继承我们的事业，为祖国打开地球奥秘，为人类寻找足够的能源。

1. 男的最大的研究成果是什么？
2. 关于男的从事的研究课题，当时的状况是怎样的？
3. 男的为什么喜欢上了地质专业？
4. 地质专业学生的就业情况如何？
5. 关于男的，下列哪项正确？

第6到10题是根据下面一段采访：

女：大家好，欢迎张艺谋导演来到我们的演播室。张导，您好。您获奖无数，那在您看来，奥斯卡奖的特殊意义在哪儿呢？

男：中国老百姓有奥斯卡情结，其实圈中人都知道这只是一个美国人的奖，只是美国人的评判标准，它不代表最高水准。但中国人很特别，从媒体到老百姓，始终都有这种情结。也许是因为在所有奖项中，它在商业上的影响力最大，这与美国在电影界占据老大的地位有关。

女：您的几部作品都获过奥斯卡提名，您怎么看奥斯卡奖评选标准的走势？

男：很难评价它的走势，从历年来看，它没有特别的标准，你看《辛德勒名单》和《芝加哥》就是完全不一样的风格。有个共同点就是卖钱，好像美国的评奖与影片的受欢迎程度和票房是经常一致的，很少看到爆一大冷门——从未听说过的电影或沉闷的电影获奖。

女：您认为外国人能看懂《英雄》中的中国传统文化吗？

男：它里面充满了传统文化的视觉符号。琴棋书画对外国人来说可能很陌生，他们可能还觉得神秘，觉得很遥远，不像中国人能看得那么透彻。

女：之前很多人认为《英雄》不可能得奖，因为离《卧虎藏龙》太近了，假如它落败的话，您认为这是主要原因吗？

男：我也是这么个看法，在这么短的时间内让同类型的两部电影都获奖不大可能，所以我也不太期望。

女：您正在筹备下一部武侠片，那您是否会将《英雄》中的经验教训带到下部片子中去呢？

男：不光是《英雄》，我每拍一部片子都会总结，希望可以不断提高。但即使有这样的心，也不一定做得到，有时自己认为的标准和别人看你的标准是两个不同的东西。我很坦率地说，到今天我不是用别人的眼光来判断自己，而是用自己的眼光判断自己。只靠别人评价就会失去个性，我相信任何一个导演都不会靠听别人说来做出改变。

6. 在男的看来，为什么中国人特别重视奥斯卡奖？
7. 获得奥斯卡奖的电影一般都有什么特点？
8. 关于《英雄》，我们可以知道什么？
9. 男的对自己的工作持什么态度？
10. 关于男的，下列哪项正确？

第11到15题是根据下面一段采访：

女：大家欢迎我们今天的嘉宾，钢琴演奏家，傅聪先生！听说您很小就开始学习钢琴了。

男：在我只有5岁的时候，我父亲就希望乃至强迫我学习钢琴。不过，到我17岁去波兰学习钢琴的时候，我已经真正爱上弹奏钢琴了。

女：我听说现在中国家庭送孩子去学钢琴的数量惊人，您怎么看这件事？

男：假如他们觉得这是一个成名成家的捷径，那他们恐怕是要失望了。如果不具备那种“没有它就不能活”的爱，那还是不要学音乐比较好，学电子、学医、学法律成功的机会都要比学音乐大得多。学艺术一定是出于对精神境界有所追求。有这样一个出发点，即使孩子不能够成为一个专业的音乐家，他也有了一个精神世界可以让他在那儿神游，这也是一种很大的幸福！

女：对一个艺术家来说，最重要的东西是什么？是天分？勤奋？一颗敏感而善良的心？还是思想？

男：可能这些都需要。但是现在我觉得，也许最重要的是勇气，能够坚持黑就是黑，白就是白，永远表里如一。这在音乐上也很难做到。

女：你经常提到“赤子之心”这四个字，这是不是你做人、弹琴的原则？

男：是呀，如果你的琴声纯洁地发自内心，就会天然有一种感染力。我父亲经常说，真诚第一。感人的音乐一定是真诚的，有的人可以弹得很华丽很漂亮，你也会欣赏，但被感动是另外一回事。科尔托就是这样，他有很多毛病，但是他真实感人。

女：什么是你说的好的音乐？

男：对音乐内涵有真正的理解，而且有个性，有创造性。这种创造性并不是随心所欲，而是有道理的，是真正懂了音乐之后的创造。这不是一朝一夕的事情，而是一辈子的学问。

11. 男的为什么从小学习钢琴？
12. 孩子学钢琴有什么好处？
13. 男的觉得，对一个艺术家来说最重要的是什么？
14. 男的的演奏原则是什么？
15. 男的认为好的音乐是什么样的？

第16到20题是根据下面一段采访：

女：大家好，今天我们有幸请到诺贝尔文学奖评委马悦然先生。您好！在全球化的今天，面对不同的文化，诺贝尔文学奖的评选如何能做到公正呢？

男：这是不可能的。评选的标准很苛刻，对作品的文学价值要求很高。公平只是一个非常理想的观念。

女：有一种说法，中国作家走向世界的一个障碍是缺少好的翻译家。您怎么看？

男：一个中国人，无论他的英文多么好，都不应该把中国文学作品翻译成英文。要把中国文学作品翻译成英文，需要一个英国人，一个文学修养很高的英国人，他通晓自己的母语，知道怎么更好地表达。现在出版社是用的一些学外语的中国人来翻译中国文学作品，这个糟糕极了。翻得不好，就把小说给“谋杀”了。

女：您最近可有翻译一些中国作家的作品？

男：这段时间，我在翻译山西作家曹乃谦的《到黑夜想你没办法》，译本在瑞典马上就要出了。这部小说，写的是山西北部山村的农民在“文革”时候的生活，他是用农民的语言来写作的，非常动人。在1973、1974年，他们穷得要命，吃的都是土豆。这不仅是物质上的痛苦，也是一种精神上的痛苦。中国要想办法把农民问题解决好，那才能有希望。

女：许多人都知道您致力于研究、传播中国文学，却不知您也关注中国的社会现状。

男：是的，中国是我的第二故乡，是我的乡愁。

16. 在男的看来，诺贝尔文学奖的标准如何？
17. 中国文学作品应该如何走向世界？
18. 这段时间男的在做什么？
19. 除了中国文学，男的还关注什么？

20. 关于男的，下列哪项正确？

第21到25题是根据下面一段采访：

男：张海迪，你好。从上世纪80年代初开始，你的故事就被媒体报道，你一直生活在社会的关注当中，被当作一个自强不息、身残志坚的榜样，这种情形是否会让你自觉不自觉地压抑一部分天性以满足人们的期待？

女：不，我虽然已经病了49年，但心理上还是按照我自己的意愿在生活。我觉得我是站在被报道的海迪之外看这个海迪的，我觉得我坚持了一些应该坚持的东西。

男：后来有大学要授予你荣誉学位，你拒绝了。

女：是山东大学。我想他们是为了表达对残疾女青年的一种尊重，对我努力学习的一种认可。我从未进过一天学校的门，我想有一天靠自己的努力去获得真才实学。

男：你恨自己的身体吗？

女：不恨，我爱它。我觉得残疾女性，要做自己；健康女性，也要做自己。我要求自己做到不仅要活着，而且要活出诗意来，这包括了对完美人生的追求。

男：你觉得你会拥有完美人生吗？

女：不可能。人生总是不完美的。我有时候这样想，造物主啊，它总是破坏美，然后叫别人去感受美的珍贵。前段时间我去看了一位受伤的舞蹈演员，看到她的时候我觉得她是那么完美，如果不是瘫痪的话，那真的是前途无量。但是生活就是这样的，总是把美打碎，让你留下很多很多的遗憾。

男：如果做一个假设，你遇到上帝的时候，会不会第一句话就是劈头问他一句，你为什么让我的腿无法走路？

女：不会。我会跟他说谢谢你给了我生命，尽管它是残缺的，我也认为很好，如果我不承受的话，也可能是别人承受，既然是我承受了，我就说一句，勇敢地说一句，我不承受谁承受。人要大度一点儿，对吧？

21. 女的是如何对待社会对自己的关注的？
22. 女的为什么没有接受大学授予的学位？
23. 女的对自己有什么要求？
24. 女的认为生活是怎样的？
25. 关于女的，下列哪项正确？

第26到30题是根据下面一段采访：

女：欢迎今天的嘉宾，演员黄渤，来到我们的现场。黄渤，你好。你是因为演小人物而成为一个大人物的，那这些小人物为什么会吸引你呢？

男：我觉得他们很可爱。我接触的大人物比较少，因为从小家里条件一般，出门没有什么马车，也没有劳斯莱斯。就是在从小的生活环境里，见到了各种各样精彩的小人物。而且我慢慢也从这一类的表演中体会到了，可能有的时候，一个人是因为他的缺点才可爱。

女：你演的都是一些社会底层的小人物，有的人说，你的优点就是演农民工比较像，这是不是也是一种打击？

男：对，我拍的戏好像没有太舒服的。曾有人说，黄哥你什么时候能拍一点儿像人的戏？不过从小就听到各种说法，比如“你看人家黄渤虽然长成那样，但是人挺好的”。旁人不断地给你巩固类似的看法，你也就对这个无所谓了。

女：面对别人的嘲讽和轻视，有一种最好的自我保护的方法就是自嘲。你是不是也琢磨出这是一种生存之道了？

男：您说得对。比如说别人要把你放到最低，把你贬到最低，但我已经先把自己放到最低，剩下的就只有往上的空间了，往下的空间当然没有了。

女：回头想想，最初是什么让你迷上了舞台呢？其实无论是唱歌还是跳舞，我觉得都要有舞台，要有观众。

男：自信吧。上学的时候学习不好，从小就属于那种挨批的学生，没事就不守纪律，天天都在各种批评中生活着。然后突然有个机会在学校里唱歌，反应还不错，拿奖了，受到表扬了，当时就感觉到，人生找到了一个支撑点。

26. 男的如何看待小人物？
27. 根据对话，男的演过什么角色？
28. 男的如何对待别人的嘲讽？
29. 男的为什么会迷上舞台？
30. 关于男的，下列哪项正确？

第31到35题是根据下面一段采访：

女：您是从何时喜欢上书法，又是从何时开始进行书法创作的？

男：我喜欢上书法和我开始进行书法创作基本上是同步的。我是在农村长大的，村里有人会写毛笔字，于是我拜他们为师开始练习毛笔字。那时生活条件非常苦，根本就没有字帖一类的东西，基本上就是靠老师教和自己不断地练。

女：您家人对您从事书法创作支持吗？

男：从开始创作到40岁，家人都很少支持过我。我在创作的过程当中根本就没有挣过钱，可以说一直都是在赔钱，我能坚持下来完全是因为对艺术的喜爱。但随着社会的发展，传统文化逐渐被大众所熟知，渐渐家里就看到了希望，特别是我的字开始卖钱之后，家人就不再反对我写字和创作了。

女：您认为在创作中最重要的是什么？

男：我觉得在创作过程当中最重要的因素还是感觉，感觉是一种非常重要的东西，对我来说它价值千金。这些年来我自己在创作过程当中总结了十六个字：得意忘形，无法无天，笔我两忘，天地皆空。我每次有了感觉之后写字都是一气呵成，而且一连可以写多幅作品。

女：您的醉书在国内是独创也是一绝，这是怎么创作出来的呢？

男：中国有三大国粹——京剧、国画和书法。我以前练过国画，书画有相通的地方。搞绘画的人如果会书法那么他的画会更好，同时书法家会绘画那么他的字也会更好。把国画的精髓融会到书法中去，这就是我创作醉书的根本所在。

女：这些年中，您在创作过程中遇到的最大困难是什么？最大的收获又是什么？

男：最大的困难肯定是经济方面的。我最大的收获就是坚守住了这块阵地，我感到这本身就是一种成功、一种收获。很多人坚守不住就改行了，而我到现在还是在做自己喜欢的事。有些关心我的人给了我物质以及精神上的帮助，我非常感动。大家认可了我，这就是我的收获。

31. 男的是从什么时候开始进行书法创作的？
32. 家人对男的的选择是什么态度？
33. 对男的来说，最重要的创作因素是什么？
34. 男的认为书法和绘画是什么关系？

35. 男的认为自己最大的收获是什么?

第36到40题是根据下面一段采访:

女：欢迎著名整形医生林平来到我们现场。您好，您从事整形医生的工作已经20多年了，哪些事是最让您开心的?

男：很多外表不是很优秀或者有点儿小缺陷的人，当然不仅仅是女人，也有男人，能让他们通过整形恢复自信，步入生活正轨，就是让我觉得开心的事。

女：您觉得韩国女性的整形观和中国女性的整形观一样吗?

男：不一样，有很大差异。韩国整形的宗旨是把脸上不太漂亮的地方稍微修整一下，把缺陷造成的不美观降到最低。但中国女性在整形时，更加注重精益求精，而且中国女性在整形时，非常自我，会更坚持自己的意见和想法。韩国女性整形是家常便饭，但中国女性对待整形的态度会较为谨慎，会左思右想。

女：对于整形，您是怎样理解的呢?

男：万变不离其宗，整形最终的目的是自然美。如果在自然的前提下可以变得更美，带来自信和对生活的热情，那为什么不能去做呢? 但我看过很多女孩，她们本身就已经很漂亮了，根本不需要来整形，却坚持要做手术，这种盲目整形我是不建议的。

女：现在的整形人群中，是盲目整形的多，还是理性整形的多呢?

男：差不多，盲目整形和理性整形的人数比例大概在1:1，基本持平。

女：您觉得未来的整形会以怎样的趋势发展呢?

男：我觉得未来的整形技术应该会与克隆技术相结合，在微整形填充的时候，我们可以克隆自身细胞组织，作为填充材料，这样会更安全，而且看上去和摸上去都会更加自然。就像我之前所说的，整形的最终目的是自然美。

女：听说您这次的上海之行受到很多上海市民的关注，是吗?

男：根据医院反馈，每天都有上百位市民通过电话或者网络咨询、预约。但毕竟我这次来上海的时间有限，所以并不是每位市民的都能预约到。他们会先将有意向做整形的市民的资料统计下来，经过筛选之后，再挑出其中的部分预约者做手术。

36. 男的认为整形能给人带来什么?
37. 中国女性对待整形的态度是怎样的?
38. 男的认为整形的目的是什么?
39. 男的反对什么行为?
40. 根据对话，下列哪项正确?

第41到45题是根据下面一段采访:

女：陈海洋先生，您好。在从事酒店管理工作的这些年里，您最难忘的经历是什么?

男：2008年的北京奥运会对我来说是一次难忘的经历。当时我任职北京某家五星级酒店的住店经理。早在贵宾入住前，我就掌握了所有贵宾的背景资料、喜好、习惯等。哪位客人喜欢什么咖啡，哪位客人对客房的布置有特殊要求，所有都要了解清楚，铭记在心。只有这样才可以为每一位贵宾提供不一样的个性化服务。

女：您是如何将自己的管理思想渗透到酒店员工的日常服务工作中的?

男："以身作则"就是把自己的思想渗透给员工的最好的方法。作为经理，自己一定要亲力亲为，你做到了，才能要求你的属下做到。有一次大堂的水管爆了，员工通知我后，我马上就去了现场，和大家一起打扫积水。我觉得大家都是平等的，你心疼你的员工，你的员工才会心疼你，这是相互的。

女：人才是一家企业的根本，在酒店员工队伍的建设方面，您都有过哪些举措？

男：员工对我来说是非常重要的，没有员工支持的酒店就不是成功的酒店。“让快乐的员工为客人提供愉悦的服务”，这是我所提倡的。一项重大的举措就是大力整改员工的居住条件。经过改造后的员工宿舍在全市是数一数二的，每个宿舍都有起居室、休息区，所有房间都窗明几净。

女：在酒店行业的这些年，对于员工管理方面，您都有哪些心得呢？

男：有奖有罚，公平合理，是我管理的态度。员工如果做得好，就一定要表扬奖励；做错了事情，就要惩罚。对每一位员工都要做到公平、公正，这是作为管理层最基本的素质。此外，组织相关的培训及考核也是必不可少的。因为只有不断地考核，才能够达到优胜劣汰的目的。

女：您对慈善活动的看法是什么？

男：每个人生活在这个世界上，都应该有一颗向善的心。我对慈善活动是非常看重的。之前我们捐赠了五千盒月饼给孤儿院，就是为了让这些孩子在中秋节的时候可以感受到家的温暖。我会把这个理念传承下去。予人玫瑰，手留余香。

41. 男的为什么要在客人入住前掌握客人的资料？
42. 男的如何向员工传达自己的思想？
43. 关于男的对员工的态度，下列哪项不对？
44. 酒店在员工队伍建设方面，有过什么举措？
45. 根据对话，可以知道什么？

第三部分

第1到3题是根据下面一段话：

拍摄照片可以留住当下，让记忆成为永恒。今天摄影很普及，但在远古时代，或是几百年前，这种能力会被视为一种魔法。摄影会改变你“观看”的方式，这是个神奇又有趣的转变：忽然，你会留意到光线、形状、色彩、人物、建筑、树木、花朵……当你成为摄影师，你身边所有事物都会变得不一样！当你开始留意细节，就必然会找到很多日常生活中的美，你会开始在当中寻到乐趣。摄影的重要价值之一，就是我们可以与最爱的人分享，不论是父母、朋友，还是邻居、同事都能够参与其中，我们还可以透过摄影把爱传至下一代。你的照片可以让别人快乐，让别人难过，通过展示照片就能够唤起一个人的情感，用这种方式也能建立起与他人的联系。

1. 关于摄影，下列哪项正确？
2. 为什么摄影能给人带来乐趣？
3. 摄影最重要的价值是什么？

第4到7题是根据下面一段话：

每天上下班途中，必经过一个小店，小店的名字叫“99元店”。我从未光顾过，也不知道里面到底是卖什么东西的。一个双休日，忽然想起了这个小店，就约了朋友一起去看看。那是一个裤子专卖店，里面所有的裤子都卖99元。我有点儿不屑地说：“不到一百元能买到什么好裤子？生意肯定不会太好。”可朋友却说：“此话差矣，生意很好的，我来过，虽然裤子的价格不高，但所有裤子都很新潮，特别适合现在赶时髦的年轻人。即使一条裤子穿一年就扔掉再重新买一条，也花不了多少钱，比你花几百元买一条裤子，最多穿三四年划算。”

我很佩服这家店主的精明，他很会利用数字概念，99元听起来好像是90多元，其实，比100元只少了1元钱，假如每条裤子都卖100元，那么很多顾客的心理会是另一种感受，可能会因价格不甚便宜而放弃。这就是这个小店的奇特之处。

4. 这家店的裤子卖多少钱？
5. 关于这家店，下列哪项正确？
6. 这家店的裤子适合什么人？
7. 为什么说这家小店很奇特？

第8到11题是根据下面一段话：

国王的厨房里有两只罐子：一只是陶的，一只是铁的。骄傲的铁罐看不起陶罐，常常奚落它。"你敢碰我吗？陶罐子！"铁罐傲慢地问。"不敢，铁罐兄弟。"谦虚的陶罐回答。铁罐喝道："你等着吧，要不了几天，你就会破成碎片！我却永远在这里，什么也不怕。"

不知过了多少年月，终于有一天，人们来到这里，发现了那只陶罐。大家把它身上的泥土刷掉，擦洗干净，它还和当年在厨房里的时候一样：朴素、美观、釉黑锃亮。"多美的陶罐！"一个人说，"小心点，千万别把它弄破了，这是古代的东西，很有价值的。""谢谢你们！"陶罐兴奋地说，"我的兄弟铁罐就在我的旁边，请你们把它也找出来吧，它一定也闷得很难受了。"

人们立即动手，翻来覆去，把土都挖遍了。但，一点儿铁罐的影子也没有。其实它，不知在什么时候便已氧化了。

用自己的强项去比人家的弱项是不应该的，人家也会有比你强的地方。

8. 铁罐的性格怎么样？
9. 关于陶罐，下列哪项正确？
10. 陶罐被人们挖出来之后，让人们去做什么？
11. 这个故事主要想告诉我们什么？

第12到14题是根据下面一段话：

联合国粮农组织的报告指出：由于人类对肉类和奶类的需求不断上升，畜牧业快速发展，而畜牧业造成的温室气体排放量已经占了全球总量的18%，超过了全球交通运输的排放量。除了畜牧业的低碳化发展，研制人造食品也被认为是解决该问题的途径之一。牛津大学的科学家分析称，与传统肉类相比，实验室所培育的人造肉可以减少96%的温室气体的排放，45%的能源消耗，99%的土地占用以及96%的水资源消耗。此外，从一头动物身上取得的干细胞所能制成的人造肉的数量，比屠宰一头动物所得的肉量要多100万倍。然而，人造食品能否得到消费者的认可和接受，是目前最大的难题。看看转基因食品带来的争议，就会明白为何不少消费者对掺杂了"人类智慧"的食品"谈虎色变"了。

12. 传统畜牧业会给地球环境带来什么危害？
13. 根据这段话，下列哪项是解决温室效应的途径之一？
14. 目前多数消费者对人造食品的态度如何？

第15到17题是根据下面一段话：

随着科技进步，具有人工智能的服务型机器人越来越聪明，已经逐渐威胁到了白领工作者。2030年之前，将有20亿个工作机会消失。虽然机器人早就来了，但"白领机器人"不同于工厂在线的机器人，它将取代白领工作者的工作，这是企业或个人都不能忽视的重要趋势。至于有哪些工作会消失，报告指出，被取代几率最高的是"电话访问员"，第二名是"会计与审计员"，第三名则是"零售推销员"。此外，技术文件，例如电脑说明书将可由电脑生成，自然也不再需要技术文件撰写人员，甚至连房屋中介业务人员都会受到影响，主要是因网络看房功能越来越便利。在美国已经有一些内科医生的工作被取代。开设在购物中心的“一分钟诊所”，建构了完善的电子病历数据系统，驻诊护士检测之后，搭配病人陈述的病史和病情，多半就能依需求开出处方笺。

15. 哪种机器人将会在未来取代白领的工作?
16. 被取代几率最高的是哪种工作?
17. 根据这段话，下列哪项正确?

第18到20题是根据下面一段话:

有一个僧人走在漆黑的路上，因为路太黑，僧人被行人撞了好几下。他继续向前走，看见有人提着灯笼向他走来，这时旁边有人说：“这个盲人真奇怪，明明看不见，却每天晚上打着灯笼！”僧人被那个人的话吸引了，等那个打灯笼的人走过来的时候，他便上前问道：“既然你是盲人，为什么还要打灯笼呢？”盲人说：“我听别人说，每到晚上，人们就变成和我一样的盲人，因为夜晚没有灯光，所以晚上我就打着灯笼出来。”僧人感叹道：“你的心地真好呀！原来你是为了别人！”盲人又说：“不，我为的是自己！”僧人更迷惑了，问道：“为什么呢？”盲人答道：“我是盲人，走在路上什么也看不见，但我却从来没有被人撞到过。因为虽然我看不见灯光，但是别人看得见啊。”

18. 这个打灯笼的人是谁?
19. 盲人为什么要打灯笼?
20. 这段话主要想告诉我们什么道理?

第21到23题是根据下面一段话:

高智商群体承受着许多普通人难以理解的烦恼。他们似乎总是处在智商和年龄不对位的矛盾中，需要不断调整自己的心理状态。“神童”们难以融入正常学校的情况十分普遍，原因是他们只能和长者或者学者沟通。他们想过普通人的生活，但被群体孤立，加重了这些天才儿童及少年的自卑感，令他们常常需要承受巨大的心理压力。那些智商超群的人，总能更早且更敏锐地关注到影响人们生活的负面因素，这让他们常常陷入焦虑之中。那些容易感到焦虑的聪明人会更多地考虑过去和将来的事情，且更容易朝最坏最负面的方向思考。这使得他们更容易反复重演以及想象一些不好的甚至是灾难性的情节，从而加重担忧、焦虑的情绪。那些言语智商得分更高的人，焦虑问题也更为明显。

21. 高智商儿童为什么难以适应正常学校的学习和生活?
22. 高智商者更容易关注什么?
23. 这段话主要想告诉我们什么?

第24到26题是根据下面一段话:

我曾经历过一次难忘的考试。那是我参加的一个外国公司的招聘考试，很多人都顺利通过了笔试、口试，只剩下最后的面试了。考场上，考官们随便问了我一会儿后，突然有一位外国考官惊喜地说，他在国外某大学的培训班上见过我，并说“老朋友，我们又见面了”。其他考官都祝贺我们重逢。但是，我心里很清楚，我并没有去过那所大学。我一时犹豫起来，是否应该利用他这次的认错人来帮助自己得到这份工作呢？我想不能这样，于是对他说：“对不起，您认错人了。”“不，我的记忆力很好！”“您的确认错人了！”在我的坚持声中，房间里忽然响起一片掌声，我被录用了。后来我才知道，所谓在国外某大学见过我，原来是考官们设计的一个“圈套”。

24. 这段话说的是“我”的什么经历?
25. 那位考官为什么叫“我”老朋友?

26. 这段话想告诉我们什么道理?

第27到30题是根据下面一段话:

美好的传统恋爱关系正在遭受科技产品的打击。对很多情侣来说，科技是一把双刃剑。智能手机能让人们全天保持联系，不管是分享购物清单还是心形表情符号。但是当情侣中的一方在用餐时拿出手机，或者睡觉前不说枕边悄悄话，而是用手机发微博时，他们就会发生口角。一项研究发现，当情侣中的一方比另一方更常使用某些科技产品时，不常使用科技产品的一方会觉得被忽视了，从而失去安全感。在伴侣面前自顾自玩科技产品，会让双方更疏远，而非更亲密，而恋爱关系中的疏远又会导致不满。一个平衡方法是和你的重要伴侣进行不带科技产品的外出活动。比如，周末一起去没有手机信号的地方远足，或者把手机留在家里去外面吃早午餐。

27. 智能手机对恋爱关系有什么帮助?
28. 什么事情容易导致情侣之间发生口角?
29. 过度使用电子产品会给伴侣什么感觉?
30. 文章为什么建议人们不带手机?

第31到33题是根据下面一段话:

虽然不少人都知道素食对身体有益，但是否真的有百利而无一害呢? 很多人都担心只吃素食会精力不够，不吃肉食会不够营养。但专家说，素食基本上可以提供人体所需的养分，只要懂得合理搭配便可。素食也含有大量的蛋白质，例如谷类含有8%—12%的蛋白质，黄豆含量最高，有40%的蛋白质，比肉类还高出一倍（最瘦的牛排也只有20%的可用蛋白质）。我们只要吃两种合适的素食食物，例如米加豆，就可以得到足够的蛋白质。此外，虽然蔬菜及植物中维生素B6和B12的含量很少，但鸡蛋和牛奶可以补充，不一定要吃肉。

31. 素食营养不足的原因是什么?
32. 根据这段话，哪种食物蛋白质含量最高?
33. 吃鸡蛋、喝牛奶有什么功效?

第34到37题是根据下面一段话:

谷歌街道视图最早在美国推出，目前法国、意大利、西班牙、日本、澳大利亚等9个国家都已经有了这一电子地图服务项目。只要在谷歌街道视图页面上敲入这些城市的任何一个地址，就能看到该地区的图片。图片是360度全景显示的，根据屏幕上的箭头拉动鼠标，可以从多个角度显示房子、街道和社区。不少使用过这项服务的人发现，他们习以为常的生活细节偶然被拍进摄像机，放到网上，街头出现的任何人都可能被摄入镜头中。谷歌未经许可拍摄的个人影像用于商业，数据库里还存有数千万张图片，今后可能被滥用，这就敏感地牵扯出隐私权问题。为了尽可能避免投诉和抗议，谷歌采取了诸多措施。最重要的是运用新技术自动虚化画面上的人脸、车牌号。

34. 谷歌街道视图最早在哪个国家推出?
35. 在谷歌街道视图页面上输入地址可以看到什么?
36. 这项服务引发了什么问题?
37. 为了避免投诉，谷歌采取了什么措施?

第38到40题是根据下面一段话：

春秋战国时期，燕国有一位少年。这位少年不愁吃不愁穿，可就是缺乏自信心，经常无缘无故地感到事事不如人，低人一等。他见什么学什么，学一样丢一样，虽然花样翻新，却始终不能做好一件事情，不知道自己该是什么模样的。

有一天，他在路上碰到几个人说说笑笑，只听得有人说邯郸城的人走路姿势特别美。他一听，合了心意，急忙走上前去，要打听个明白。终于，他瞒着家人，跑到遥远的邯郸学走路去了。一到邯郸，他感到处处都很新鲜。看到小孩走路，他觉得活泼，就学小孩走路；看见老人走路，他觉得稳重，于是又开始学老人的步子；看到女人走路，摇摆多姿，也学着走了起来。就这样，不过半月光景，他的脑海里就充满了各种人走路的姿势，竟忘了自己本来是怎么走路的，不但邯郸的步法没学成，连走路也不会了，只好爬着回去了。

38. 这个少年想学什么?

39. 邯郸老人走路的姿势有什么特点?

40. 这个故事主要想告诉我们什么道理?

第41到43题是根据下面一段话：

从前，有四个盲人很想知道大象是什么样子的，可是他们看不见，只好用手去摸。第一个盲人先摸到了大象的牙齿，他说："我知道了，大象就像一个又大、又粗、又光滑的大萝卜。"第二个盲人摸到的是大象的耳朵，他大叫起来："不对，不对，大象明明是一把大蒲扇嘛！"第三个盲人却说："你们净瞎说，大象只是根大柱子。"原来，他摸到了大象的腿。最后一位年老的盲人嘟囔道："唉，大象哪有那么大，它只不过是一根草绳。"原来他摸到的是大象的尾巴。

四个盲人争吵不休，都说自己摸到的才是大象真正的样子。而实际上他们一个人也没说对。因为他们从没有看见过象是什么样的动物，于是就把自己所摸到的部分认为是大象的全部。后来，人们用"盲人摸象"这个成语比喻看问题以偏概全。意思是人们不能只看事物的一部分，而应该看到全局，那样才能全面、真实地了解事物的情况。

41. 盲人们是怎样知道大象的样子的?

42. 四个盲人摸到了大象的什么?

43. 这个故事想告诉人们什么道理?

第44到47题是根据下面一段话：

骆驼的天敌只有狼。狼一向以凶残著称，在这一点上，骆驼肯定不是狼的对手。不过，骆驼的生存手段不是进攻，而是逃跑。每当骆驼与狼相遇，狼总是急切地发起进攻，企图速战速决。而骆驼却从不仓促应战，常常是吼叫一声，便撒开四蹄狂奔起来。狼哪里肯放弃就要到嘴的美味，就拼命追赶。它没有料到，这一追就恰巧中了骆驼的计。跑着跑着，狼慢下来了，骆驼见状就主动放慢速度，给狼一点希望。狼果然继续追赶，骆驼就继续逃跑，一副筋疲力尽的样子，实际上真正筋疲力尽的是狼。骆驼一点一点地把狼引向无水无食无生命的大漠深处，狼用完最后一点力气，四肢发软，便呜呼毙命了。而此刻，骆驼的力气却还很足，就这样，骆驼打败了自己的天敌。

其实，骆驼不是把狼打垮了，而是用耐力和智慧把狼拖垮了。骆驼把自己的优势发挥到了极致，扬长避短，最终取得了胜利。

44. 骆驼遇到狼会如何应对?

45. 骆驼为什么在逃跑时放慢速度?

46. 根据这段话，可以知道什么?

47. 从骆驼身上，我们可以学到什么？

第48到50题是根据下面一段话：

星尘可不只是一个充满诗意的词语，它们非常小，半径小于0.1微米。它们如帷幕般隔开我们与星体，吸收着特定波长的辐射，制造着奇妙的景观，它们是人类通往宇宙起源与演化奥秘真相的一扇门。最近，天文学家给这扇“门”拍了“写真”，还用上了火爆全球的3D技术。这幅银河系星际尘埃三维图由8亿颗恒星的数据构成，是同类图像中规模最大的一幅，覆盖了3/4的天空。从某种意义上来说，它也算得上是银河系的“自拍照”。“外行”看见这景象觉得美丽非凡，“内行”却深知这美丽大有用处。通过分析银河系中星际尘埃的分布状况，天文学家能更好地推测银河系的结构，了解其形成的原理。他们很早就开始了“狩猎”计划，意图捕捉星尘。通过这些星尘，人们可以了解我们的太阳系同银河系中其他恒星系统是否有元素差异以及有的话相差多少。

48. 关于星尘，下列哪项正确？
49. 天文学家拍摄的银河系写真有什么特点？
50. 天文学家为什么要捕捉星尘？

第51到53题是根据下面一段话：

招聘通常是公司人力资源部的工作，而招聘来的人却要分配在不同的部门里，从人力资源部门的角度选择的人和从业务需要的角度选择的人，并不可能完全重合。因此，招聘启事常常会出现“说谎”的情况。

什么样的人在公司中最令大家头疼？一定是那些在一些不必要的事上斤斤计较的人。招聘启事不会表示欢迎这种类型的人，公司似乎也并不招聘这样的人。但是这样的人就一定不好吗？未必，用凡事都斤斤计较的人来对付一些刁钻的客户，他的计较就会转化为一种力量。有的老板想找的正是这种“不省油的灯”，因为他希望自己的公司拥有能争能抢的业务骨干，在公司里拿高薪、被重用的大多是这类人。

招聘启事上写的未必是该岗位真正的需求，或者说未必是老板最迫切的需求。所以，不要被招聘启事吓倒，以为自己没机会，也不要等到自己完全符合招聘启事的要求时再去面试。

51. 招聘启事为什么会“说谎”？
52. 斤斤计较的人有什么长处？
53. 根据这段话，下列哪项正确？

第54到57题是根据下面一段话：

植物世界给人的感觉向来是平静而温顺的，但一种名叫岩蔷薇的植物，却用“自燃”这种极端的方式，告诉人们，在世界上，植物与命运的抗争其实是非常惨烈的。生长在摩洛哥、西班牙中部山区岩石上的岩蔷薇，生存环境无疑是恶劣的，在与炎热斗、与贫瘠斗、与同伴斗、与狂风雷电斗的峥嵘岁月里，岩蔷薇练就了自燃的本领——把自己和周围的植物一并烧成灰烬，为下一代赢得宝贵的生存空间。

从种子钻出地面开始，岩蔷薇的叶片里，会持续分泌一种挥发性精油。当岩蔷薇觉得自己的种子快成熟时，她会将枝叶里挥发性精油的储量增加到几近饱和。一旦遇上干燥的晴天，当外界气温超过32℃时，在“导火索”骄阳的照耀下，岩蔷薇就会把自己燃烧成一把壮烈的火炬！在这场蓄意的纵火案中，牺牲的不仅仅是岩蔷薇妈妈，生长在她周围的植物也都无一幸免。不过在自燃之前，岩蔷薇妈妈给自己的孩子穿上了“防火服”，种子壳外的隔热层能够很好地保护它们。

54. 岩蔷薇的生长环境怎么样?
55. 岩蔷薇为什么能燃烧?
56. 岩蔷薇的种子为什么能在大火中存留下来?
57. 这段话主要谈什么?

第58到60题是根据下面一段话:

在西安秦始皇陵兵马俑博物馆里陈列了一千多尊兵马俑，这些兵马俑形态各异，栩栩如生。不过，仔细观察会发现，这些历经了两千多年风风雨雨的陶俑，大多有不同程度的损坏，唯有一尊跪射俑例外，连衣纹、发丝都还清晰可见，一点儿损坏的痕迹都没有。这尊兵马俑保存得如此完整得益于它的低姿态。首先，兵马俑坑都是地下道式土木结构建筑，当棚顶塌陷、土木俱下时，高大的立姿俑首当其冲，低处的跪射俑受的损害就小一些。其次，跪射俑的右膝、右足、左足三个支点呈等腰三角形支撑着上体，重心在下，增强了稳定性，与两足站立的立姿俑相比，不容易倾倒、破碎。因此，在经历了两千多年的岁月风霜后，它依然能完整地呈现在我们面前。

其实人也一样，太过于锋芒毕露容易给自己招来危险；放下身段，保持适当的低姿态，才能更好地保全自己，发展自己。低姿态是一种聪明的处世哲学，是人生的大智慧。

58. 保存最完好的兵马俑是什么姿势的?
59. 为什么跪射俑不易受损?
60. 根据这段话，可以知道什么?

실전 모의고사 1회 듣기 스크립트

（音乐，30秒，渐弱）
大家好！欢迎参加HSK（六级）考试。
大家好！欢迎参加HSK（六级）考试。
大家好！欢迎参加HSK（六级）考试。
HSK（六级）听力考试分三部分，共50题。
请大家注意，听力考试现在开始。

第一部分

第1到15题，请选出与所听内容一致的一项。现在开始第1题:

1. 对于是喝纯净水好还是喝自来水好，专家们的意见并不一致。有的专家认为，喝水就是补充水分，没有必要考虑营养问题。另一些专家认为，自来水中有许多微量元素和无机盐，对人体有益。
2. 许多办公室里都会摆放一些绿色植物，据研究，绿色能缓解工作人员的焦虑情绪，工作人员在产生急躁心理的时候，抬头看看繁茂的绿叶，往往会产生一种视觉效应，心中的烦闷也就消失了。此外，不少植物还具有净化空气、杀灭细菌的作用。
3. 一个年轻人第一天到商场上班，店长给了她一把扫把，亲切地告诉她第一项工作就是把办公区域打扫干净。年轻人生气地说：“我可是大学生啊！”店长忙说：“哦，对不起。我不知道你是大学生，你把扫把给我，我教你扫。”

4. 男人和女人为什么常以不同的方式表达自己的情绪呢？对此，科学家已经找到了一种合理的解释。他们发现，男人和女人的大脑的某些区域有着不一样的生理特点。这一发现对进一步说明感情冲动时男女的不同表现有很大的帮助。
5. 冰天雪地的南极大陆正受到人类越来越多的侵扰，它已不再是地球上的一块净土。17个国家在南极建造了44个常用基地，这些观测基地的日益大型化以及由此带来的污染的扩大和旅游热，使南极大陆的环境遭到了前所未有的破坏。
6. 不是出于兴趣去工作，而是把工作当作一项不得不完成的任务，当然会慢慢失去钻研的热情。我们应该回想一下自己决定从事这个职业的初衷，问问自己，现在所做的究竟是不是发自内心的爱好，或者仅仅只是顺应大众标准的选择。
7. 对于个体而言，收入的分配确实受到户籍的影响：从城乡差异来看，城市户口对于工资收入的正向影响高于农村户口；从所在地差异上来看，沿海地区的户口对于收入的正向影响也显著高于内陆地区的户口。
8. 一个强盗闯进珠宝店，用手枪指着老板大喊：“给我一个戒指，快点儿！”老板吓得面如土色，忙递上一枚钻石戒指。强盗夺过那枚戒指端详了一番，吼道：“换个便宜点儿的，得让我未婚妻相信是我买的！”
9. 川菜作为中国八大菜系之一，取材广泛，调味多变，菜式多样，口味清鲜醇浓并重，以善用麻辣调味著称，融会了东南西北各方的特点，博采众家之长，并以其别具一格的烹调方法和浓郁的地方风味，享誉中外。
10. 跑步是生活当中最简单的运动方式，只要坚持下去，对身体有很多好处。比如，坚持长跑的人每天都有1小时左右的时间眼睛是直视远方的，这对眼睛是很好的放松，每天坚持跑步，眼睛近视的几率会降低。
11. 每天摄入一小把坚果类食物有利于健康。但需要特别注意的是，坚果容易氧化酸败，发霉变质，如果在食用时尝到苦味、霉味，一定要立即吐掉并漱口。腐坏坚果中的黄曲霉素是已经证实的强致癌物质，应尽量避免接触。
12. 农场主们在一起聊天，互相吹嘘自己的财富。一个年轻的农场主说：“我新买了一处庄园，大得惊人，开车绕一圈足足用了两个半小时！”大家听了都表示非常羡慕。只有一个老农场主慢吞吞地说：“嗯，以前我也有这么一辆破车。”
13. 灵感，并不是你拍拍脑门就会随之闪现的。它是在丰富的知识积累的基础上，受到启发而突然“迸发出的火花”。假如苹果砸中的不是牛顿的脑门，而是一位农夫的脑门，农夫是不会发现万有引力定律的。
14. 全世界的手机都可以拨打的紧急救援号码是112，假如你发现自己所在的地区无手机信号覆盖，同时你又遇到了紧急状况，用你的手机拨打112准没错，因为这时候你的手机会自动搜索所有可用的网络并建立起紧急呼叫。
15. 虽然距离春节还有两个多月，但不少人已经开始关注春运出行信息。从铁路部门获悉，11月26日起，铁路客户服务中心网站将开售春运首日的火车票，12月上旬将迎来春运抢票高峰。铁路春运时段以每年春节为界，为期40天。

◗ 第二部分

第16到30题，请选出正确答案。现在开始第16到20题：

第16到20题是根据下面一段采访：

男：谢谢舞蹈家杨丽萍老师接受我们的采访。首先想问一下，过去的这一年，您能不能用一句话来形容一下您的状态？

女：我觉得时间过得很快，就一眨眼，你没觉得怎么样，时间就过去了。我的感觉就是这样，很感慨，“哎，怎么又是一年？”。

男：您觉得在这一年里，您自己有没有获得什么成长？或者哪件事让您最有成就感？

女：我们团队在做一个舞剧，叫《孔雀》，创作的准备工作非常令人兴奋，从去年七八月开始进行的。当然，《孔雀》这个作品已经酝酿了好几年了，而真正实施是去年开始的，所以基本上一整年都是在创作的过程中，在排练室里专注地研发。

男：我了解到这次春晚的舞蹈好像是这个舞剧中的一部分，是吗？

女：是一个片段。

男：我注意到您以前的作品，像《云南映象》《云南的响声》，还有《藏谜》，都属于原生态歌舞。您接下来的这个《孔雀》也会走这个路线吗？

女：《孔雀》应该是一种创造性的舞蹈。大家都知道孔雀本身是民间的一个图腾，对我来讲也是一个重要的符号，因为孔雀能给我带来很多的灵感。孔雀在舞台上的形象，我在上世纪80年代就把它给塑造出来了，一直伴随我那么多年。但这次是一个全新的作品，肯定不像《云南映象》，也不像《藏谜》，或者《云南的响声》。《云南的响声》是一个衍生舞蹈，就是在原来民族民间舞的基础上，经过我们这些后裔改编的一种新的民间舞。我想，《孔雀》整部作品主要是为了体现生命的过程，以大自然为背景，春夏秋冬、四季变幻的一个过程，把生命的轮回、生命的无常表现出来。

16. 女的怎么总结过去的一年？
17. 女的的团队最近在做什么工作？
18. 关于孔雀的形象，下列哪一项正确？
19. 《孔雀》这部舞剧的主题是什么？
20. 关于女的，下列哪项正确？

第21到25题是根据下面一段采访：

女：今天我们要采访一位人大附中的校友，孙先生。您好，您高中刚入学的时候对学校是什么印象呢？

男：刚入学的那个时候还是挺激动的。第一次走进校园，觉得校园比我想象中的要大，要美，住校的生活也给了我一个终于独立了的感觉。所以刚开学的时候我心情特别好。

女：您能描述一下当时校园的样子吗？

男：当时的校园一进门左边是一个游泳池，只是池子一直坏着，让我们有点儿失望。右边是初中部的楼，那时楼中间都是乒乓球台。然后我记得学校中间是一个圆形的花坛，旁边是种满了树的道路。我们经常在那个花坛里背书啊，散步啊什么的。

女：在人大附中生活，印象深刻的一件事情是什么？

男：印象最深的事，发生在我上高一的时候。有一次上完体育课，有点儿低血糖，突然晕倒了，醒了之后发现自己躺在一个特别温暖的怀抱里。这件事情给我留下了很深的印象，虽然平时老师管得很严，但是当我们真正遇到困难、需要帮助的时候，老师确实能给予我们像母亲一样的爱。

女：您觉得这段时光对您之后的工作学习有什么帮助?

男：当时在学校养成了一些良好的学习习惯，这种习惯一直伴随我到今天。比如我不明白的事情，一定要把它搞清楚。当天有问题，当天解决，这样就不会为以后的学习留下障碍。现在在工作当中也是，有什么问题，一定要及时解决，及时与大家沟通。

女：作为学长，您想对后辈们说点儿什么呢?

男：在学校，学习成绩是一个方面。当你真正走上社会之后，更重要的还是综合能力的发展。所以呢，不要死读书，要学会怎么做人。我鼓励大家多参与社会活动，这样不仅能锻炼自己，也能帮助你学习如何去和别人沟通、交流。

21. 男的刚进高中时是什么心情?
22. 校园中间是什么?
23. 男的对老师有什么印象?
24. 男的在学校养成了什么好习惯?
25. 男的给了后辈什么样的建议?

第26到30题是根据下面一段采访：

女：十分感谢姚富渝同学抽出时间来接受我们的采访。据我们了解，心理学专业在国内还很年轻，我们很好奇，是什么原因促使您选择了这个专业呢?

男：我从小就想要帮助别人，我觉得能够把自己回报给社会是一件幸福的事情。现代社会压力很大，老年人被迫住进了养老院，小朋友每天待在托儿所里，终日工作的中年人还有青年人，生活压力使得他们产生了很多心理问题。为他们解开困惑，给他们带去快乐，能给我带来快乐和满足感。

女：经过一段时间的学习，您认为心理学和您最开始设想的有什么不同?

男：我在参加专业课程的学习之前，对心理学不太了解，觉得心理学的操作基本上是全凭经验的，接触的案例多了，自然就会熟练得多，因此一度心理压力很大。但在一年多之后，逐渐发觉，我以前的想法是不对的，起码是不准确的。心理学是建立在成熟而健全的科学体系上的，它讲求科学的一般规律性和客观严谨性。心理学有很长的历史，可以追溯到古希腊早期思想哲学，其中有一部分还沿用至今。后来还出现了许多富有科学性的心理学思想，这些内容都丰富了我的眼界，开拓了我的视野。

女：听您讲了这么多有关心理学的具体内容，我也觉得很有兴趣。很想问您的是，您对以后的心理学人生是如何规划的?

男：心理学是我感兴趣的学科，我想要在今后的几年里静下心来做与心理学有关的事情。首先要做的就是准备参加心理学专业的研究生考试，稳扎稳打几年，以便更多地了解这个学科，其次我还想通过国家心理咨询师的等级考试。我想要成为一名出色的心理咨询师，实现我最开始的人生理想：有爱，也有快乐。

26. 男的是学什么专业的?
27. 男的为什么选择这个专业?
28. 男的认为，现代人的心理问题是如何产生的?
29. 男的现在认为心理学是怎样的专业?
30. 男的接下来有什么计划?

◗ 第三部分

第31到50题，请选出正确答案。现在开始第31到33题：

第31到33题是根据下面一段话：

一群年轻人到处寻找快乐，但是，却遇到许多烦恼、忧愁和痛苦。他们向老师苏格拉底询问："快乐到底在哪里？"苏格拉底说："你们还是先帮我造一条船吧！"于是年轻人们暂时把寻找快乐的事儿放到一边，找来造船的工具，用了七七四十九天，锯倒了一棵又高又大的树，挖空树心，造成了一条独木船。独木船下水了，年轻人们把老师请上船，一边合力荡桨，一边齐声唱起歌来。苏格拉底问："孩子们，你们快乐吗？"学生齐声回答："快乐极了！"苏格拉底道："快乐就是这样，它往往在你忙于做别的事情时突然来访。"

31. 这群年轻人要寻找什么？
32. 老师让他们做什么？
33. 根据这段话，我们怎么获得快乐？

第34到36题是根据下面一段话：

以目前的技术来看，想用冷冻的方法来保存人体，可不像我们想象的那么简单。问题的症结跟占据我们身体很大部分的物质——水有关。

我们都知道，水在结冰时会膨胀。比如我们在冰箱中制作冰块的时候，冰盒里的水最好不要装满，否则第二天打开冰箱，你会得到一坨溢出冰格的大冰块。不小心把冰格冻成了冰坨，最多会给我们带来一点儿不便，但如果这种事情发生在人体组织中，细胞就要倒霉了。水结晶成冰，体积膨胀，撑破细胞倒在其次，细胞膜、线粒体、内质网这些维持人体体内氢、钾、钠、钙等多种离子的细胞器也要跟着倒霉。

最重要的是，即便解冻，人体细胞也不会再恢复到原来的样子。最终结果会是什么？请参考松软滑嫩的豆腐是怎样变成海绵一样的冻豆腐的。

34. 根据这段话，下列哪项正确？
35. 人体细胞冷冻后会发生什么？
36. 这段话的主要内容是什么？

第37到40题是根据下面一段话：

"黑匣子"这个名称媒体很喜欢用，但大多数专业人士却不这样叫，航空专家通常把黑匣子叫作电子飞行数据记录仪。黑匣子并不是黑色的，而是比较明亮的橘红色。黑匣子由两个设备构成：飞行数据记录仪和舱声录音器。它们在任何一架商业飞机或喷气式飞机上都是必备的，通常安装在飞机尾部，这样在飞机失事时，它们才更容易被保存下来。数据记录仪记录飞行速度、高度、垂直加速度和燃油流量等数据。数据记录仪可以保存25小时的飞行数据，但只能保存两小时的驾驶舱声音记录，并循环录制。黑匣子装有水下定位信标，一旦其感应器接触到水，就会开始发射脉冲信号，共发射30天，然后电池就没电了。黑匣子是由一名澳大利亚人发明的，他的父亲死于飞机失事。于是他萌生了一个念头：制作一个能记录飞行数据和驾驶室对话的装置，用来帮助分析人士将导致事故的多个事件拼接起来。

37. 黑匣子是什么颜色的？
38. 黑匣子由几个设备构成？
39. 黑匣子通常安装在飞机的哪个部位？

40. 黑匣子在水下能做什么？

第41到43题是根据下面一段话：

最近，我到一位厨师朋友的餐厅吃饭。当晚，餐厅的人不多，朋友出来和我聊天儿。“唉，最近我们这条街开了好多家餐厅，生意愈来愈难做了。”他抱怨了很多事情。比如，上班族愈来愈穷，根本没钱到外面吃饭。比如，最近总是下雨，人们不愿外出吃饭。我听着他的抱怨，突然想起半年前我来这里时，这家餐厅刚开业，朋友觉得客人没有想象中多时也曾抱怨：“唉，这条街上一家餐厅也没有，只有我们一家，客人也不会专程过来，生意很难做。”我给了他一些建议，但他不想改变。我苦笑，不再多说。

我知道有很多餐厅开在更偏僻的地区，却照样高朋满座。如果你做得够好，总有人不远千里而来。商业社会的数据都会说话，如果经营数据不理想，一定有必须要解决的问题。如果只知道怨天尤人，那么，你只能等着让问题解决你。

41. 朋友是做什么工作的？
42. 关于这家餐厅，下列哪项正确？
43. 这个故事想告诉我们一个什么道理？

第44到47题是根据下面一段话：

人脑有一部分是专门用来识别样貌的，这个部分组织的工作效率极高，只需要0.2秒就能把一个你见过的人识别出来。目前最好的人脸识别系统也达不到这样的速度。认知样貌的脑组织就在人右脑的下半部分。当你远远地看到一个人之后，眼睛就像摄像机一样把一个模糊的图像传给大脑。大脑不会等到有了全部清晰图像之后才开始工作，它会在模糊图像的基础上进行搜索，然后找到一个相近的记忆与其比对。如果大脑认为就是这个人，就会自动将其识别为你记忆中的那个人，并且会自动把模糊的影像补充成那个人的记忆影像。此外，人脑对人样貌的辨认不只依靠五官面容。一个人的身材特征和动作特征也是辨认的重要因素。非常熟悉的人，就算是经过伪装，仅靠身形背影也能辨认出来。别说易容，就算整容也没用。任何易容术都难以骗过熟悉的人。

44. 大脑哪个部位有识别样貌的功能？
45. 大脑靠什么识别人的样貌？
46. 以下哪一项不是大脑辨认人样貌所需要的因素？
47. 关于这段话，下列哪项正确？

第48到50题是根据下面一段话：

从前有一位神射手，他练就了一身好本领，箭箭射中靶心，几乎从来没有失过手。国王听闻射手大名，就把他召入宫中来。

国王说：“今天请先生来，是想请你展示一下你精湛的本领，这个箭靶就是你的目标。如果射中了的话，我就赏赐给你黄金万两。现在请先生开始吧。”射手听了国王的话，面色变得凝重起来，拉弓的手也微微发抖。射了两次，都没能射中靶心。射手离开了王宫。国王在失望的同时掩饰不住心头的疑惑：“这个神箭手平时射起箭来百发百中，为什么今天大失水准呢？”

大臣解释说：“他平日射箭，不过是一般的练习，在一颗平常心之下，水平自然可以正常发挥。可是今天他射出的成绩直接关系到他的切身利益，叫他怎能静下心来充分施展技术呢？看来一个人只有真正把赏罚置之度外，才能成为当之无愧的神箭手啊！”

患得患失、过分计较自己的利益会阻碍我们获得成功，面临任何情况，都应尽量保持平常心。

48. 国王为什么请射手来王宫射箭？
49. 射手发挥得怎么样？
50. 这段话主要想告诉我们什么？

听力考试现在结束。

실전 모의고사 2회 듣기 스크립트

（音乐，30秒，渐弱）
大家好！欢迎参加HSK（六级）考试。
大家好！欢迎参加HSK（六级）考试。
大家好！欢迎参加HSK（六级）考试。
HSK（六级）听力考试分三部分，共50题。
请大家注意，听力考试现在开始。

第一部分

第1到15题，请选出与所听内容一致的一项。现在开始第1题：

1. 人之所以能活着，是因为有许多支撑点。事业、家庭、友情、爱情都可以成为人生某一个时期的支撑点，让你有滋有味地活下去，觉得天很蓝，草很绿，每个人的笑容都很美好。
2. 在经历一天的疲惫后洗上一个热水澡，不仅能及时消除疲劳，还能让整个人精神焕发。热水澡水温不宜太高，一般以35到40℃的温水为宜，并且洗澡时间不宜过长，最好控制在30分钟以内。
3. 妻子在厨房炒菜，丈夫在她旁边一直唠叨不停："慢些。小心！火太大了。油太多了！""闭嘴，"妻子脱口而出，"我知道怎么炒菜。"丈夫平静地答道："我只是想让你知道，我在开车时，你在旁边喋喋不休，我的感觉如何。"
4. 想要自助游，做功课是必不可少的。先拿本地图，仔细研究目的地的交通出行状况，决定从哪里进哪里出。再顺道看一下目的地的景点分布情况，把要走的地方串成一条线，尽量不走回头路，节约时间。
5. 腊八节，俗称"腊八"，即农历十二月初八，在这一天，中国古人有祭祀祖先和神灵、祈求丰收吉祥的传统，一些地区有喝腊八粥的习俗。相传这一天还是佛祖释迦牟尼成道之日，称为"法宝节"，是佛教盛大的节日之一。
6. 在一定的条件下，好事和坏事是可以互相转换的，坏事可以变成好事，好事可以变成坏事。无论遇到福还是祸，要调整自己的心态，要超越时间和空间去观察问题，要考虑到事物有可能出现的极端变化。
7. 海水本身与我们日常所接触到的水没有大分别，也是透明的。我们所看到的绿色，其实是海水吸收了光而产生的现象。只有绿光能被海水吸收，从而反射出来；当海水更深时，绿光也被吸收，海水看上去便成了蓝色。
8. 一辆载满乘客的公共汽车沿着下坡路快速前进着，有一个人在后面紧紧地追赶这辆车子。一个乘客从车窗中伸出头来，对追车子的人说："老兄！算啦，你追不上的！""我必须追上它，"这人气喘吁吁地说，“我是这辆车的司机！”

9. 月牙泉位于敦煌市西南5公里处，是一处神奇的沙漠景观。泉水在沙丘环抱之中，因酷似一弯新月而得名。在荒漠中，湖泊紧邻沙山而千年不涸，不被掩埋，这种现象相当罕见，又因邻近敦煌城，湖畔建有庙宇而声名大噪。
10. 人们的传统观念和个人喜好会使人们对某个或某组数字产生好感。比如说，中国许多地方都认为6和8能给人带来好运，于是，含有这些吉祥数字的手机号码常常受到人们的青睐。
11. 随着全球市场经济体系的形成以及实体经济的高度证券化，金融风险对特定国家经济的破坏性急剧增强。一次有效的金融打击会使一个企业、一个行业甚至一个国家的经济瓦解崩溃，甚至倒退好几年。
12. 男人对朋友说：“我的邻居真可恶，昨晚三更半夜竟然跑来猛按我家的门铃，怎么轰都不走。”朋友听了，说道：“这人的确可恶！你有没有报警？”男人回答：“没有。我当他是疯子，没理他，继续吹我的小喇叭。”
13. 众所周知，音乐对人的情绪有相当大的影响，正所谓“忧伤的时候别听慢歌”，没错，忧伤的音乐能让人忧伤，激昂的音乐能让人激昂，放松的音乐能让人放松。
14. 昨日受冷空气影响，北京刮起了4到5级的偏北风。大风赶走了阴云，但带来的风寒效应明显。昨天南郊观象台最高气温为零下1℃，较前天的零下4℃有所回升，但一点儿也不比前几天的下雪天暖和，出行的人们都裹得严严实实的。
15. 谈到目前子女与父母之间的关系，人们爱用“代沟”这个词来概括。从社会学角度讲，“代沟”是指不同代际的群体或个体间存在的沟通上的障碍。一般而言，“代沟”往往发生在社会经历巨大变迁的时期。

第二部分

第16到30题，请选出正确答案。现在开始第16到20题：

第16到20题是根据下面一段采访：

女：欢迎顶级厨师评委李宗盛来到我们的现场。请问，在你的心中什么食物才是真正的美食？

男：我觉得美食是相对的，要看什么时候，跟什么人，或者是为了什么人。如果你是一个吃货，在你非常饿的时候，任何东西都是美食。再比如说，我娘已经90岁了，她还能给我做顿饭吃，不管什么滋味，心里总是感激的，那就是美食。

女：听说你会半夜在家做饭？

男：对，因为我白天太忙，但做饭是一个能让我舒展身心、忘却烦恼的活动。从录音棚下班回到家，开瓶酒，开始做饭，做那些需要跟时间搏斗的饭，十一点开始搞到半夜三四点。

女：你是为吃而做还是为做而做？

男：做饭这件事情跟做音乐太像了。你的火候，你的时间，哪个先下，哪个后下，这个跟那个的关系……这个跟那个现在看起来没什么关系，但是过半个小时就有关系了！这对我来说太有意思了。同时实际上我也有这个需求。我的孩子在北京念书的时候，他们的盒饭都是我做的。我在前一夜就把需要炖煮的先做好，第二天起来，把它热一热，炒一下。倒不是说做饭都是为了享受生活。

女：可以给我们介绍一下你比较喜欢的餐厅吗？

男：我极少出门吃饭，而且我基本上没有应酬。虽然因为做饭结识了相当多美食界的朋友，可是我很难举出哪一家餐厅比较好，因为确实很少在外面吃饭。即便吃，也都是乱吃，就是很街坊的东西，不太会去特别讲究的饭店。

女：那你最拿手的菜是什么？

男：我没有特别擅长的菜。当然这次我在节目当中做了一个爸爸面，这是我经常做给我家小孩吃的，我女儿特别喜欢吃。

16. 男的认为什么是真正的美食？
17. 男的经常什么时候做饭？
18. 男的为什么爱做饭？
19. 男的喜欢去什么样的餐厅？
20. 关于男的，下列哪项正确？

第21到25题是根据下面一段采访：

男：今天来到我们演播室的是知名作家月下。月下，你好。

女：你好。

男：是什么原因让你写了这本人物传记呢？

女：我最喜欢的电影演员是张国荣，他的性格单纯又复杂，他的过往令人怀念。我觉得怀念一名艺人的最好的方式是理解他的作品，把握他的精神，而不是事无巨细地去研究关于他的八卦、他穿的衣服、吃的东西、跟谁的关系。这也是一种尊重，是理智的关怀。

男：在写这本书的过程中，最打动你的是什么？

女：是他的执着。对于演戏，他是用生命追求的，不只是听导演说让他怎么演。他有自己的想法，有自己对人物的把握，对影片的美学追求。所以他不仅仅是演员，他把演艺事业提升到了艺术的层次。

男：娱乐圈是更新换代最快的地方，您认为是什么原因使得张国荣先生能够在这一领域有如此重要的地位？

女：他天生富有华贵气质和复杂的性格，但最主要的是他的执着、认真，这些使他的演技达到了登峰造极的境界。一个小动作，他也要做到尽善尽美，导演都觉得可以了，他觉得不行，自己还要重来。

男：他为人善良，这也是众所周知的。

女：是的，比如他对影迷不摆架子，拍戏时看见一个影迷在外面徘徊，他知道是找他签名的，就主动走上去给人签名。这样善良的人确实很难找，所以大家都怀念他，对他的离去感到悲痛。

男：有人说他不仅仅是在娱乐圈名垂千史，更是为艺术做出了杰出的贡献。你觉得娱乐和艺术之间存在着怎样的异同？

女：艺术里有娱乐成分，但电影也好，文学也好，停留在娱乐层次上就不是艺术。它有更高的要求，不但要能让人当时取乐一番，还要留有回味的余地，要有思考的潜质。娱乐只是快餐文化，有时候连文化也算不上，仅仅是感官刺激，是好玩。

21. 女的为什么写这本传记？
22. 张国荣对演戏是什么态度？
23. 关于张国荣的性格，下列哪项不对？
24. 女的认为艺术应该是什么样的？
25. 关于女的，可以知道什么？

第26到30题是根据下面一段采访：

女：大家好，今天我们请到的是一位非常特别的健身教练，李浩轩，你好！

男：你好。

女：很多人都有疑问，在健身时，应该如何控制饮食呢？

男：我一直都不提倡节食。饥饿会让我们的身体系统变得紊乱，当我们感觉到饿的时候，体内的能量只能维持身体最基本的运转，这时用在身体其他地方的能量就会减少，比如皮肤和头发，于是我们会变得精神萎靡、头发和面部失去光泽。如果长时间节食，摄取的食物会更容易转化成脂肪存储起来。这就是为什么有那么多用节食的方式减肥的人，节食的时候整个人没有精神，恢复饮食之后不仅会比之前更胖，而且依然没有精神。

女：你的很多观点都是过了很久才被大家认同的，对于这一点你感到过无奈吗？

男：我没有觉得无奈，我觉得这样挺好的。可是有很多人把我的观点说成是他们的观点，让我感觉非常无奈。有些东西用文字根本没办法表述出来，只能手把手教。这时就会有一些人钻我的空子，改进我的理论，形成他们的观点。但是他们的改进让原本正确的观点变得没那么正确，误导了很多人。

女：为什么你一直提倡大家不要看示范图片减肥？

男：电视上、网络上出现的健身示范，面向所有人群，却不一定适合每一个人。只是单纯去模仿图片，很容易做出错误的动作。比如一个抬腿的动作，教练会教你用腹肌发力，但是有些人通过看图片自己揣摩，用腿发力，结果腿越练越粗。这就是为什么有那么多人跳健身操，有的人瘦了有的人却没有瘦。真的想要改善身材的人，要耐心，要知原理，要求甚解。

女：最怕遇到什么类型的学员？

男：有一次一个学员拿了一张别人的照片给我看，说“我要这样的腿”，我说“你一辈子都拥有不了这样的腿，任何人都拥有不了这样的腿”。照片里的那个人根本就没有脚踝，之所以那么好看，是电脑处理出来的。这个学员代表了一类人，他们分不清真实和虚假。

26. 男的认为健身时应该如何饮食？
27. 关于男的提出的健身观点，可以知道什么？
28. 男的如何看待网络上的健身示范？
29. 男的认为改善身材需要注意什么？
30. 为什么男的告诉那个学员达不到照片里的效果？

第三部分

第31到50题，请选出正确答案。现在开始第31到33题：

第31到33题是根据下面一段话：

当今时代，大学生创业已不再是一个新鲜话题，不过，最近公布的一项调查显示，在大学生创业项目中，最流行的并非科技、金融等传统意义上的高技术含量项目，而是“送外卖”。外卖送餐在大学生群体中最为流行，有60%多的学生认为如果他们创业，这将是自己的首选。如今最出名的送餐网站“饿了么”的创始人，便是在大学就读硕士期间寻觅到了外卖送餐的商机。2015年一季度，“饿了么”占外卖市场整体订单份额的40.07%。不过，目前想再以平台思路切入外卖市场，已经失去了最佳时机，这是明显的从众心态。此外，目前中国零售业的增长非常缓慢，零售业是很多国家就业比重非常大的行业，如果零售业以这样的速度维持增长，将是非常危险的信号。

31. 大学生首选的创业项目是什么？
32. “饿了么”的创始人是什么人？
33. 现在以平台思路进入外卖行业意味着什么？

第34到37题是根据下面一段话：

父亲和几个孩子来到果林边，这时正是果实成熟的季节，树枝上挂满了沉甸甸的果子。“你们各顺着一行果树，从林子这头走到那头，每人摘一枚自己认为是最大最好的果子。不许走回头路，不许做第二次选择。”父亲吩咐说。

孩子们出发了。在穿过果林的整个过程中，他们都十分认真地进行着选择。等他们到达果林的另一端时，父亲问：“你们是否都找到自己满意的果子了？”

“父亲，让我再选择一次吧！”一个孩子请求说，“我走进果林时，发现了一个很大很好的果子，但是，我还想找一个更大更好的。当我走到林子的尽头后，才发现第一次看见的那枚果子就是最大最好的。”另一个孩子紧接着说：“我和哥哥恰巧相反，我走进果林不久就摘下了一枚我认为最大最好的果子，可是后来我发现，果林里比我摘下的这枚更大更好的果子还有很多。”

“父亲，让我们都再选择一次吧！”孩子们一起请求。父亲坚定地摇了摇头：“孩子们，没有第二次选择，人生就是如此。”

34. 父亲让孩子们做什么？
35. 孩子们认为自己选的果子怎么样？
36. 父亲为什么要让孩子们摘果子？
37. 父亲希望孩子们明白什么道理？

第38到41题是根据下面一段话：

著名的印度地下阶梯天井建于公元2世纪到4世纪之间，最初建造这些阶梯天井是出于蓄水的目的，如今它们已成为令人叹为观止的建筑奇迹。这些阶梯天井宏伟壮观、形状各异、神奇美妙，被视为史上重要的公共纪念碑。阶梯天井发源于沙洞，经水填充后成为精心构造的建筑，当水还是最珍贵的商品的时期，阶梯天井曾经是人们日常生活的中心。此外，阶梯天井还有除蓄水外的其他用途：人们可以在此歇息，躲避炎炎夏日，有的地下天井还是人们举行寺庙仪式和祈祷的场所。可是，由于数百年的水资源管理不善以及缺乏监管，阶梯天井已变为枯井并被人们废弃。如今，它们已成为历史的遗迹，而印度不断恶化的供水问题使得人们开始考虑重新启用阶梯天井。若对阶梯天井进行修补，并将地下水引入天井，这将会使它们回到几百年前的使用状态中，无疑是最佳的保护方法。

38. 印度地下天井最初的用途是什么？
39. 为什么这些阶梯天井被废弃了？
40. 人们考虑采取什么措施保护地下阶梯天井？
41. 根据这段话，下列哪项正确？

第42到44题是根据下面一段话：

神经科学领域的新发现，揭示了人类大脑选择食物的奥秘。这些科学发现，恰恰就是麦当劳等超级快餐盈利的商业机密。巴甫洛夫在每次喂狗前摇铃，一段时间之后，只摇铃就能让狗垂涎三尺，这就是著名的条件反射实验。人的大脑会分泌一种化学物质多巴胺。多巴胺主要负责大脑的情欲、感觉，它传递兴奋及开心的信息，也与上瘾有关。经历愉快的体验时，脑内会释放多巴胺。大脑通过学习，在某些体验和某种线索之间建立了关联，只要这种线索出现，不管令人愉快的体验有没有出现，含有多巴胺的神经元就会兴奋。麦当劳深谙此道。所有的麦当劳给顾客的体验都一样：千篇一律的员工问候，如出一辙的菜单，一模一样的图案和标志。每次去麦当劳的体验越一致，大脑中食物和麦当劳之间的联系就越强烈。

42. 巴甫洛夫的实验是在什么动物身上进行的？

43. 多巴胺的主要功能是什么?
44. 根据这段话，麦当劳的商业机密是什么?

第45到47题是根据下面一段话:

有个贵族赏了一壶酒给门客们喝。他们觉得，这么多人一壶酒肯定不够，于是商量出了一个办法：每个人都在地上画一条蛇，谁先画好了，这壶酒就归谁喝。于是，门客们一人拿了一根小棍，开始在地上画蛇。有一个人画得很快，不一会儿，就把蛇画好了。他瞧见其他人还没画完，便十分得意地又拿起小棍，说："看我再来给蛇添上几只脚，添完他们也未必画完。"边说就边给画好的蛇画脚。不料，酒壶被旁边一个人一把抢了过去，原来，那个人的蛇画完了。这个给蛇画脚的人不依，说："我早就画完了，现在是趁时间还早，再给蛇添几只脚而已。"那人说："蛇本来就没有脚，你怎么能给它画脚呢? 你画了脚，就不是蛇了。"

有些人自以为是，喜欢节外生枝，卖弄自己，结果却往往弄巧成拙，这不正像那个画蛇添足的人吗?

45. 他们为什么要比赛画蛇?
46. 为什么最先画好蛇的那个人要给蛇画上脚?
47. 这段话对画蛇添足的人是什么态度?

第48到50题是根据下面一段话:

"兔儿爷"是老北京中秋节的标志之一，是一种兔面人身的泥玩具。人们按照月宫里有嫦娥、玉兔的说法，把玉兔进一步艺术化、人格化乃至神化之后，再用泥巴将其塑造成各种不同造型的兔儿爷。说是"兔面"，也不完全是兔脸，只有嘴是三叉形的兔唇，其他部位则更像人脸。兔儿爷至少在明代就已经流行了。兔儿爷的品种很多，一般形象都是金枪红袍，雄踞在黑虎、白象、麒麟等身上，讲究的还有张伞盖或背插旗的，像戏台上的武将，猛一看，威风凛凛，细看却是以性情温顺见称的兔子，令人忍俊不禁。民间艺人别具慧心的创造，表现出北京人的浪漫心性和乐观幽默的性格。如今，兔儿爷已经成为最具代表性的北京的非物质文化遗产之一。

48. 兔儿爷是中国哪个传统节日的标志?
49. 兔儿爷通常是用什么做材料的?
50. 兔儿爷最能体现老百姓什么样的精神?

听力考试现在结束。

실전 모의고사 3회 듣기 스크립트

（音乐，30秒，渐弱）
大家好! 欢迎参加HSK（六级）考试。
大家好! 欢迎参加HSK（六级）考试。
大家好! 欢迎参加HSK（六级）考试。
HSK（六级）听力考试分三部分，共50题。
请大家注意，听力考试现在开始。

第一部分

第1到15题，请选出与所听内容一致的一项。现在开始第1题：

1. 园林是人们为了游览娱乐的方便，用自己的双手创造风景的一种艺术。由于各民族、各地区的人们对风景有着不同的理解和偏爱，因此也就出现了不同风格的园林。中国园林，有着悠久的历史，它在世界园林史上独树一帜，享有很高的地位。
2. 穿山甲的名字来源于马来西亚语，意思是“卷曲的物体”。它们在遇到危险时，会把身体蜷缩成球状保护自己。它们的尾巴非常有力，可以用尾巴把自己倒挂在树枝上，在面对危险时，也会把幼仔卷裹在自己的身体里。
3. 有一对夫妻带着孩子去看话剧院看话剧，他们买的是楼上的票，可是小男孩总是趴在栏杆上往下看。工作人员看到了，走过来说：“你们可得好好看着孩子，别让他掉到楼下去，楼下是贵宾席，掉下去的话是要补票的。”
4. 人都是感情动物，只要你用真心来对待别人，别人也会真诚地对待你。要改善人际关系，应该先从改变自己开始，你希望别人怎么对待你，你就得先怎么对待别人。如果你总是很快乐，很有激情，很快你就会发现，自己的人缘也变好了。
5. 不用去法国，你一样能欣赏到紫色浪漫，欢迎来上海崇明岛看薰衣草。一年一度的上海崇明岛薰衣草节定于5月20日至6月20日举行，为期1个月，地点设在号称是中国最美丽花园的上海崇明岛上的香草种植园内。
6. 很多人都喜欢饭后吃点儿水果，其实这是一种错误的生活习惯。食物进入胃以后，需要经过1到2小时的时间才能消化，如果饭后立即吃水果，就会被先前吃进的还没有消化的食物阻挡，致使水果不能正常地消化，这样对身体非常不好。
7. 由于文化、历史、经济等各方面的原因，比起其他任何文化背景下的人们，中国人有着更强烈的恋家情结。“独在异乡为异客，每逢佳节倍思亲”，乡愁对于每个在外漂泊奋斗的游子来说，都是一分或浓或淡的牵挂。
8. 一次性物品对环境污染很大。如果全国大大小小的饭店都使用一次性筷子，每天就要砍伐一片森林，照这样下去，水土将大量流失，生态平衡也将遭到严重破坏。还有一次性塑料杯、一次性饭盒等，它们造成了许多白色污染，也影响了环境。
9. 中国人总是用红色的东西来表达吉祥、祝福和隆重。他们很喜欢红色，将红色看作是幸福、成功、好运、忠诚和繁荣的象征。因而从古至今，中国人的婚礼上，都会出现红色的“囍”字、红色的丝带、红花和新娘的红衣等红色的东西。
10. 无论从事什么样的工作，获得成功的关键在于你具备了相关的工作技能。如果缺乏音乐才能，就不可能成为优秀的音乐家；如果缺乏经济头脑，就不可能在商业上有所作为。总之，你的工作内容最好是你的强项，这样才能发挥自己的优势。
11. 王羲之是东晋时期著名的书法家，有“书圣”之称。王羲之的书法广采众长，自成一家，影响深远。其风格平和自然，笔势委婉含蓄。他的代表作《兰亭序》被誉为“天下第一行书”。在书法史上，他与其子王献之合称为“二王”。
12. 学前教育是就业率排名较高的专业之一，幼儿教师的需求量在日益增加，具有幼儿教育专业学历的教师更是供不应求，很多幼儿园都需要提前下“订单”。目前学前教育行业发展迅速，未来十年对幼儿教育专业人才的要求会更高。
13. 年轻的士兵收到了一封来自家乡的信件，里面是一张白纸，上面什么也没写。“这是怎么回事呢？”朋友问。“事情是这样的，”士兵说，“在我离开家乡的时候，我跟我的未婚妻吵了一架，从那以后，我们一直都不跟对方讲话。”

14. 一般来说，机遇较好的人成功率较高，但是也不尽然，也有太多的例外。有很多成功人士出身贫寒，机遇还不如一般人。而艰苦的环境有时反而能激发起改变命运的欲望，这欲望强烈到使这些人变得出类拔萃。
15. 麻婆豆腐是一道极富地方风味的豆腐菜肴，它有着一百多年的历史，现已成为风靡世界的川菜名肴。这道菜是成都一家小饭店的老板娘所创制的。老板娘的脸上有麻点，人称陈麻婆，所以她所创制的烧豆腐，就被叫作了“陈麻婆豆腐”。

第二部分

第16到30题，请选出正确答案。现在开始第16到20题：

第16到20题是根据下面一段采访：

男：杨总，您好。您坚持做广告11年了，现在这家广告公司有哪些吸引您的地方?

女：我希望一直做个有想法的人。说到现在的公司，它对我最大的吸引，就是自由——思考、讨论、写方案都很自由，有要求，没束缚。

男：我们外行看广告公司，就理解为是打广告的，以业内人士的角度来说，您怎么理解广告公司的价值?

女：这个问题我经常被问到，也经常在反思。就我个人的理解，广告公司的价值，就是作为消费需求精准洞察者的独特价值。我们解读消费者心目中的行业、品类、产品、品牌认知，然后将客户的资源通过创意转化成消费者认同的消费价值。我一直觉得，现在是广告公司最好的时代，因为有海量的各种媒体介质和各类数据，帮助我们去洞察和解读消费者。

男：作为策划总监，您觉得，要想创造好品牌，策划的核心是什么?

女：创造好品牌的题目太大了，不是策划能一力承担的，需要团队的智慧。我个人觉得策划的核心有两个，一个是思考的角度，同样的数据资料，你能解读出不止一个结论。一个是定义问题的能力，众多的任务内容，你需要判断哪个是核心问题，找出核心问题也就等于找到了通向答案的路径。

男：说做广告的要经常加班，是这样的吗？传统女性在家庭中要分担更多的家务，您是怎样平衡工作和生活的?

女：出差、加班很多行业都有，而且不同的广告公司在时 间控制上也不同，所以别把加班直接等于广告。说到家庭和工作最大的冲突，在我看来，是时间。管理好碎片时间，尽量今日事今日毕，冲突就少了。

男：对即将进入广告行业的新人，您有没有什么建议?

女：我想说，应该尽量多了解广告运作的每一个环节，也许更容易找到自己在广告这一行中的位置。还有，尽量多向身边的人学习，老广告人的经历都是很丰富的，值得你多关注多学习。

16. 女的觉得现在的公司为什么有吸引力?
17. 女的如何定义广告公司的价值?
18. 女的认为广告策划的核心有几个?
19. 女的怎样处理家庭和工作的冲突?
20. 了解广告运作的各个环节对新人有什么帮助?

第21到25题是根据下面一段采访：

男：各位摇篮网的网友们，大家下午好！本次访谈我们很荣幸采访到了杨丹博士，杨丹博士，您好！

女：摇篮网的朋友们下午好，谢谢各位家长的关注。

男：杨丹博士，您在北美多年，深谙北美教育 体制和美国文化，针对中美幼儿教育，您可以给我们讲一下二者主要的区别吗?

女：目前中国的幼儿教育和美国的幼儿教育最大的不同点是：中式教育比较被动，是从“教”的角度对孩子进行由上往下的教育；而美国的教育更尊重孩子，是以平等的视角关注孩子的需求，由此帮助孩子找到自己的优势和对某些领域的热情。

男：很多父母想送孩子出国留学接受教育，那么应该在孩子的哪个阶段开始做准备?

女：现在社会上有一种误解，孩子越接近考大学，越重视教育，而在孩子上幼儿园和小学的时候不够重视，这种理解是不对的。实际上，对孩子的培养是从出生前就开始了。

男：那在学龄前是否应该有目的地培养孩子某方面的能力呢?

女：最新的研究发现，孩子的大脑发育在5岁时大概已经完成了80%，所以早教至关重要。早教最要紧的，一是给孩子提供尽可能多的机会去尝试，以发展孩子对事物的兴趣和热情，二是一定要注重孩子的行为习惯，尤其是思考习惯。

男：刚才您提到教育宝宝越早越好，那么具体来说，多早开始学习双语比较好?

女：大家是否注意到，沟通能力强的人，一般学新的语言也比较容易。所以家长从孩子出生后就可以开始跟孩子对话，培养孩子的沟通理解能力，在学第二语言时，也是要强调沟通和理解，而不是枯燥地记忆单词。

男：在家中建立双语环境，是否会混淆年幼宝宝的视听，反而得不偿失?

女：从科学的角度看，学习语言是越早越好的。最好的环境是出生后就有双语环境，科学家把这类宝宝称为“双语宝宝”。双语环境对于孩子的大脑发展是非常有利的，这实际上相当于对孩子的大脑进行多方位的刺激。实际混淆视听的担心是多余的，只要建立正确规范的双语环境，宝宝会在无形中逐渐辨别语境，并自动将不同的语境区分开来。这对学前准备非常有帮助，还能扩大宝宝的语言学习优势。

21. 中式教育有什么特点?
22. 女的认为父母应该从什么时候开始教育孩子?
23. 早教要注意培养孩子哪方面的习惯?
24. 根据对话，下列哪项正确?
25. 这段采访的听众最可能是什么人?

第26到30题是根据下面一段采访：

女：您好，非常荣幸能在中国国际宠物水族用品展览会的现场对您进行采访。您能大概给我们介绍一下这次展会吗?

男：好的，首先对关注我们宠物水族用品展的各界朋友表示衷心的感谢。关于本届展览会，我们可以非常自信地说，不管是在数量方面，还是在质量方面，都有质的提升。展会面积从去年的6万平米增长到今年的8万平米，参展商也从去年的916家企业增长到如今的950家，这些都是18年来的最高纪录。这次展会一共有20多个国家和地区的参展商参加，吸引了全球70多个国家和地区的专业采购商和参观者。

女：本届展览会有哪些活动与赛事呢?

男：本届展览会的活动非常丰富多彩，比如高峰论坛、产品发布秀以及各种缤纷赛事。高峰论坛上，我们邀请了宠物行业的知名人物，共同探讨热点问题，交流经验体会。我们将提供最时尚的展示舞台，完美诠释宠物及相关产品。同期精彩赛事还包括国际宠物美容大师赛、中国纯种犬职业超级联赛等等。

女：众所周知，我们的展会算上今年已经举办了18届了，这是一个非常了不起的成就。您认为，在这十几年的发展之中，展览会给我们国内的宠物水族企业带来了什么？

男：展会在促进中国与世界其他国家在宠物水族领域的贸易合作、推动中国宠物水族行业的发展方面发挥了重要的作用。对于我们国内的企业来说，首先我们带他们认识了全球宠物水族市场的历史、现状和发展历程，简单来说就是利用这个平台让国内的企业开阔了眼界，其次就是推动了国内宠物水族企业的贸易增长与产品革新，增强了企业的竞争力。

女：您认为国内宠物水族行业存在哪些问题与不足？

男：问题大致总结起来有以下几类：宠物水族硬件器材、甚至宠物食品等产品缺乏标准，无法可依；行业的从业人员素质偏低；国内的宠物水族企业号召力弱，缺乏世界性的知名品牌；另外制度不完善，缺乏保护知识产权的体系制度；最后就是爱好者普遍没有正确的养宠物的理念，许多人对宠物行业甚至还有一些偏激的观点和看法。

26. 这届宠物用品展是第几届？
27. 关于本次展会的活动，可以知道什么？
28. 这个展会对国内宠物水族企业有什么帮助？
29. 目前在宠物爱好者中存在着什么问题？
30. 根据对话，中国宠物水族行业在世界上的地位怎么样？

第三部分

第31到50题，请选出正确答案。现在开始第31到33题：

第31到33题是根据下面一段话：

有两个人一起在沙漠里种胡杨树。其中一个人待树苗成活后，每隔三天就来给树苗浇水。而另一个人来得很少，偶尔来一次也只是把被风刮倒的树苗扶一扶，不浇一点儿水。

两年后，两片胡杨树都长得有茶杯口粗了。忽然有一天沙尘暴席卷而来，风停后，人们惊讶地发现：第一个人种的树几乎都被风刮倒了，有的甚至被连根拔起；而第二个人种的树，只是被风吹折了一些树枝和树叶。大家都问第二个人为什么，那人道："你经常给树浇水施肥，它的根就不往泥土深处扎。我把树栽活后，就不再去理睬它，逼得它们把自己的根一直扎进地底下的泉源中去。试想一下，有这么深的根，怎能轻易被暴风刮倒呢？"

树似乎与人一样，对它太殷勤了，就培养了它的惰性。四周的人都对它呵护有加，它就难以具备应对各种各样挫折的能力。肥沃或贫瘠都能孕育生命，但在贫瘠中所孕育的却具有不屈不挠的毅力和坚韧。

31. 这两个人在哪里种胡杨树？
32. 为什么第一个人的树都被风刮倒了？
33. 根据这段话，什么样的环境能孕育坚韧的生命？

第34到37题是根据下面一段话：

关于火星移民的种种科幻设想备受欢迎。2013年，一家名为火星研究协会的非营利性机构，在美国西部的沙漠中，组织了一次火星模拟生活试验。这家机构专门致力于鼓励火星探索和研究，他们从志愿报名的地质学家、生物学家和工程师中选出了6位"宇航员"，让他们置身于沙漠巨大的岩石地形之中。这些年轻的科学家行走在空旷无际、一片赤红的荒漠里，那是地球上看上去最接近火星的地方之一。受试者时刻穿着太空服、戴着头盔，他们住在一个直径8米的白色模拟"太空舱"里，每顿饭都按照规划好的量进食，出行都乘火星车。他们希望通过这项生存试验，吸取一些经验和教训，能够为有朝一日真正的火星生存提供一些借鉴。然而，航天局发布的最新计划是，要在20年内把人类送上火星，眼下还有许多技术难关在等着被攻克。

34. 人们想要移居到哪颗星球上去？

35. 参加模拟生活试验的是什么人？

36. 他们选择模拟试验地点的依据是什么？

37. 开展这项生存试验的目的是什么？

第38到40题是根据下面一段话：

一位知名企业的总经理想要招聘一名助理。一时间应征者云集，经过严格的初选、复试、面试，总经理最终挑中了一个毫无经验的青年。别人对于他的决定有些不理解，于是问他："那个青年胜在哪里呢？他既没带一封介绍信，也没受任何人的推荐，而且毫无经验。"

总经理回答说："的确，他没带来介绍信，刚刚从大学毕业，一点儿经验也没有。但他有很多更可贵的东西。他进来的时候在门口蹭掉了脚下带的土，进门后又随手关上了门，这说明他做事小心仔细。当看到那位身体上有些残疾的面试者时，他立即起身让座，表明他心地善良，体贴别人。进了办公室他先脱去帽子，回答我提出的问题时也是干脆果断，证明他既懂礼貌又有教养。面试之前，我在地板上扔了本书，其他所有人都从书上迈了过去，而这个青年却把它捡起来了，并放回桌子上。在我看来，这些细节就是最好的介绍信，这些修养是一个人最重要的品牌形象。"

要想获得成功，应当事事从小处着手。一个不经意的细节，往往能够反映出一个人的修养。

38. 其他人对招聘结果有什么感想？

39. 总经理在地板上扔了什么？

40. 这段话想告诉我们什么道理？

第41到44题是根据下面一段话：

我们都有这样的感觉，在吃有辣椒的食物时，舌头上有种灼热疼痛的感觉，这实际上是辣椒的一种自我保护。辣椒为了阻止哺乳动物吃辣椒种子，就会释放出一种叫辣椒素的物质。没想到，这种自我保护弄巧成拙，反成了川菜最吸引人的地方，让有的人越吃越爱吃，越吃越想吃。

为了让自己的种子能四处传播，辣椒用红颜色吸引鸟类，再靠分泌辣椒素来排斥哺乳动物。如果辣椒果实被哺乳动物吃掉，种子经消化排出之后，几乎不能再发芽。而鸟类就不一样，鸟类根本就不知道什么是辣味。辣味是哺乳动物的专利，哺乳动物对辣椒素很敏感。鸟类可以像吃樱桃一样吞下成堆的辣椒，而且鸟类的消化系统对辣椒的种子几乎没有丝毫影响，种子随着鸟儿飞到了远方，经消化排出之后，很快就能遍布各地，从而完成辣椒的传宗接代的任务。

41. 辣椒为什么要释放辣椒素？

42. 辣椒靠什么吸引鸟类？

43. 鸟类为什么能吃掉成堆的辣椒？

44. 根据这段话，鸟类能够帮植物完成什么任务？

第45到47题是根据下面一段话：

曾参是孔子的学生。他博学多才，且德行高尚。一次，他的妻子要到集市上办事，年幼的孩子吵着要去。曾参的妻子不愿带孩子去，便对他说："你在家好好玩儿，等妈妈回来，就把家里的猪杀了煮肉给你吃。"孩子听了，非常高兴，不再吵着要去集市了。这话本是哄孩子说着玩的，过后，曾参的妻子便忘了。不料，曾参却真的杀了家里的一头猪。妻子看到曾参把猪杀了，就说："我是为了让孩子安心地在家里等着，才说等赶集回来把猪杀了烧肉给他吃的，你怎么当真了呢。"曾参说："孩子是不能欺骗的。孩子年纪小，不懂世事，只能学习别人的样子，尤其是他们会以父母为生活的榜样。今天你欺骗了孩子，玷污了他的心灵，明天孩子就会欺骗你，欺骗别人；今天你在孩子面前言而无信，明天孩子就不会再信任你，你看这危害有多大呀。"

45. 孩子想做什么?
46. 妻子是用什么办法对待吵闹的孩子的?
47. 根据这段话，可以知道曾参是个怎样的人?

第48到50题是根据下面一段话:

以前，人们都是从电视上获得未来3到7天的天气信息，不过在这个信息爆炸的年代，人们获取天气预报信息的途径也越来越多。网络和手机应用软件中有着各种各样的天气预报产品，其中不乏号称能预报未来15天，甚至未来30天内天气状况的产品，让人眼花缭乱。人们不禁要问，这些对很多天以后的天气情况的预测能准确吗?

天气预报中也有难以"诊断"的"疑难杂症"，不同天气现象的预报准确率是不同的。比如，高温、寒潮这些空间范围较大、时间尺度较长的天气现象，预报准确率就比较高。然而，有些天气现象发生得突然，而且具有很强的"局地性"特征，这种天气现象的预报就比较难，准确率也较低。例如强对流天气，也就是短时间内发生的冰雹、强降水、强雷电、大风、龙卷风等天气现象，它们的预报准确率就非常低。另外，季节也是让天气预报员比较头疼的因素。例如春季，冷暖空气交汇频繁，天气变化较难把握，因此天气预报的准确率也较低。

48. 最新的天气预报产品能够提供多少天的天气预报?
49. 突发天气现象的预报准确率怎么样?
50. 这段话主要谈的是什么?

听力考试现在结束。

memo

memo

memo